Прогулки по Парижу
Левый берег и острова

Борис Носик

Прогулки по Парижу

Левый берег и острова

Москва
ОАО Издательство «РАДУГА»
2001

ББК 84.Р7-4
Н72

Фотографии Б. ГЕССЕЛЯ
Внешнее оформление А. НИКУЛИНА
Макет Р. САЙФУЛИНА
Редактор В. РУМЯНЦЕВ

Носик, Борис
Н72   Прогулки по Парижу. Левый берег и острова. — М.: ОАО Издательство «Радуга», 2001. — 344 с.

    Прогулки по Парижу — это всегда увлекательно! Тем более когда вашим гидом является такой знающий и умелый рассказчик, как известный литератор и переводчик Борис Носик, проживший во французской столице более пятнадцати лет.
    Книга представляет собой своеобразный путеводитель по Парижу, который знакомит читателя с самыми разнообразными и порой удивительными сторонами жизни и истории города: это Париж д'Артаньяна, Хемингуэя, Брассанса, нескольких поколений русских эмигрантов...

ISBN 5-05-004852-4   © ОАО Издательство «Радуга», 2001

ПРИГЛАШЕНИЕ НА ПРОГУЛКУ

Чаще всего в моей нынешней парижской жизни (а ее набежало уже более полутора десятка лет) мне приходится гулять по французской столице с приезжими друзьями. Гуляем, говорим о том о сем, обычно о самом Париже (который я вызываюсь показать), но и о прочем тоже. Прочим являются Франция и, конечно, Россия, страна, где я родился, учился, работал, жил, любил, порой даже женился и путешествовал долгие полвека, — моя страна. Страна, где я и сейчас печатаю книги, куда часто возвращаюсь — навестить сына, друзей и самые дорогие могилы на кладбище близ кольцевой... Поэтому ничего удивительного, что и на наших прогулках по Парижу город для нас прежде всего связан с чем-нибудь русским. Это вовсе не натяжка, «установка» или случайность. Да и звучит это в Париже вполне естественно: Париж, он космополит, со всем миром связан, а с русским-то далеко не в последнюю очередь.

Доводилось мне, конечно, бродить по этому городу и в одиночестве. «Какая это радость, что судьба меня случайно уродила пешим», — воскликнул русский поэт. Понятно, что на своих двоих за краткую нашу жизнь не всюду дотопаешь, но уж в Париже-то гулять надо только пешком. Он, во-первых, невелик, «собственно Париж»: от собора Нотр-Дам, от которого ведут счет километрам во Франции, до окружного бульвара всего-то четыре километра. К тому же он так насыщен памятниками и воспоминаниями, что, даже на велосипеде едучи, рискуешь пропустить что-нибудь важное.

Когда я набредал во время одиноких прогулок на что-нибудь меня волнующее, я досадовал, что не могу поделиться чувствами с друзьями. Впрочем, позднее и на эту неразделенность нашлось средство: меня пригласили рассказывать о парижских прогулках в русских передачах Французского международного радио (РФИ). Вот уже скоро лет десять, как рассказываю (под псевдонимом, изобретенным однажды В. Набоковым для однократного использования, — Василий Шишков). Ну а теперь вот вдобавок близкое мне еще со времен переводческой моей работы московское издательство «Радуга» (я в нем публиковал переводы с английского — Ивлин Во, Бэнвил, Пинтер) помогло мне пригласить на прогулку и тех, кому ехать в Париж пока еще не на что, некогда или просто не приспело время, а заодно и тех, кто вообще предпочитает путешествовать, не выходя из дому (это и есть настоящий читатель). Ну и, конечно, тех, кто уже собрался ехать в Париж и ищет русского гида-рассказчика. Так появилась книжка — вот она перед вами. «Лежит-скучает», — как говорил Зощенко...

Недавно одна милая московская редакторша порадовала меня, сообщив, что гуляла по Люксембургскому саду с моей книжкой про Ахматову и Модильяни. Какой же автор не возрадуется, такое услышав? Хотя я, впрочем, вовсе не уверен, что можно гулять по Парижу с книжкой в руках (непременно на что-нибудь наступишь!). А вот когда почитаешь перед поездкой, то потом вспоминаешь на ходу, восхищаясь своей цепкой памятью: «Ах, бульвар Сен-Мишель, да, да... Это здесь наш агентик Шварибард убил ихнего Петлюру!..» «Ах, так это за этими гардинами муж Марины занимался шпионажем... Занавески прекрасные... Но бедная женщина! Доля ты русская...» «Это вот тут они все кофе пили? Все эмигранты? А с ними Жерар Филип? Давай и мы выпьем. Однова живем... А уж цена-то, цена — дома два пол-литра купишь за ихнюю чашечку. Забалдеешь от таких цен...»

Можно читать наш путеводитель и после поездки. Читаешь, вспоминаешь, все заново переживаешь — будто новая поездка, почти бесплатная: «Помнишь Латинский квартал, где везде народ, мясо, мясо, греки, греки, бутерброды ценой в половину папиной пенсии? Оказывается, туда как раз д'Артаньян и приходил к этой своей, у которой муж был никудышный...»

В поездку путеводитель надо брать с собой для вечернего чтения. В самолете делать выписки: «Улица Бюси, дом 12...»

Но все-таки, наверное, лучше читать его после поездки. Возникает желание снова поехать. А раз есть желание, непременно поедешь. Главное в жизни — желания, цените их, они первыми и увядают. Помните, как Хемингуэй?.. Про это, впрочем, тоже есть в моей книжке. В ней много чего есть. Хотя может кое-чего и не оказаться. Кто способен объять необъятное? А Париж, он как море...

Вот мы и в Париже... С чего начнем?

ЕЩЕ ДВА СЛОВА В ПОХВАЛУ ПЕШЕМУ ХОЖДЕНИЮ

Роясь недавно по старой московской привычке на парижском книжном развале, я обнаружил сразу три новых путеводителя по Парижу и его окрестностям для любителей пеших прогулок: «Париж пешком», «Пешком по окрестностям Парижа» и, наконец, «Зеленый пояс Иль-де-Франс». От этой находки у меня создалось впечатление, что из всех рекомендаций, содержащихся в армейском марше Руже де Лиля (он же французский национальный гимн «Марсельеза»), для потомков наиболее актуальным оказался настойчивый призыв рефрена: «Идемте, идемте...», то есть шагай, шагай! Что современные парижане и делают с большим рвением. Одни из любви к пешему хождению, другие по необходимости, третьи из нежелания окончательно отравлять воздух столицы выхлопными газами, а кроме того, торчать в пробках, а потом мучительно долго искать стоянку, четвертые, наконец, из любопытства и любви к родному городу, который, право же, достоин любви. Разумеется, пешеходные прогулки любят не одни французы. В русской поэзии, и старой и новой, та же любовь нашла достойное отражение. «В век сплошных скоропадских, роковых скоростей — слава славному братству пешехожих ступней». Это Марина Цветаева, которая исходила парижские пригороды Медон, Кламар, Ванв, Сен-Жиль, а до того — чешские леса под Прагой, а до того —

окрестности Коктебеля и Тарусы. Марине вторил и знаменитый пешеход Пастернак, обошедший вдоль и поперек окрестности Переделкина, ныне одной из московских окраин.

Летая в последнее время из Парижа в Москву и обратно, я более обычного общался с попутчиками-экскурсантами (в Париж с группой — из Парижа с группой). Разговоры с ними зачастую так огорчают меня, что я тут же, в самолете, принимаюсь чертить для них схемы пеших прогулок по Парижу. А разговаривая с теми, кто летел обратно в Москву, я часто убеждался, что большинство из них ограничились в Париже дежурной «автобусной прогулкой» по городу, а не исходили его пешком по заранее продуманным маршрутам, а другие вдобавок совсем мало знали о Париже, когда отправлялись на экскурсию. А ведь, помнится, в те времена, когда выехать за рубеж было так трудно, русские, и сидя дома, поражали заезжих французов своим знанием Парижа, французской культуры, литературы, французских песен. (Кстати, во французских песнях, там ведь не только про одни Елисейские поля, там и про Большие Бульвары, и про Менильмонтан, про мосты и Сену...)

Париж буквально создан для пеших прогулок. Он ведь сравнительно невелик, а на улицах его и площадях через каждые двести-триста метров вас ждет сюрприз. От северной до южной границы города можно дошагать пешком за полдня. Скажем, если идти со скоростью 5 километров в час от Городка Науки и Промышленности у заставы Ла-Вилетт на северном конце города, то до парка Монсури у его южной границы можно дойти за четыре-пять часов. И чего только вы не увидите на своем пути! И Городок Науки с новым Городком Музыки (все суперсовременное), и прекрасный холм с парком Бют де Шомон (откуда Александр I смотрел на побежденный город), и православный храм со знаменитым богословским институтом на Сергиевском подворье, и канал Сен-Мартен, и больницу Святого Людовика, и площадь Республики, и квартал Тамплиеров в удивительном районе Маре с его множеством дворцов и музеев, и набережную Сены, и остров Сен-Луи, и остров Сите с Консьержери, собором Нотр-Дам, Дворцом правосудия и Сен-Шапель, и лабиринт Латинского квартала, и гору Святой Женевьевы, и Пантеон, и многое-многое другое...

Можно пройти и с запада Парижа по его восточной границе, от Булонского леса до Венсеннского — мимо Эйфелевой башни и Дома Инвалидов — к Люксембургскому саду и к новой, но уже успевшей стать знаменитой (хотя, на мой взгляд, не слишком интересной) библиотеке имени Миттерана, а дальше — под сень леса, к Венсеннскому замку...

Конечно, самое лучшее — еще до поездки отыскать на карте свою гостиницу и придумать для себя маршруты прогулок, короткие и длинные. Недавно моими попутчицами в самолете из Петербурга в Париж оказались две девушки — Наташа и Таня. Они рассказали, что будут жить в «Гранд-отеле Гоблен» на бульваре Сен-Марсель. Порадовавшись за поколение, которое способно заработать на «Гранд-отель» и на Париж, я начертил для них маршруты утренних, вечерних и всех прочих прогулок близ гостиницы: пятнадцатиминутной до памятника Жанне д'Арк, фонтанчика-«уолласа», до больницы Сальпетриер с ее часовней Святого Людовика, до Парка растений и Аустерлицкого вокзала. Утренней, получасовой, — до мануфактуры гобеленов, завлекшей на целый день Петра Великого, а потом и Павла I, до русской библиотеки, основанной Тургеневым, до церкви Сен-Медар, до рю Муфтар с утренним базаром, до площади Контрэскарп. И от дома, где жил Хемингуэй (а напротив — Декарт), по улице Кардинала Лемуана, а потом по улице Хлодвига до Пантеона и горы Святой Женевьевы. Ну а если есть в запасе еще час-другой, то и вниз: от церкви Святого Этьена-на-Горе вниз к Сене, по лабиринту очаровательных улочек Латинского квартала — по улицам Лагранжа и Голанда к храму Святого Юлиана Бедного, к улице Бюшри, книжной лавке «Шекспир и Компания», к собору Нотр-Дам, потом по пешеходному мосту, что за собором Парижской Богоматери, на остров Святого Людовика и дальше — в квартал Маре...

Питерские девочки позвонили мне перед отъездом, благодарили за маршруты и за пеший Париж. Они были в восторге (а ведь мне доводилось встречать в самолете Париж—Москва и горько разочарованных, тех, кто Парижа в Париже не нашел). Восторг молодых туристок меня не удивил. Я и сам после пятнадцати лет жизни в Париже пользуюсь любым случаем погулять по удивительным этим местам и каждый раз нахожу что-нибудь новое для себя. Да и настоящие парижане, те, кто здесь родились, получают удовольствие от пеших прогулок по родному городу. Вот что сказал минувшим летом корреспонденту одной из столичных газет писатель Эрик Орсена (тот самый, что работал спичрайтером у президента Миттерана, проще говоря, писал за него тексты выступлений):

«Если придется сменить профессию, я могу стать таксистом, потому что Париж знаю как свои пять пальцев. Я брожу один, без телефона, так чтобы со мной нельзя было связаться, брожу по Парижу с тех пор, как мать купила мне первую пару ботинок, которые скоро стали разношенными, как штиблеты Чарли Чаплина. Больше всего на свете меня интересует жизнь улицы. Скоро уже я обзаведусь, как Чаплин, тросточкой и котелком, чтобы прикрыть лысину. Я отношусь к типу фланеров-наблюдателей, изучающих все бесполезное. Я фланер, потому что бреду туда, куда несет меня попутный ветер... И при этом я наблюдатель... Пешая прогулка — это отличная доза кокаина, которая побуждает к размышлениям, не слишком раздражая ноздри».

Так гуляет писатель, бродивший некогда по «коридорам власти».

Солидный академик Морис Ренс гуляет по-своему:

«Я хожу пешком в Академию, потому что пешком удобнее и приятнее... Для меня гулять по столице все равно что листать книгу воспоминаний. Со временем воспоминания о добрых и плохих днях моей жизни словно прилипают к фасадам. Хорошие — к домам, окружающим Марсово поле: дома у подножья Эйфелевой башни напоминают о моем друге Поле Моране. Он там жил. Я заходил за ним, и мы гуляли вместе, беседуя. Среди дурных воспоминаний — то, как я был арестован немцами. Я вспоминаю об этом, когда прохожу мимо моей прежней квартиры на авеню Фош».

Писатель Жак Ланиман заявил, что любит гулять без плана и любит терять дорогу — что в Париже, что в Непале...

Ну а мы, которые не были в Непале и не дружили с французскими академиками? Что нам могут напомнить улицы и дома Парижа? Тоже многое... Мопассана и Бунина, д'Артаньяна и Арамиса, даму с камелиями и королеву Марго, Дюма-отца и Гюго, инспектора Мегрэ и Растиньяка, Жерара Филипа и Эдит Пиаф, Нижинского и Дягилева, возлюбленную царя Катю Долгорукую и княжну Тараканову, Тургенева и Набокова, Петлюру и Махно, Брижит Бардо и Жака Тати, Бориса Вильде и Бориса Поплавского, Ренуара-отца и Ренуара-сына, Ходасевича и Цветаеву, Достоевского и Газданова, Ван-Гога и Гогена, Наполеона и его победителя царя Александра I, Жореса и Флобера... Все они жили здесь. А может, еще и живут... Город-то все тот же...

Острова на матушке-Сене

ОСТРОВ СИТЕ

В те полузабытые российские времена, когда считалось, что Землю сотворил не Господь, а кучка террористов, называвшая себя «большевиками», дети сызмальства разучивали дерзкий мегаломанский стишок: «Начинается Земля, как известно, от Кремля». Нечто подобное приходит в голову на крошечном, прелестном островке посреди Сены, в самом центре Парижа: все, мол, начиналось (а может, еще и начинается — как наша с вами пешая прогулка) здесь, на этом самом острове Cuté. Нет, не Земля, конечно, и не Европа даже, но, пожалуй, Франция как государство, Париж как его столица и еще кое-что по мелочи, вроде здешних ученых споров, тюрем, городских часов, любовных драм или монаршей филантропии... Что же до города, по которому мы с вами вознамерились гулять вместе, то город уж точно пошел отсюда, да и остров ведь называется «cuté», то бишь «город», «городок», «поселение», «городище», — стало быть, весь остров был городом, а ведь город умещался на острове.

Еще до того, как расторопные фотографы научились снимать Париж с вертолета, и даже до того, как три островка на Сене слились с островом Cuté, составив как бы его острие, нацеленное к морю, остров Cuté представлялся людям, наделенным маломальским воображением, большим кораблем, плывущим вниз по Сене (непременно купите себе за франк открытку-фотографию, снятую с воздуха: на ней остров то ли плывет к морю, то ли стоит меж берегов, на века пришвартованный мостами). Что принес он в мир, этот корабль?.. Походим, поглядим...

Конечно, на нынешнем острове, днем многолюдно-туристическом, а ночью пустынном, редко уже посещает столь любимое многими (автором этой книги в том числе) «островное» ощущение, а все же иногда случается... Скажем, в рождественскую ночь в соборе Парижской Богоматери или (если собор полон) на площади перед собором, где радио разносит над толпой весть о рождении Спасителя-Христа, пришедшего пострадать за нас с вами... Мерно течет сухая проповедь архиепископа парижского монсеньора Люстиже, благодушно зябнет на Папертной площади (**Place du Parvis Notre-Dame**) многонациональная толпа иноверцев и христиан, внимая благой вести, как тысячу, полторы тысячи лет тому назад, и никому нейдет в голову, что монсеньор-то Люстиже, он ведь тоже из крещеных евреев (как и сам Иисус Назареянин), так что можно бы и по черепу топориком (как отца Александра Меня в мирном Подмосковье), а раз нейдет в голову такое, то, может, и впрямь плывет корабль-остров по Сене в наше с вами лучшее будущее...

Ну а прошлое? И семьсот лет назад теснились тут озябшие богомольцы в рождественскую ночь. Только Папертная площадь была узенькая, дома подступали близко, и собор еще внушительней нависал над толпой...

Город-остров появился задолго до Рождества Христова, жило в нем сперва кельтское племя, а за полвека до рождения Христа в нем уже хозяйничали римляне, и, надо сказать, не худшее было время, это «римское владычество», потому как наступил вожделенный мир, хотя бы и «римский мир». *Pax Romana* — целых четыре века мира и спокойствия. Короче говоря, почтенный город Париж на двенадцать веков старше молодухи-Москвы, а уж младенца-то Питера...

Город назывался в те времена (и вплоть до 360 года н.э.) Лютеция, а почему так, а не иначе, сказать трудно. Скорей всего, навеяна эта *Lucotecia* (по Птолемею) или *Lucotocia* (по Страбону) от греческого *leucos* (что значит «белый», как в слове «лейкоциты») белой штукатуркой на фасадах зданий и здешним гипсом. Шутник Рабле, впрочем, полагал, что это название от «белых ляжек местных дам». Что ж, топонимическая гипотеза не хуже всякой другой. Есть, впрочем, и множество других объяснений как для названия Лютеции (скажем, от имени одного из потомков Ноя — Люкуса), так и для пришедшего на смену Лютеции в IV веке названия Париж (которое иные производят от имени богини Изиды). С упомянутого выше IV века, когда варварами изгнаны были отсюда римляне и лишился город их защиты, терпел Париж аж до самого Х века набеги викингов, такого нагнавшие страху на парижан, что еще и в XVI веке (через полтыщи лет) молили в парижских церквах Господа об избавлении от «страху нормандского»: «А фуроре норманнорум, либера нос, Доминэ!» Однако именно победы над норманнами позволили Гуго Капету претендовать на корону Франции и объединить целый ряд земель. Столицей же их стал маленький, неказистый Париж, который в пору варварских набегов съеживался до размеров острова. На острове и стоял королевский дворец, бывший резиденцией французских королей до конца XIV века, а ныне Дворец правосудия — как бы гигантская надстройка на палубе островного корабля.

Прогулку нашу, впрочем, предлагаю начать не с середины корабля, а с корабельного носа, с северо-западной оконечности острова, откуда открывается великолепный вид на парижские берега, на Лувр, Монетный двор и купол Института Франции. Надо сказать, что до начала XVII века (точнее, до 1607 года) у корабля-острова не было монолитного носа. Было здесь еще три островка, отделенные от острова Сите мелководными, замытыми песком проливами, — остров Гурден, остров Перевозчиков коров и остров Евреев. В Средние века на острове Евреев пылали костры инквизиции — сжигали евреев. Место для показательной казни было удобное — публика могла расположиться поблизости, но все же за проливом, и не мешала серьезной процедуре. Весной 1314 года здесь же после долгого процесса и пыток сожгли гроссмейстера богатейшего религиозного ордена тамплиеров (храмовников) и его товарищей. Вину их разбирали семь лет, но главной была не вина, а беда, которая состояла в том, что орден был очень богат и что король Филипп Красивый задолжал ему много денег. Королю легче было разогнать орден и сжечь кредиторов, чем отдать долги. Такой вот театрализованный характер носили тогдашние денежные «разборки» — воистину дикие времена! Иные, впрочем, считают, что жестокая королевская хитрость не сошла с рук красавцу королю и его потомству, которых проклял сожженный тамплиер...

На месте былых островов и проливов был построен Новый мост, **Pont-Neuf** (как видите, на деле очень старый) и разбита совершенно очаровательная площадь. Король-строитель Генрих IV приказал застроить ее на манер Королевской площади (ныне площади Вогезов) одинаковыми домами и дать ей имя его сына-наследника (дофина), будущего Людовика XIII. Эта площадь Дофина и сегодня тиха и живописна, прелесть ее воспевали в своих произведениях Анатоль Франс и Жерар де Нерваль, а многие знаменитые люди были ее обитателями. Я же все жду, что кто-нибудь из моих друзей приедет из Москвы или Бостона и поселится в дешевом здешнем отельчике месье Балитрана «Генрих IV» (меньше полсотни долларов за двухместный номер). Однако и новые русские и новые американцы островом пренебрегают и, не щадя дурных денег, селятся близ площади Звезды и Елисейских полей — дались им эти поля...

Ансамбль прелестной площади Дофина не смогли испортить окончательно ни рьяные реставраторы прошлого века (Ле Дюк нарушил ее замкнутость, чтоб виднее был его Дворец правосудия), ни даже сам этот по-театральному пышный портал Дворца правосудия (XVIII—XIX вв.), который, на счастье, отгорожен ныне от площади рядом каштанов, так что площади все же удалось сохранить свою укромность, интимность, некий аромат старины. Добрый король Генрих IV хотел, чтоб в этом уголке столицы встречались коммерсанты. Теперь здесь обедают за столиками всякие небедные клиенты да мирно гуляют туристы, разглядывая витрины... Томас Манн частенько рылся здесь на стеллажах любимой книжной лавки (у каждого в Париже есть любимые книжные лавки, им несть числа). Мне же недавно посчастливилось застать площадь совершенно пустынной — гулял и думал: вот сниму себе за тридцатник номер в «Генрихе IV» и поживу хоть день по-королевски...

У Нового моста стоит конная статуя короля Генриха IV. В марте 1790 года, в день своего приезда в Париж, мо-

Памятник Генриху IV, королю-градостроителю.

Здесь и далее фотографии Б. Гесселя.

лодой Николай Карамзин остановился перед памятником, чтоб отдать должное «самому любезному» из королей Франции. Еще через два года памятник любезному королю был разрушен революционной толпой, однако четверть века спустя его восстановили. Еще через тридцать лет наш Герцен, смешавшись с толпой демонстрантов, испытал на том же мосту прилив революционного энтузиазма. Как видите, энтузиазм людской неистощим...

Двинуться к корме острова-корабля можно по южному его берегу, носящему название набережной Ювелиров (**Quai des Orfèvres**). Набережная возникла в результате присоединения к острову Сите узенького Галилейского острова, а название ее прославлено многочисленными детективами Жоржа Сименона. Именно здесь (в южном крыле огромного парижского Дворца правосудия) размещается Уголовная полиция, куда отправлялся по утрам на работу (со своего бульвара Ришар-Ленуар) безупречный сименоновский комиссар Мегрэ. Как и все профессионалы, тогдашние обитатели этого здания не принимали слишком всерьез литературные приключения симпатичного буржуазного «майора Пронина» и полицейские прозрения его создателя. Но ведь герой Сименона и был всего-навсего литературным персонажем (похожим вовсе не на неведомых комиссаров, а на нежно любимого папу писателя из города Льежа), а единственный случай, когда Жорж Сименон (в зените своей славы) сам взялся за расследование настоящего преступления, ничем не подтвердил его сыщицкой интуиции (так что не слишком доверяйте серьезности детективных авторов, даже тех, что имеют юридическое образование). Недавно во французской прессе проскользнуло описание забавной сцены, имевшей место в кабинете современного Мегрэ на той же Кэ дез Орфевр. После первого «новорусского» заказного убийства в Париже (убит был талантливый плейбой, миллионер Сергей Мажаров) полиция привезла в кабинет комиссара четырех плечистых джентльменов из России, записавшихся в гостинице как «рабочие» и целыми днями соривших долларами в магазинах на Елисейских полях. Держались они спокойно и вызывающе, пригласили комиссара приехать к ним в Питер, где они ему «устроят баньку» и его «попарят». При этом у них были такие страшные, пустые глаза, что комиссар поспешно приказал доставить их в аэропорт и отправить обратно в Россию.

Прогулка по корме острова-корабля вдоль северного берега (то есть по правому борту корабля) взывает к более старым островным воспоминаниям. Она проходит вдоль северного крыла Дворца правосудия и прославленной тюрьмы Консьержери (здание с круглыми башнями лучше всего смотрите с правого берега Сены или с палубы прогулочного «корабля-мушки» — **bateau-mouche**). Среди немногих строений, уцелевших от старого королевского дворца Капетингов (поглощенного гигантским Дворцом правосудия прошлого века), Консьержери занимает видное

Дворец правосудия на набережной Кэ дез Орфевр, прославленной трудами инспектора Мегрэ.

место. Короли жили во дворце до самого XV века. Напомню, что среди первых обитательниц дворца была прославленная королева — киевлянка Анна, дочь киевского князя Ярослава Мудрого, ставшая супругой короля Генриха I и родившая ему трех сыновей, из которых старший, Филипп I, правил Францией добрых сорок лет. После смерти мужа Анна подписывала (да еще и кириллицей — «Анна Регина») королевские рескрипты, однако вскоре ее похитил (то ли на охоте, то ли на прогулке, а может, вдобавок и с ее согласия — поди узнай через 900 с лишним лет) непокорный вассал короля граф Рауль Валуа, после чего она добрых двенадцать лет прожила в его замке Крепи-ан-Валуа и нарожала ему благочестивых сыновей, один из которых даже был после смерти объявлен святым. Киевлянка Анна (ее называют и русской, и украинкой, и славянкой, хотя папа с мамой у нее были скандинавских кровей) скончалась около 1076 года. Место ее захоронения неизвестно, что дает простор воображению и романистов и историков (иные из них даже предполагают, что она вернулась в Киев). На пьедестале памятника, воздвигнутого у входа в церковь Св. Винцента в Санлисе (километрах в 60 к северу от Парижа) монахами облагодетельствованного некогда Анной монастыря, написано просто: «Анна из России, королева Франции». Надпись на совести монашеской братии, а самих монахов, как легко догадаться, разогнали во время Великой французской революции. Во время той же революции пригодилась и Консьержери, первая парижская тюрьма, ибо какие же революционеры не спешат первым делом заполнить тюрьмы узниками, прежде чем всерьез приступить к казням. Может, именно в связи с этой спецификой революционности слово это в России пользуется ныне меньшим престижем, чем во Франции, где оно, несмотря на неизбежное варварство революций и грязь и кровь (Париж тому первый свидетель), еще окутано флером романтики.

На втором (по-французски, стало быть, первом) этаже Серебряной башни тюрьмы был заключен в пору революции герцог Орлеанский. Лесенка с правой стороны башни, восстановленная в соответствии со старинной гравюрой, ведет к камере королевы Марии-Антуанетты. В ней и поныне лежит на полу старинный тюремный ковер и хранятся некоторые предметы, принадлежавшие королеве, прекрасной женщине, которую увезли отсюда на казнь

16 октября злосчастного 1793 года. В камерах и за решеткой в углу тюремного двора томилось в ту пору немало славных людей Франции: поэт Андре Шенье, Прудон, маршал Ней, мадам Роллан, мадам Рекамье, Кадудаль, Ла-Валетт. Иные из них (вроде того же Шенье) были революционерами, но позднее, успев посеять бурю, пожинали плоды смерти — и Дантон, и Демулен, и Сен-Жюст, и Шомет, и жирондисты, и Эбер, и еще многие другие. Палачу королевских времен Анри Сансону досталось в те романтические годы немало работенки.

В Консьержери сохранились и были реставрированы великолепные залы начала XIV века, которые, по мнению археологов, можно сравнить лишь с залами папского дворца в Авиньоне и монастыря на горе Сен-Мишель. Так что любители старины, архитектуры, истории, вероятно, не пренебрегут здешним музеем. Кстати, слово «Консьержери» не даром созвучно названию парижских привратниц-консьержек. «Консьержем» тут называли аристократа, который не только имел право разбирать мелкие проступки, но и собирал арендную плату с лавочников, разместивших свои лавочки на первом этаже дворца (в XVI веке их тут было больше двух сотен), а также сдавал жильцам внаем освободившиеся камеры и карцеры.

Набережная Сены, идущая по северному «борту» — от носа «корабля» вдоль Консьержери до самого Дворцового бульвара, называется Часовой (**Quai de l'Orloge**), ибо на угловой башне (ее и называют Часовой башней) еще в XIV веке были установлены первые в Париже городские часы, которые с тех пор не раз украшали и безуспешно чинили (ныне они, увы, снова стоят). Кроме Часовой и Серебряной башен, здесь красуются башня Цезаря, в которой жил король Филипп Красивый, и башня Бонбек (название намекает то ли на «орущую глотку», то ли на «крепкий клюв», а только известно, что в башне этой размещалась пыточная). Верхнюю часть фасада, между башнями Бонбек и Серебряной, достроил в XIX веке в готическом стиле архитектор Виолле-ле-Дюк. Собственно, три четверти нынешнего Дворца — его работа. Лишь со стороны Дворцового бульвара можно разглядеть в глубине двора зажатую в тиски ледюковской готики часовню, воздвигнутую в середине XIII века, вскоре сгоревшую, отстроенную и снова пережившую реставрацию в XIX веке и предназначавшуюся королем Людовиком Святым для хранения святых реликвий, купленных им у константинопольского императора, — Святую часовню (**La Sainte Chapelle**). Это один из самых великолепных памятников парижской архитектуры (обратите внимание на витражи, на королевскую часовню, на надгробья).

Что касается гигантского здания Дворца правосудия, то многокилометровая прогулка по его коридорам с сотнями клетушек и залов, аллегорических скульптур, живых фигур адвокатов в мантиях, стряпчих, судей, стажеров, студентов, «потерпевших» и «обвиняемых», без сомнения, «производит впечатление», впрочем, на человека непривычного — скорее тягостное. Я однажды (в пору безработицы и вынужденного безделья) по просьбе знакомой дамы из Италии целый час разыскивал нужную мне комнату, зато когда нашел, мне там тут же выдали столь необходимую итальянской даме копию свидетельства о расторжении ее неудачного брака (не знаю, помогло ли это ей вступить в удачный). Несмотря на раздражение, вызванное во мне тысячами судейских и многими тысячами томов с законами и правилами, я должен был признать, что, вероятно, без этого нельзя жить в правовом государстве, где стараются соблюдать законы. И к мнению этому склонялись не одни диссиденты-правозащитники, но самые разные люди. 19 июня царь Петр Первый наблюдал здесь через особое окошко дебаты в высшем суде королевства (тогдашнем «парламенте», ныне это «зал неслышных шагов») и, выйдя по окончании дебатов, во всеуслышанье выразил свое восхищение:

«Законам нужна опора: если их не защищать, их уважать не будут».

Отправившись по Дворцовому бульвару к Сене и мосту Сен-Мишель, мы увидим за углом ту же набережную Ювелиров и вход в Уголовный суд. Мне удавалось много раз без труда заходить в это здание, где особый мой интерес обращен был к залу XVII палаты (если будете смотреть с набережной Больших Августинцев, что на левом берегу Сены, увидите ее окна на втором этаже). Это здесь в конце января 1949 года проходил знаменитый процесс «Кравченко против «Леттр франсез», на котором сытые французские интеллектуалы (в ту пору все как один левые) доказывали украинским крестьянам, раскулаченным и прошедшим советские лагеря, прежде чем попасть на

Самые старые городские часы.

работы в Германию и в лагеря перемещенных лиц, что никакого ГУЛАГа и никакой коллективизации в Советском Союзе никогда не было, а если они и были, то это все для их же, крестьян, пользы и радости. Коммунистические боссы (иные оказались позднее агентами НКВД) рассказывали, какая в Москве царит свобода слова и как их задарма кормят икрой в Кремле и в гостеприимном «Интуристе». Перебежчик и автор первого антисталинского бестселлера темпераментный Кравченко мало кого убедил, однако процесс выиграл и получил символический франк, а через 17 лет был найден с пулей в голове в номере американской гостиницы.

Нашумевший «процесс Кравченко» был не единственным «русским» процессом, проходившим в этих залах.

В 1928 году дочь Григория Распутина Мария Соловьева пыталась получить здесь с князя Феликса Юсупова 25 миллионов за убийство своего отца. Суд заявил, что он неправомочен разбирать подобные тяжбы.

В 1978 году суд присяжных разбирал здесь дело сына русского офицера-эмигранта Сергея Фабиева, который уже был приговорен трибуналом французской госбезопасности к двадцатилетнему тюремному заключению за то, что с 1963 по 1978 год руководил сетью советского промышленного шпионажа. Еще через семь лет судили тут за то же другого эмигрантского сына — Владимира Золотаренко. Последний процесс такого рода проходил здесь сравнительно недавно. Французский инженер, найдя покупателей в советском посольстве, одной лишь корысти ради переснял в Комиссии по атомной энергии 6000 листов секретной информации и продал. Присудили ему совсем небольшой срок. Вероятно, французская юстиция к этому притерпелась. Ведь еще знаменитый здешний атомщик — коммунист Фредерик Жолио-Кюри, — как обнаружилось недавно из пражских архивов, предлагал передать восточноевропейским товарищам французские атомные секреты. Да и судя по вышедшим недавно мемуарам генерала КГБ Судоплатова, товарищ Жолио-Кюри был нашим товарищам не чужой человек. И миттерановский министр обороны оказался советским агентом. Так что французскому правосудию как-то скучно стало (да и неловко) этими делами заниматься...

ОТ ДВОРЦОВОГО БУЛЬВАРА ДО КОРМЫ КОРАБЛЯ-ОСТРОВА (СИТЕ-2)

От моста Менял (**Pont au Change**) до моста Сен-Мишель (**Saint-Michel**) проходит поперек острова Дворцовый бульвар (**Boulevard du Palais**). Надо сказать, что поскольку за бульваром тоже лежат по большей части учреждения — парижская префектура полиции, больница Отель-Дьё (**Hôtel-Dieu**), Коммерческий трибунал, — то жителей на острове совсем мало, и если еще вдобавок сезон не туристический, то на бульваре бывает пустынно. Разве что пробегут в соседнее кафе, не сняв мантии, два-три судейских, пройдет полицейская машина или забредет испуганный иммигрант в поисках префектуры. Да еще иногда по утрам за зданием Коммерческого трибунала, поражающего незакаленное воображение приезжего всей роскошью Второй империи — куполом, статуями, парадной лестницей, — оживает очаровательный Цветочный рынок, один из последних в Париже. От жилых домов, от узких, грязных и живописных средневековых улиц, да и от церквей тоже, остров давно расчистили — сперва вандалы Великой французской революции, потом коммерсанты, позднее Парижская Коммуна и преобразовательская деятельность барона Османа. Из двух десятков островных церквей остался лишь собор Парижской Богоматери (во всем же Париже с 1790 по 1861 г. было разрушено сто церквей и часовен — больше, чем осталось). Это барон Осман велел очистить от лабиринта старинных улочек нынешнюю Папертную площадь перед собором. Теперь с площади открывается достойный вид на фасад собора, зато нет здесь больше старинных домов, нет и знаменитой таверны «Сосновая шишка», завсегдатаями которой были Мольер, Лафонтен, Буало и Расин. Лежит ныне на Папертной площади бронзовая плита нулевого километра — от нее отсчитываются во Франции километры, ведущие от столицы и, понятное дело, наоборот, в столицу. Так что если увидите на указателе «Париж-8», то знайте, что это до собора Нотр-Дам, точнее, до паперти его, восемь километров, ну а до границы города (до кольцевого бульвара) — только четыре. Во время расчистки пространства перед собором и за ним (на

Все начинается с нулевого километра на Папертной площади перед собором Парижской Богоматери.

Архиепископской площади) исчезло не только любимое кафе Буало, но и дом, в котором он жил. Сам он похоронен в часовне Сен-Шапель, а надгробную плиту его можно увидеть в соборе Сен-Жермен-де-Пре. Вольтер, чей отчий дом и всю улицу поглотил позднее гигантский Дворец правосудия, обращался к Буало в стихах: «Я во Дворце рожден — тебе соседом...» На Архиепископской площади был позднее установлен бюст итальянского драматурга, венецианца Гольдони, который умер в Париже в 1793 году.

С севера огромная Папертная площадь ограничена новым (точнее, прошлого века) зданием больницы Отель-Дьё. Больница эта была первой в городе (и долгое время единственной). Постройку ее (как и постройку собора) предпринял в XII веке славный епископ парижский Морис де Сюлли. В то время на одной больничной койке теснилось по пять страдальцев, без разбору их пола и хвори. Больница находилась под высоким покровительством королей, и, отправляясь в крестовый поход, король Филипп-Август великодушно разрешил отдать солому из опустевших конюшен больным на подстилки. При Людовике Святом на одну койку приходилось уже по три пациента (современники мрачно шутили, что на каждой койке найдешь больного, умирающего и уже остывшего). Больница, разрастаясь, заняла пространство между Малым мостом и мостом Двойной платы (**Pont au Duble**), имевшим в ту пору стеклянную галерею (мост был больничный, а двойную плату за переход брали с тех, кто не имел отношения к больнице, — отсюда и название моста), а потом перешагнула и на левый берег Сены. Новое здание больницы было построено (в 1866—1878 гг.) уже не на южном, а на северном берегу островка, на месте былого Приюта для подкидышей.

За собором Нотр-Дам лежат нынче сквер папы Иоанна XXIII с фонтаном Святой Девы, Архиепископская улица и мемориал Мучеников депортации, воздвигнутый при де Голле (хотя Франция во время последней войны и не понесла особо крупных потерь, некоторое число французов все же погибло во время депортации в Германию).

За больницей Отель-Дьё (название означает «Божий дом», нечто вроде русской «богадельни»), между улицами Арколь, улицей Прогулочного двора Нотр-Дам (**rue de Cloître Notre-Dame**) и набережной Цветов (**Quai aux Fleurs**), уцелел жилой угол острова (считай — правая часть кормы корабля-острова). Некогда он, вместе с прогулочным двором собора (клуатр, киостро, крёйцганг — весьма существенная для прогулок, размышлений или бесед часть соборов и монастырских строений), составлял особый монастырский городок острова. Здесь жили каноники, епископы и прочие служители храма. Были и студенты-семинаристы, ибо школа Нотр-Дам была первой во Франции школой богословия, можно сказать, первым французским университетом, где преподавали такие знаменитые богословы-философы и риторики, как Гийом де Шампо, Пьер Абеляр, Морис де Сюлли, Святой Доминик и Святой Бонавентура. Было в этом северном углу острова несколько церквей и часовен. Одна из них, церковь Святого Иоанна, прилепившаяся к северной стене собора, служила баптистерием (крестильной). Это на ее ступеньках был найден подкидыш-младенец, прославившийся позднее под именем д'Аламбер и ставший одним из составителей первой энциклопедии.

На уцелевших доныне улицах этого жилого квартала и в более поздние времена жило немало французов и иностранцев, достойных внимания. Внимания достойны и их упоминания о своем квартале. Так, в доме № 13 по набережной Цветов в квартире, предоставленной ей на время поэтом Франсисом Карко (автором обруганного Ахматовой романа о Модильяни), жила английская (родом из Новой Зеландии) писательница Кэтрин Мэнсфилд, оставившая описание места своего временного обитания в одном из писем:

«...Над деревьями возвышался Нотр-Дам во всей своей красе. Птицы порхали среди его башен — те самые птицы, вы знаете, которые вечно селятся среди руин. И когда я глядела на них, у меня появлялось желание написать сонет, где они будут присутствовать как образ старости и этих дум, которые приходят и уходят — и эти башни, и эти птицы».

На Медвежьей улице (**rue des Ursins**), улице Настоятельницы (**rue Chanoinesse**) и улице Масийон (**Massillon**) жило много писателей. Не раз бывавший здесь Бальзак так описывал этот уголок Парижа в «Мадам де Шантери»:

«Нет места в этой столице идей, откуда открывался бы подобный вид. Ты словно попадаешь на корму гигантского корабля. На мысль приходит Париж всех времен — от римлян до франков, от норманнов до бургундиев, до Средних веков, Валуа, Генриха IV и Людовика XIV, Наполеона и Луи-Филиппа. От всех этих правителей осталось что-нибудь на память, какие-нибудь руины... Воды Сены с шумом бьются о набережную, собор на закате отбрасывает огромную тень».

На углу улицы Масийон и улицы Настоятельницы жил и умер (в 1560 г.) замечательный поэт Жоашен дю Белле, не только воспевавший Париж («Величием своим он только Риму брат... дивлюсь ему как чуду»), но и скорбевший о вечном неравенстве, о страданиях бедняка:

> И тем обиднее, что даже здесь, мой друг,
> Запуганный народ, обилье праздных рук,
> Распутство, нищета, и грязь, и ложь повсюду.
>
> *(Пер. В. Левика)*

Церкви Сент-Андре-дез-Арк, где крестили Вольтера, конечно, нет больше, как нет церквей Сент-Женевьев-дез-Ардан, Сен-Кристоф и почти ничего не осталось от часовни Сент-Аньян XII века, в которой святой Бернар проповедовал здешним студентам правила нравственности и среди прихожан которой были Пьер Абеляр и Элоиза, неосторожно преступившие вышеупомянутые правила. Об этих французских Ромео и Джульетте следует рассказать подробнее. Дом, где они жили у каноника Фюльбера, стоял между набережной Цветов (на доме № 9 вы можете нынче увидеть памятную доску и скульптурные медальоны, посвященные легендарным любовникам) и улицей Настоятельницы. Но начнем по порядку — с прославленного Абеляра...

Недавно близ нашего дома в XIII округе Парижа разбили новый сквер, и, придя в него впервые посидеть с книжкой, я обнаружил, что он носит имя Абеляра и Элоизы. По-

Мемориальная доска на доме (перестроенном 150 лет тому назад), где жили (почти девять веков назад) и любили друг друга Абеляр и Элоиза.

зднее, беседуя с посетителями сквера, я убедился, впрочем без особого удивления, что не только нянечки, гуляющие там с детьми, и не только беспечные школяры, но и другие достойные парижане и слыхом не слыхали, кто были эти два персонажа со странными именами. После моего многодневного и праздного опроса одна милая лицеистка сказала мне все-таки, что это были наши французские Ромео и Джульетта, и я мысленно выдал ей аттестат зрелости, однако не мог не подумать при этом, что все-таки Абеляр был старше и образованней Ромео, да и вообще, можно сказать, был он не последний человек в истории парижского просвещения, педагогики, философии, схоластики, логики и богословия. Но конечно, это все было давно, в XII веке, и, приступая к рассказу о нашем герое, надо прежде всего напомнить, что век этот, который наш школьный учитель с московской Первой Мещанской улицы называл мрачным средневековьем (так, словно мы-то с ним жили в эпоху какого-нибудь Просвещения или Ренессанса), был веком большого прогресса и тяги к знанию, который можно назвать как бы Предренессансом. Тогдашняя непреодолимая тяга к знанию с самой ранней юности охватила и Пьера из Ла-Палле, что близ Нанта, в Бретани, сына достойного дворянина Беранжера и его супруги Люси. Он появился на свет в 1079 году под крышей отцовского усадебного дома и, подросши, не пожелал делать военную карьеру, и даже карьера священника, не вовсе чуждая их семейству, его не манила. А вот изучать с упорством разнообразные науки, а постигнув их, наставлять в них себе подобных казалось ему самым заманчивым делом на свете. И вот он начал учиться, странствуя от одной школы к

Острова на матушке-Сене

другой. Школы и центры учености были тогда при монастырях, а иногда и в крупных церквах (до своего первого университета Франции оставалось ждать еще целое столетие). Путь к учености лежал, конечно, через латынь. Латынью надо было владеть хорошо: это было началом начал, основой основ, оттого с таким шиком бродячие школяры и объяснялись, и сочиняли стихи, и распевали свои охальные песни — всегда на латыни. В каждой из школ был свой знаменитый учитель-наставник, и славу о его несравненной учености (или о его жадности, тупости и невежестве) разносили бродячие школяры-ваганты по дорогам Европы. Пьер учился сперва в недалеком Нанте, может, еще и в Ванне, потом слава магистра Тьерри завлекла его в Шартр. Самого его прозвали сперва Петрус Паллатинус, по названию места рождения, потом Петрус Абелардус. Со временем он и стал по-французски Абеляром — Пьер Абеляр. Отчего-то неудержимо тянуло его в маленькую и довольно грязную столицу Капетингов Париж, хоть были тогда в той же Окситании города и больше, и чище, и пристойней. В Париже, где имелось уже несколько школ, поучился он сперва у знаменитого каноника Гийома де Шампо при соборе Нотр-Дам. Напомню, что собор был еще прежний — нынешний начали строить вскоре после описываемых событий. Пьер Абеляр слыл большим знатоком греческого, латыни, священных текстов и Аристотеля, был он также очень силен в силлогизмах, диалектике и схоластических спорах. Сейчас уже не так легко понять и мысль и горячность тогдашних споров о каком-нибудь «универсуме», но именно в этих спорах, как считают, рождались зачатки современной науки. К тому же споры эти и новые построения должны были по замыслу богословов укрепить веру в могущество Божие, что являлось серьезным делом. И хотя эти богословы, люди, конечно, верующие, церковные, клирики, и выбривали себе на голове круглую тонзуру, они вовсе не все постриглись в монашество, не все давали обет безбрачия. Пьер тоже выбрил тонзуру, но обета не давал, хотя в ту пору учение и искусство схоластики поглощали его целиком. Ученые школяры с восторгом внимали спорам наставников, задавали хитроумные вопросы и ждали хитроумных ответов, опровержений, умных построений. Потом они сами выбирали себе учителя, а учитель выбирал учеников и преемников. Мало-помалу слава великого спорщика-диалектика Пьера Абеляра распространилась по всему Парижу, и он понял, что пришло ему время завести учеников среди многих своих поклонников. Магистерское место в школе Нотр-Дам было занято старым Гийомом де Шампо, который вскоре начал побаиваться молодого, блестящего Абеляра, побеждавшего его в спорах и подвергавшего сомнению его построения. Соперничество старого и молодого длилось долго. Пьер преподавал какое-то время в Мелэне и в других школах, но в конце концов приглашен был все-таки в Нотр-Дам. Старый Гийом де Шампо удалился к тому времени в монастырь, а его протеже оказался слаб против блестящего Абеляра, который находился в расцвете сил, таланта и популярности. Он не только был беспримерно силен в Аристотелевой диалектике и непобедим в спорах, логике и красноречии, он еще и учеников умел ободрить, умел выявить талант каждого, он умел учить. Ему было тогда 35 лет, все его усилия, вся энергия были отданы научной карьере, а для женщин и нежных чувств у него словно бы не оставалось ни душевных сил, ни времени. Но вот как раз в эту пору природа взяла свое. Он услышал как-то от своих учеников, что в городе каноников, за собором, тут же на острове Сите, где по зеленым лугам и среди кустарников бродят коровы, у каноника Флюбера живет его племянница, дева большой учености, начитанности и таланта. И звалась она романтически — Элоиза. Ученость и начитанность ценились в том узком ученом мирке выше и красоты и богатства. Молодой профессор был заинтригован и наконец, не выдержав, перешел к действию. Побеседовав однажды с Флюбером, Пьер убедился, что каноник и глуп и жаден. Племянницей своей он гордился и возлагал большие надежды на удачный брак — при такой красоте и учености вещь вполне реальная. Однажды Пьер пожаловался канонику, что жилье, которое он снимает, и тесно, и дорого, и далеко от собора, от клуатра — внутреннего дворика, где проходят штудии. Вот если б каноник разместил его у себя, он, Пьер, не только платил бы ему деньги, но и бесплатно давал свои прославленные уроки его племяннице. Каноник пришел в восторг от предложения и даже велел учителю быть построже с ученицей, наказывать и пороть ее, если будет лениться. Долго ли могла шестнадцатилетняя поклонница наук сопротивляться блеску учености, красноречию, молодости и горячности молодого профессора! О, она не ленилась, и ее не

Хитроумный диалектик и обожаемый студентами профессор оказался пылким любовником.

пришлось наказывать за недостаток любовного рвения. Учитель теперь чаще писал любовные стихи, чем богословские трактаты, и школяры распевали эти стихи по всему острову. Пение их долетало в укромные уголки прибрежья, где гуляли Абеляр с Элоизой. Днем ученики с пониманием перемигивались, когда изнуренный наставник вдруг засыпал посреди урока. Похоже, что все, кроме почтенного каноника Флюбера, знали об этом романе. Но однажды, отправившись рано утром будить Элоизу, каноник обнаружил, что она спит в объятиях учителя. Абеляр был изгнан из рая. Влюбленные в отчаянии писали друг другу горестные письма, а потом Абеляр выкрал Элоизу, отвез ее к себе на родину, где она родила сына, которого молодые поклонники учености нарекли Астролябом. Выяснилось, впрочем, что Элоиза вовсе не спешит замуж. Вероятно, уже и в XII веке попадались феминистки. Одно время Элоиза пряталась в монастыре, где ее посещал Абеляр. Узнав, что племянница (а может, она приходилась ему вовсе и не племянницей) живет в обители, и решив, что она стала монахиней, каноник-дядя пришел в ярость. Ведь у него были такие славные брачные планы на ее счет. Нанятые им негодяи, из тех, что в немалом количестве бродили по улицам тогдашнего Парижа, ворвались ночью в дом спящего Абеляра и оскопили его. В горе был не только искалеченный и униженный Абеляр. Громко, в голос плакали безутешные его ученики. Абеляру стало казаться, что такому, как он, уроду заказан теперь путь на небо. Он решил постричься в монахи и потребовал того же от юной Элоизы. Ей было только 18, но она повиновалась. Абеляр стал монахом в монастыре Сен-Дени. Он снова стал преподавать, а потом и писать книги. Он стал писателем и философом, написал грамматику, потом книгу о Святой Троице. Жизнь не кончилась, и история наша была бы намного длинней, если б мы вознамерились рассказать о всех книгах блестящего Абеляра и о его теориях, которые, кстати, были объявлены ересями на двух церковных консилиумах — в 1121 году в Суассоне и в 1240 в Сансе. Он участвовал и в

Юная ученица Элоиза была его достойна...

знаменитом «споре университетов». Позднее в его искалеченных теле и душе вновь проснулась любовь к монахине Элоизе. Все многолетние невзгоды и гонения, которые Абе-

Они дорого заплатили за свое недолгое счастье.

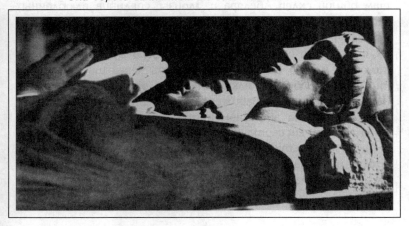

> PIERRE ABAILARD FONDATEUR DE CETTE ABBAYE VIVOIT DANS LE DOUZIÈME SIÈCLE, IL
> SE DISTINGUA PAR LA PROFONDEUR DE SON SÇAVOIR ET PAR LA RARETÉ DE SON MERITE
> CEPENDANT IL PUBLIA UN TRAITÉ DE LA TRINITÉ QUI FUT CONDAMNÉ PAR UN CONCILE
> TENU À SOISSONS EN 1120. IL SE RÉTRACTA AUSSITÔT PAR UNE SOUMISSION PARFAITE ET
> POUR TÉMOIGNER QU'IL N'AVOIT QUE DES SENTIMENS ORTHODOXES IL FIT FAIRE DE CETTE
> SEULE PIERRE CES TROIS FIGURES QUI REPRÉSENTENT LES TROIS PERSONNES DIVINES
> DANS UNE NATURE, APRÈS AVOIR CONSACRÉ CETTE ÉGLISE AU SAINT ESPRIT QU'IL NOMMA
> PARACLET PAR RAPPORT AUX CONSOLATIONS QU'IL AVOIT GOÛTÉES PENDANT LA RETRAITE
> QU'IL FIT EN CE LIEU, IL AVOIT ÉPOUSÉ HÉLOYSE QUI EN FUT LA PREMIÈRE ABBESSE.
> L'AMOUR QUI AVOIT UNI LEURS ESPRITS DURANT LEUR VIE ET QUI SE CONSERVA PENDANT
> LEUR ABSENCE PAR DES LETTRES LES PLUS TENDRES ET LES PLUS SPIRITUELLES A RÉUNI
> LEURS CORPS DANS CE TOMBEAU IL MOURUT LE 21 AVRIL L'AN 1143. AGÉ DE 63 ANS. APRÈS
> AVOIR DONNÉ L'UN ET L'AUTRE DES MARQUES D'UNE VIE CHRÉTIENNE ET SPIRITUELLE.
>
> PAR TRÈS HAUTE ET TRÈS PUISSANTE DAME
> CATHERINE DE LA ROCHEFOUCAULD ABBESSE
> LE 3 JUIN 1701

Доска, установленная аббатисой Ларошфуко каких-нибудь три века назад, воспевает достоинства и ученость французских Ромео и Джульетты.

ляру пришлось претерпеть за это время, он описал в книге «История моих бедствий». Появились у него и новые ученики, и новые беды. Он и Элоиза писали друг другу благочестивые письма. Успокоился навеки Абеляр весной 1142 года, и ей удалось похоронить его в монастыре в Шампани, где она была в то время настоятельницей. Сама она скончалась там же двадцать лет спустя.

Прошло много столетий, и романтики нового времени обратили свой взгляд к туманным далям того дальнего века в поисках любви, красоты и святости. А деловые люди, видя, что новое парижское кладбище Пер-Лашез не привлекает перспективных клиентов, решили устроить там общий склеп Абеляра и Элоизы, соединив влюбленных за гробом. Коммерчески-романтическая операция удалась на славу, хотя вряд ли на кладбище старинного аббатства, к тому же разоренного в варварскую эпоху Великой революции, можно было еще отыскать через шесть столетий останки бедных влюбленных. Да это ведь и неважно. Важно, что отныне парижские влюбленные совершают паломничество на эту знаменитую могилу. А ученые всего мира пишут диссертации о творениях философа Абеляра. А беспечные дети резвятся в новом парижском скверике, носящем имена этих двух столь далеких от нас и столь близких нам парижан...

СОБОР ПАРИЖСКОЙ БОГОМАТЕРИ

Перед собором Парижской Богоматери денно и нощно толкутся туристы. Толпы проходят и внутрь собора — заходят, растерянно бредут вдоль стен, вдоль часовен и за алтарем, заглядывают в путеводители и в отчаянии их закрывают: слишком много всякого понаписано... Их растерянность можно понять. Я и сам, приводя сюда русских или американских друзей, впервые попавших в Париж, не знал, с чего начать рассказ о соборе, — слишком много слышали о нем, много пережито с ним всяким из нас, а уж сколько Францией с ним пережито... Ведь это, как здесь выражаются, «собор соборов», это «приход французской истории», во всяком случае последних ее восьми столетий. Объять умом восемь столетий и все, что означал и означает этот собор, трудно, зато иногда, если повезет, можно кое-что прочувствовать. Скажем, в рождественскую ночь — внутри собора или даже на площади перед собором в молящейся и просто любопытствующей толпе, когда радио разливает над площадью звуки молитвы. Или во время другой какой-нибудь праздничной мессы, когда тревожат душу мощные звуки органа, восстановленного некогда самим несравненным Кавайе-Колем...

Воспоминание о мгновении, пережитом в соборе, будет потом возвращаться к человеку, когда он увидит случайно на картине или на фотографии этот знаменитый фасад парижского собора, и башни его, и розу с витражами, когда услышит мощный голос органа или слова молитвы: «Патер ностер, куи эс ин коэли...») («Отче наш, иже еси на небесех...»).

Отстояв здесь службу 25 мая 1782 года, великая княгиня Мария Федоровна, будущая русская императрица, жена Павла I, урожденная София-Доротея Вюртембергская, делилась на следующий день своими впечатлениями с подругой детства баронессой Оберкирх:

«Эта тайна, этот полумрак витражей, это сооружение, которое дошло из глубины веков и в котором религия обретает такую силу, это ощущение всепрощения и любви. Воистину испытываешь надежду быть услышанным, уверенность в том, что ты услышан, чувство любви и надежду».

Конечно, у тех, для кого французские история, литература, искусство, а также история христианства не пустой звук, — у тех больше шансов пережить в любом соборе волнующие минуты. Вот здесь, чудится, король Людовик Святой шел босой, неся перед собой терновый венец, незадолго до 1302 года, когда гроб его привезли из Туниса и внесли в эти самые врата. Вот у этой колонны был осиян огнем веры Поль Клодель. А здесь в 1431 году король Филипп IV Красивый открыл Генеральные Штаты. Здесь венчались королева Марго и будущий Генрих IV — странное венчание, она внутри церкви, а он, гугенот, за стенами. Было это в 1572 году. А здесь в Духов день 1717 года проходил с процессией русский царь Петр I. Здесь же служили большой благодарственный молебен по случаю женитьбы Людовика XIV и такой же по случаю Дня Победы в 1945-м. Здесь крестили сына Наполеона I, служили благодарственные молебны по случаю его побед над русскими под Аустерлицем, Смоленском и даже Бородином, не чуя, может, что это начало конца. Здесь отпевали Пуанкаре, Барреса, Поля Клоделя, Леклерка и де Латра де Тассиньи, а также генерала де Голля — в присутствии множества глав иностранных государств. И позднее, совсем уж недавно, при таком же стечении начальства высочайшего ранга из всех стран мира отпевали потаенного хитреца социалиста, все же не перехитрившего смерть, — Франсуа Миттерана.

Это здесь начиналась парижская ученость, и это отсюда молодой эрудит и пылкий любовник Элоизы Пьер Абеляр увел за собой на левый берег Сены учеников и поклонников, подготавливая рождение Сорбонны... Среди этих вот реальных химер Нотр-Дама жили не менее для нас реальные герои романа Гюго, возродившего интерес к храму и способствовавшего его спасению.

Конечно, нынешний собор был далеко не первым по времени христианским храмом Парижа. Еще и в начале XII века стояли на этом самом месте, на юго-восточной оконечности острова Сите, два храма — Нотр-Дам и Сент-Этьен. В 1163 году по повелению епископа Мориса де Сюлли началось строительство огромного нового собора. Про-

Нотр-Дам. Собор Парижской Богоматери.

должилось оно и при новом епископе де Сюлли, однофамильце первого, а в общей сложности растянулось на полтора с лишним века — до 1330 года. Первый этап работ завершился в 1182 году освящением центрального алтаря. Историки искусства сходятся в том, что епископ Морис де Сюлли пригласил для строительства собора воистину гениального архитектора, чье имя осталось нам неизвестным. Позднее, в XIII веке, собор строили Жан де Шелз, Пьер де Монтрей, Жан Рави, Жан де Бутейе, Рэймон де Тампль, и созданное ими творение высокой готики долго оставалось нетронутым, несмотря на эволюцию вкусов, — до самого конца XVII века, когда Робер де Котт согласно пожеланию Людовика XIII стал вносить коренные изменения в интерьер собора. В XVIII веке каноники приказали заменить цветные стекла в витражах бесцветными. Изменения продолжил Суфло, а разгул революции обошелся собору очень дорого. Сброшены были статуи королей иудейских с фасада (простые французы уверены были, что это статуи французских королей, ну а главарям, что пограмотней, вероятно, варварский разгул революционной толпы оказался на руку). Иные из статуй были позднее найдены и теперь хранятся в музее Клюни и в музее Средних веков. Сброшены были и другие статуи, украшавшие порталы, все, кроме статуи Богородицы над вратами, ведущими в прогулочный дворик, в клуатр. Алтарь же был посвящен в те бурные дни некой изобретенной лидерами революционного агитпропа богине Разума, и по большим праздникам роль ее разыгрывала в соборе перед толпой многогрешная актрисуля, чью полузабытую могилку можно увидеть сегодня на Монмартрском кладбище столицы. Долгие годы славные стены собора стояли оскверненными, разграбленными, ветшающими, но вот в 1831 году выход в свет романа Гюго «Собор Парижской Богоматери» возвестил новое пробуждение интереса к готическому искусству, а в 1844 году появился декрет короля Луи-Филиппа, предписывавший приступить к реставрации собора. Она была поручена Виолле-ле-Дюку, который и осуществил этот подвиг, вложив в него все свое умение и талант, — осуществил, конечно, в соответствии с собственными художественными идеями, в которых у него не было недостатка. И поскольку это его вариант великого памятника предстает сегодня нашему взгляду, надо сказать хоть несколько слов об этом замечательном мастере прошлого века, который был и архитектором, и реставратором, и декоратором, и художником, и археологом, и теоретиком искусства, и писателем, трудами своими возрождавшим славу средневекового искусства Франции. Это ему обязана французская культура спасением божественного комплекса Везелэ, реставрацией соборов Тулузы, Санса, Клермон-Феррана, городища Каркассона. Обычно работам его предшествовали упорные археологические штудии, он стремился сохранить и в целом и в деталях средневековый дух творения, хоть есть, конечно, противники и у его методов, специалисты, которые находят в них избыток романтизма. Так, при реставрации центрального нефа Нотр-Дам он счел нужным наряду с элементами архитектуры XIII века сохранить архитектурную основу XII века, оберегая найденные им в сохранности элементы строения. «Могут ли века сосуществовать?» — вопрошают некоторые. Однако и поклонники и критики признают, что он был блестящим архитектором и декоратором, этот славный Виолле-ле-Дюк, умерший в 1879 году. Так что, если мы остановимся сейчас перед западным, главным порталом собора не как богомольцы, а как туристы, не грех будет и нам вспомнить эти два имени — Виктор Гюго и Виолле-ле-Дюк...

Портал производит впечатление такого величия и единства, что невольно утверждаешься в мысли о том, что проектировал его один архитектор, и притом гениальный. По сторонам трехэтажного гармоничного фасада высятся квадратные 69-метровые башни. В южной, той, что ближе к берегу, — тринадцатитонный колокол, в который ударяет полутонный язык, приводимый в движение электричеством. Тут же, в необычной этой колокольне, — старинные скульптуры из собора, чудом сбереженные от безжалостного действия времени и революционного погрома, а также полотна Гвидо Рени, дошедшие из XVII века, и Карла Ван Лоо — из XVIII. Впрочем, не один центральный портал фасада, портал Страшного суда, восстановленный по следам того, прежнего, что воздвигнут был в 1220 году, заслуживает нашего внимания при первом неторопливом взгляде на собор, но, конечно, и левый, еще более ранний портал Девы, который славится своей композицией, а также, без сомнения, правый — портал Святой Анны с его средневековыми шедеврами фигурного железа, равно как и колоссальными статуями царей иудейских и израильских, великих потомков Христа, и десятиметровой витражной розой (1220—1225), самой большой и прекрасной храмовой розой своего времени. Известно, что это величественное архитектурное творение — собор Парижской Богоматери, Нотр-Дам де Пари (**Notre-Dame de Paris**) — определяло позднее облик не только французских соборов, но и тех, что строились далеко отсюда, где-нибудь на севере Европы, например в шведской Упсале. И при этом не только архитектурный облик всех этих строений, но и особенности их церковной службы или, скажем, характер их религиозной музыки развивались под сильным влиянием таких мастеров музыкальной школы собора Нотр-Дам, как Леонэн или Перотэн. Отзвуки этой школы и отзвуки этого органа долго слышны были во всем католическом мире... да что там музыка, что архитектура — в живопись и в поэзию всех стран вписался величественный образ собора. О нем писал Шагал и восклицал, ликуя, что полет на этих химерах сблизил его Париж с его Витебском. Образом этого собора заклинал искусство молодой Мандельштам и клялся им в стремлении к совершенству:

> Но чем внимательней, твердыня Notre-Dame,
> Я изучал твои чудовищные ребра,
> Тем чаще думал я: из тяжести недоброй
> И я когда-нибудь прекрасное создам.

Так вот, прежде чем обратиться к анатомии «чудовищных ребер» или углубиться в толпе туристов, а повезет — и в пристойном одиночестве в таинственный полумрак старинного собора, постоим еще немножко снаружи, у его северного портала, где красуется чуть ли не единственная не тронутая революционным погромом статуя Девы с младенцем, или перед южным порталом Сент-Этьен, сооружение которого было предпринято Жаном де Шелзом в 1257 году, полюбуемся барельефами XIV века у Красной двери, служебной двери каноников, что над северным порталом, а также 45-метровым шпилем, сооруженным Виолле-ле-Дюком в подражание тому, прежнему, средневековому, воздвигнутому в 20-е годы XIII века и разрушенному в конце века XVIII.

Внутри собора — целый лес колонн, множество статуй и арок, здесь же нашли приют 29 часовен, и аллеи пяти нефов, и три огромные розы, еще сохраняющие частично витражи XIII века, и орган Клико XVIII века, восстановленный Кавайе-Колем, ныне самый большой во Франции.

Понятно, что на один даже осмотр часовен с их статуями и картинами нам не хватило бы целого дня, а ведь каждая из этих часовен связана вдобавок с историей Франции и Парижа, со средневековыми обычаями и обрядами, религиозным рвением парижан и устройством их профессиональной и общественной жизни. Взять хотя бы самую первую часовню нижнего яруса с южной стороны собора с ее знаменитой решеткой, алтарем из позолоченной меди, с картиной «Распятый Христос» Кепелена и полотном «Избиение камнями Святого Этьена» кисти королевского живописца Ле Брена, принесенным в дар собору цехом ювелиров-златокузнецов в 1651 году. Приношения, носившие название «мэ» (*mai*), то бишь «зазеленевшее дерево», совершались Братством Святой Анны и Святого Марселя, которое было создано цехом ювелиров, ежегодно 1 мая («май» по-французски тоже «*mai*»). Первая часовня поступила тогда в распоряжение братства, и набожные ювелиры дали обет приносить ей в дар ежегодно весенним днем 1 мая зеленое дерево. Что и говорить, трогательное зрелище, хотя вряд ли это было так уж удобно, и к концу века золотых дел мастера стали заменять дерево портативным алтарем, сделанным из листвы, а еще позднее (к 1630 году) решили заменять алтарь произведением искусства, какой-нибудь духовного содержания картиной кисти знаменитого мастера. Картины должны были быть размером в три с половиной метра на три, и прикрепляли их к аркадам собора. Приглашенные живописцы вдохновлялись сюжетами «Деяний апостолов». За семьдесят с лишним лет существования этой традиции 76 великолепных картин украсили интерьер собора Нотр-Дам, этого великолепного музея искусств. Многие из картин исчезли во время революции, иные из них потом вернулись в собор, иные нашли прибежище в Лувре или в других храмах Парижа. Что же до первой часовни, то парижские ювелиры лет тридцать тому назад снова взяли ее под свое покровительство. История этой четырехвековой традиции парижских ремесленников поможет хоть отчасти представить себе, сколь бесчисленны нити, которыми этот несравненный «собор соборов» связан с историей Франции, с расцветом или упадком ее веры, с ее тревогами, войнами, поражениями и победами...

Король Людовик XIII, долго не имевший сына, дал обет

отдать все свое королевство под высокое покровительство Святой Девы, если Богородица пошлет ему наследника. Он обещал при этом соорудить новый алтарь в соборе Парижской Богоматери и украсить собор скульптурной группой, изображающей Христа и Богородицу после трагедии Распятия Христова. Двадцать три года пришлось ждать королю исполнения заветной мечты, однако просьба его была услышана, и в 1638 году рожден был на свет наследник-дофин, будущий Людовик XIV. Последовавшая вскоре смерть короля помешала исполнению обета, и обет исполнил его сын, Людовик XIV. План реконструкции, разработанный по заданию короля Робером де Коттом, совершенно изменил вид алтарной части собора. На первый план выступили мраморные аркады, бронзовые ангелы разместились близ статуй Людовика XIII и Людовика XIV, а трогательная пьета Никола Кусту ушла в заалтарную часть. Новый великолепный ансамбль, включавший наряду со статуями произведения живописи, завершен был созданием мозаики из многоцветного мрамора, и легко представить себе, что неторопливому посетителю или богомольцу приводит он на ум мысли не только об эстетическом совершенстве, но и о вере ушедших веков, о странных заботах сильных мира сего и о бесконечной милости Божией.

Средневековый этот собор в не меньшей, а в большей, вероятно, степени, чем другие великие соборы христианского мира, был истинной книгой Священной истории, наглядно и с огромной выразительностью представлявшей верующим (зачастую, как вы знаете, не умевшим читать, но стремившимся постичь Писание) подробнейшую повесть о сотворении мира, о пути иудеев и других народов к единобожию, о жизни Христа, апостолов, мучеников, королей, отступников, покровителей церкви и ее губителей. Скажем, рассказ о смерти некоего древнеиудейского экзорсиста, поверженного демоном, или о жизни пророка Агабуса, предсказавшего Святому Павлу грядущие муки Иерусалима, или об ослеплении тем же Святым Павлом некоего лжепророка...

Знаток французской истории испытает волнение, обнаружив здесь надгробия десятков исторических личностей, чьи имена для него не пустой звук. И чем лучше вы начитаны в Священном Писании, чем больше вы знаете об истории христианства, истории религиозного искусства или истории Франции, тем больше будет вас волновать окрашенный в витражные краски древний полумрак собора. Тем больше времени проведете в сокровищнице (открытой для публики каких-нибудь тридцать лет назад по случаю семисотой годовщины собора) — среди старинных манускриптов, золоченой церковной утвари и святынь, принадлежавших легендарным королям, императорам, принцессам и папам, среди драгоценных крестов, усыпанных каменьями, терновых венцов и множества принесенных в дар собору шедевров ювелирного искусства. Но будь вы и человеком далеким от западной традиции и здешних эстетических критериев, будь вы бангладешцем или японцем, вам тоже уготовано здесь волнение, которое испытывает любой при виде строгих линий собора, его величественного фасада, загадочных контрфорсов и химер, при звуках органной музыки, от которой захватывает дух... Даже грубиян Маяковский разволновался, посетив собор, и сказал, что хотя тут темновато для устройства клуба и пролетарских танцев-шманцев, а все-таки жаль будет, если собор пострадает, когда такие, как он, придут взрывать расположенное напротив здание префектуры. На счастье, ничего подобного не случилось, руки оказались коротки, и средневековый собор предстает перед нами по-прежнему во всей своей красоте и величии...

НА ТИХОМ ОСТРОВЕ СЕН-ЛУИ

Путешествие на любой остров всегда представлялось мне путешествием особого рода. Ведь остров дает ощущение некой отделенности от большого мира, уединения и покоя. Одна моя парижская знакомая, довольно состоятельная дама, все свои отпуска проводит на островах. Хотя сам я за долгую жизнь посетил великое множество островов, однако с ней не могу состязаться (на остров Святого Маврикия или на Сейшельские добираться дорого). Но не будем ей завидовать, потому что любой человек, попавший в Париж, может посетить по меньшей мере два острова и без дополнительных затрат испытать это особое «островное» ощущение. Кстати, в большей степени дает его меньший из двух парижских островов посреди Сены — остров Сен-Луи. Удобнее всего на него перейти по пешеходному мосту, что ведет от острова Сите и начинается за собором Нотр-Дам, а точнее, за набережной Цветов и сквером Иль-де-Франс.

Пройдя по мосту через протоку и ступив на камни Орлеанской набережной, вы ощутите, что шумный столичный город словно отступил и время замерло. Да и дышится тут по-иному, точно вы уже не в бензиновом Париже, а за городом. И воздух над Сеной словно бы стал прозрачнее — недаром же так любят эти места художники.

Главная островная улица, улица Святого Людовика-на-Острове (**rue Saint-Louis-en-l'île**), чем-то похожа на главную деревенскую улицу — с почтой, булочной, с бакалейной лавочкой, церковью. Только витрины тут, конечно, более изысканны, чем в любой европейской деревне (или даже столице), да церковь, построенная Луи Ле Во, больно уж роскошна для деревушки, да и отели тут высочайшего класса. Но дух деревенский словно бы жив еще, не выветрился. И то сказать, к тому времени, когда на острове Сите уже чуть ли не половину тысячелетия жили правители, стояли дворцы, церкви, монастыри, больница, суд, собор, по соседнему острову (в старину он звался островом Нотр-Дам) еще гуляли коровы, овечки и мирно щипали здесь травку. Строительство на острове началось лишь в XVII веке, точнее, в 1615 году, а через каких-нибудь четверть века (в 1642) Корнель уже писал восхищенно (в своей пьесе «Лжец») о чуде «зачарованного острова», который он лишь недавно «оставил пустынным — и вот он уже населен», «дворцы прекрасные кустарник заменили». Остров и впрямь был застроен быстро, а заселен с самого начала людьми богатыми. Сперва это были торговцы, аристократы и придворные, слуги короля, иностранная знать, потом — так называемые «слуги народа» (Леон Блюм, Помпиду, Жюль Гед и пр.). Ну и, конечно, художники, поэты, скульпторы — все, кто любит тишину и красоту. На острове и нынче живут люди не бедные...

Причина очарования этого острова в том, что он меньше других мест пострадал от напористого прогресса и до сих пор хранит ряды домов эпохи Людовика XIII. Король поручил застройку острова знаменитому архитектору Луи Ле Во, тому самому, что участвовал в отделке одного из фасадов Лувра, постройке первой версальской оранжереи, замка Виконт-Ле-Во, коллежа Четырех Наций (будущего Института Франции). Искусствоведы критиковали его стиль за излишнюю эклектичность, современники обвиняли его в спекуляции участками на острове, но мы с вами вряд ли вспомним все эти упреки, стоя перед дышащей стариною вереницей узких домов Ле Во на Бурбонской набережной или перед великолепным отелем Ламбер, точнее, дворцом Ламбер (самое время напомнить еще раз, что отелем — *Hôtel* — называют здесь особняк, дворец, городскую виллу и к гостинице это в данном случае не имеет отношения), а также другими постройками Ле Во на набережной Анжу.

Человеку с воображением все эти тихие набережные и неподдельно старые дома приводят на ум предания седой старины. Здесь вот жил главный камердинер королевы-матери и он же славный художник Филипп де Шампень. А в этом дворце остановилась приехавшая в 1772 году из Лондона молодая красивая дама, русская «княгиня Володимир». Впрочем, это была не просто аристократка-княгиня: поговаривали, что она дочь русской императрицы Елизаветы Петровны, и отмечали ее несомненное сходство с царственной дочерью Петра Великого. Молодая княгиня, отнюдь не опровергавшая эти слухи, устраивала здесь пышные приемы и балы, так что императрицу Екатерину II слухи, доходившие в Петербург с острова Сен-Луи, не могли не тревожить. Дальнейшее вам известно. В итальянском Ливорно красавец адмирал Алексей Орлов заманил девицу на борт русского корабля и свез ее в Петербург на расправу. Там она и сгинула в крепости. Тесная камера, вода, подступившая к койке, тюремные крысы и бедная княжна Тараканова — знаменитая эта картина у каждого из нас с детства перед глазами. Ну а до того был дворец на острове Сен-Луи «и шум, и блеск, и говор бала»...

Шедевром Ле Во на острове считается отель Ламбер: об этом сообщает время от времени голос гида с проходящего по Сене мимо набережной Анжу прогулочного судна («бато-муш»). Луч прожектора с кораблика высвечивает фасад и скользит дальше... На острове снова воцаряется тишина. Встав у самого начала набережной, можно разглядеть нависающую над садом овальную галерею дворца Ламбер, а также изогнутый балкон с ограждением из фигурного железа. Своими балконами и лестничными перилами остров славился издавна. Ко времени его застройки парижские мастера достигли в искусстве ковки особых успехов (нынешняя набережная Бетю даже называлась некогда Балконной), и, на наше счастье, они уцелели во множестве — и балконы, и перила. Не дождавшись постройки славного своего дворца (набережная Анжу, дом 1), заказчик, советник и секретарь Людовика XIII Жан-Батист Ламбер де Ториньи де Сюси, отошел в тот лучший мир, куда не берут с собой не токмо что дворцов, но даже и самой скромной поклажи. О достройке дворца позаботился его брат Никола Ламбер. Для оформления интерьера он пригласил лучших художников того времени, в числе которых был королевский живописец Шарль Ле Брен, расписавший овальную галерею (созданную по образцу Малой и Большой галерей Лувра) сюжетами из героической жизни Геракла. В подобных галереях принято было размещать библиотеки и развешивать картины. Легко догадаться, что частных картинных галерей на богатом острове было немало (даже президент Помпиду с супругой собрали здесь неплохую коллекцию, что ж говорить об аристократах прошлого). К сожалению, у нас нет возможности побродить по роскошным покоям этого неплохо сохранивше-

Одна из жемчужин тихого острова Сен-Луи — дворец Ламбер.

гося дворца: он в частном владении и принадлежит семье Ротшильдов. С другой стороны, в этом есть и утешение: интерьер будет цел. О сохранности его заботился, впрочем, уже и один из первых его обитателей, купивший «отель» на аукционе в 1842 году, — князь Адам Ежи Чарторыйский, человек более известный в свое время в Петербурге и Варшаве, чем в Париже. Князь жил при русском дворе, дружил в молодости с будущим императором Александром I, позднее был членом его «Негласного комитета» и даже главой российской дипломатии — министром иностранных дел России. Однако, как польский патриот, князь добивался восстановления Польского государства, во время Польского восстания 1830—1831 годов он стал главой польского правительства и после подавления восстания вынужден был укрыться в Париже (счастливо избежав Сибири, где и нынче живет немало потомков польских ссыльных и каторжников). В Париже князь стал лидером польской эмиграции (Полонии), а отель Ламбер и остров Сен-Луи стали штаб-квартирой Полонии. Нынче центр этот (хотя и не играющий никакой политической

Острова на матушке-Сене

Набережная Бурбонов — одна из самых удивительных набережных Парижа. Все дома построены для придворных примерно в одно время (XVII век).

роли) по-прежнему находится на острове Сен-Луи. В особняке на Орлеанской набережной (дом № 6) размещаются польская библиотека, салон Шопена и музей Мицкевича.

В нашем веке в отеле Ламбер жила французская красавица актриса Мишель Морган, но, вероятно, уже в те годы дворец принадлежал Ротшильдам, благодаря чему и сохранился неплохо. Меньше повезло другому шедевру островной архитектуры, чью постройку приписывают (без особой уверенности) тому же Ле Во, — отелю Лозен (набережная Анжу, дом № 17). В 1682 году дворец был куплен фаворитом Людовика XIV герцогом Лозеном (вскоре, впрочем, впавшим в немилость), а в 1779 году маркизом Пимоданом, однако период его «блеска и нищеты» наступает в 1842, когда он был куплен знаменитым библиофилом бароном Пишоном. Оставив себе лишь несколько комнат, барон стал сдавать остальные поэтам, художникам и прочей художественной богеме. Из знаменитостей здесь жили Теофиль Готье, а также поэт Шарль Бодлер, гений весьма неумеренного нрава. К тому же по инициативе художника Фернана Буассара де Буаденье во дворце стал собираться Клуб курильщиков гашиша. Во что превращается дворец, обитатели которого постоянно «торчат»,

> Кто только не жил на набережной Бурбонов за последние три столетия. Среди прочих красивая скульпторша, возлюбленная Родена Камиль Клодель...

представить себе нетрудно. На все упреки мирных соседей Шарль Бодлер отвечал надменно:

«Месье, я действительно колю дрова в своей гостиной и волочу свою любовницу по полу за волосы, но это происходит в каждом доме, и никто не давал вам права вмешиваться».

В оправдание можно сказать, что все-таки именно здесь Бодлер написал первые стихи цикла «Цветы зла».

Кончилось тем, что городские власти купили дворец, надеясь спасти его от полного разрушения, и вскоре приступили к реставрации. Кое-что там еще уцелело — росписи на потолке над монументальной лестницей;

> Если ничего не ломать, город заполняется свидетельствами истории — фонтанами, памятниками, работами былых жильцов. Статуя, созданная Камиль Клодель.

приписываемые Ле Брену росписи в «малом будуаре», где игра отражений в зеркалах создает иллюзию бесконечной глубины.

Среди жемчужин островной архитектуры числится и выходящий на главную улицу отель Шенизо с его коваными химерами работы Никола Вьенно на лестничных перилах.

Что до меня, то моим любимым уголком остается тенистая набережная Бурбонов на северо-западе острова. Здесь стоят узкие, примерно в одно время построенные Луи Ле Во и его братом Франсуа Ле Во старинные дома, где жили Филипп де Шампень, а потом племянник его Жан-Батист де Шампень, где жил секретарь Людовика XIV богач Никола де Жассо (его дом № 19, что на углу набережной и улицы Ле-Регратье, считается одним из самых красивых особняков на острове). Позднее в этом доме поселились отец французского символизма художник Эмиль Бернар, поэты Гийом Аполлинер, Франсис Карко и Макс Жакоб. Во дворе дома Жассо жила до самого 1913 года (когда у нее помутился разум) возлюбленная Родена скульптор Камиль Клодель (ее скульптура и ныне стоит в глубине двора). Мне в этом доме довелось побывать по делу, далекому от искусства. Здесь была контора адвоката Жоэ Нордмана, твердокаменного сталиниста, защищавшего «Леттр франсез» во время парижского процесса Кравченко в 1949 году. На процессе богатый мэтр уличал раскулаченных украинских крестьян, познавших ГУЛАГ, в том, что они недостаточно преданы делу коммунизма, что они «лакеи Гитлера». Сорок лет спустя я взял интервью у мэтра, и он сказал мне, что ни о чем не жалеет. Впрочем, недавно, приближаясь к своему 90-летию, мэтр известил французскую прессу, что все же сожалеет о том, что грубо обошелся на процессе с одной из свидетельниц Кравченко — Маргарет Бубер-Нойман. Все же, что ни говори, она была своя, коммунистка, а крестьяне — Бог с ними, крестьян и сам Ленин никогда не жалел...

Коротенькая улица Регратье, что тут же за углом дома № 19, окутана тайнами и связана с противоречащими друг другу топонимическими легендами. Некоторые считают, что название улице дало обилие торговцев специями («регратьеров»). Другие связывают название улицы с именем здешнего землевладельца и казначея Регратье. Позднее ту часть улочки, что примыкает к набережной Бурбонов, стали называть улицей Безголовой женщины. Так называлось одно из здешних кабаре. На вывеске его была изображена безголовая женщина и надпись гласила: «Все в порядке» (то есть «от безголовой женщины зла не будет»). С той же улочкой связана и получившая большое распространение женоненавистническая легенда об умельце Люстюкрю, который научился своими жуткими щипцами изгонять из женских голов недобрые мысли. Хотя кабаре на улочке Регратье давно нет и «безголовая женщина» исчезла из ее названия, на углу улочки и набережной Бурбонов все еще стоит «безголовая женщина», подпитывая местный фольклор. На самом деле история этой обезглавленной статуи не менее страшна и поучительна, чем все островные легенды, и если бы у многочисленных, живущих на острове «левых» поклонников революции (тот же Леон Блюм) было время над ней задуматься, может, эти «слуги народа» задумались бы и над своей «революционностью». Ибо статуя в нише на углу улицы Регратье и набережной Бурбонов — это вовсе не «безголовая женщина», а обезглавленный Святой Николай. Статую своего святого покровителя установил здесь первый хозяин и строитель дома Никола де Жассо, а голову ему снес в состоянии опьянения (идеологического или алкогольного, может, и того и другого) член революционного Конвента Кофиналь, живший тут же неподалеку. Казнить ученых, поэтов, аристократов, разбивать бесценные статуи, резать на куски полотна и гобелены — эту традицию российский Октябрь унаследовал от Великой французской революции (о чем Ленин, страстный поклонник французского и русского терроризма, неоднократно напоминал «товарищам» и презираемым им «широким массам»).

В трех минутах от дома Жассо и адвокатской конторы «твердокаменного коммуниста», адвоката коммунистов на процессе Кравченко мэтра Жоэ Нордмана, жила на той же улочке Регратье дочь адвоката мэтра Жоржа Изара Мишель Монье. Блестящий адвокат, ученый, член Академии, гуманист и антифашист, Жорж Изар (для «красного фашизма» он, один из немногих во Франции, не делал благодушного исключения) был адвокатом Виктора Кравченко на процессе. Собственно, он и был победителем на этом процессе, который провел блестяще. Работая над книгой о процессе, я часто бывал у Мишель Монье, и она мне рассказывала, как в квартире отца на бульваре Сен-Жермен впервые появился этот высокий, красивый, резкий, грубый, непримиримый русский (о том, что он украинец, он не упоминал никогда). Три юные дочери мэтра Изара украдкой поглядывали на него, и для одной из них это вторжение русской стихии в суперинтеллектуальный дом основателя «Эспри» не прошло безнаказанным: она вышла замуж за переводчика Кравченко, молодого русского эмигранта Сашу Зембулатова (уже в ту пору женатого). На процессе Кравченко раскулаченные, чудом выжившие украинские крестьяне рассказывали французам о коллективизации, ГУЛАГе, гибели близких. А функционеры компартии (и агенты советских служб) рассказывали о том, как в Москве кормят икрой и все, буквально все — не то что у них, в послевоенной Франции, — процветают. Легко догадаться, кому тогда поверила Франция: людям нужна альтернатива, а за морем телушка — полушка, *the grass is greener on the other side of the hill...*

На той же набережной Бурбонов жили в былые годы поэт-символист Стюарт Меррил и вождь сюрреалистов Андре Бретон, а также поразивший меня в годы моей читательской юности тонким знанием быта парижских сутенеров прозаик Шарль-Луи Филипп. В своих «Хрониках дикой канарейки» он оставил проникновенное описание здешних пейзажей:

«Вдоль всех набережных острова Сен-Луи, Бог мой, ваше небо — это провансальское небо, где по лазури плывут лазурные облачка. Над старыми набережными букинистов, Бог мой, ваше небо темнее, и по вечерам я вижу, как красное солнце садится там над трепетным горизонтом. Как раз в это время богатые люди выходят погулять на бульвары...»

Я бы кончил на этом свой рассказ, но вовремя вспомнил упрек моего состоятельного парижского друга Льва Семенова: «Никогда ты не сообщаешь, где закусить». Может, он и прав — человек, нагулявшись, хочет посидеть в

На тихом острове Сен-Луи

В этот кабачок на берегу Сены с XVII века охотно заглядывают любители пропустить стаканчик-другой красного вина.

ресторане. Ну что ж, на углу Бурбонской набережной и улицы Двух Мостов (**rue des Deux-Ponts**) можно закусить в ресторане «**Au Franc Pinot**», в который еще и в XVII веке заглядывали пассажиры приходящих судов, чтобы выпить стаканчик-другой красного вина. На главной улице острова допоздна шумит огромный, старинного вида ресторан «**Nos Ancêtres les Gaulois**». («Наши предки галлы»)...

Если же в ваши планы не входит красивая жизнь, просто купите себе на острове мороженое «Бертийон» (**Bertillon**), говорят, это лучшее в городе мороженое. На мой вкус, все же чуть хуже московского.

Левый берег

ПО СЛЕДАМ РИМСКИХ ЛЕГИОНЕРОВ

Конечно, следы какой-нибудь галло-римской войны, описанной Юлием Цезарем (он умер за 40 лет до Рождества Христова), у которого упомянут уже этот город паризиев, или следы эпохи долгого и мирного существования (**Pax Romana**) под эгидой сперва могучего, а потом и слабеющего Рима, — конечно, следы эти не так наглядны и выразительны в Париже, как, скажем, в самом Риме или даже во «французском Риме» — городе Ниме, однако некоторые из этих следов все же встретятся нам, когда мы с вами отправимся гулять по левому берегу Сены: а где ж еще было селиться древним парижанам в те времена, уходя с перенаселенного острова Cuté, — не на правом же заболоченном берегу? Следы эти напомнят нам, что люди жили тут и до Хлодвига, и до Франциска I, и до всех восемнадцати Людовиков — жили, страдали или радовались жизни... и время от времени мылись в бане. Конечно, истекшие века и тысячелетия облагородили в наших глазах ту давно ушедшую жизнь, покрыли ее благородной позолотой и патиной времени, прикрыли завесою тайны, так что и бани называются не банями даже, а термами: то же, что баня, но меньше воды и больше благородства, притом какие великолепные, какие величественные это были строения, истинные шедевры архитектуры. И то сказать, в них ведь не только смывали грязь, тешили плоть и пили вино, в этих термах: в них читали стихи, спорили, рассуждали о бренности земной жизни... Попарившись, переходили в прохладный фригидарий (в древнем этом слове чудятся не только благословенные нынешние холодильники и рефрижераторы, но и проклятая фригидность), чтобы охлаждаться, а точнее даже — прохлаждаться. Нынче очищенная археологами стена этого прохладительного рая близко подходит к горячему перекрестку бульваров Сен-Мишель и Сен-Жермен, на тротуарах перекрестка не прохлаждаются даже туристы, по ним, завидев зеленый глаз светофора, несутся куда-то сломя голову, не успевая подумать о смысле всех этих передвижений.

Неторопливые римляне, прохлаждавшиеся тут добрых две тысячи лет тому назад, обитали в своих виллах, покрывавших этот склон горы Святой Женевьевы, в ту далекую пору носившей еще латинское название, с нынешней точки зрения, вполне медицинское — Лейкоцитиус, однако в ту пору свидетельствовавшее лишь о белизне камней или белизне стен. Кое-какие обломки мрамора и фрагменты многоцветных мозаик были найдены при здешних раскопках и хранятся в музее Карнавале, но, конечно, легче было получить представление о благородной красоте древнеримской виллы тем, кто побывал в музеях близ города Туниса в Северной Африке или в музее тунисского города Суса, на турецких городищах, а еще лучше — на вилле Казале, что близ городка Пьяцца-Армерина в Средней Сицилии: что за красочный мир предстает на мозаиках пола в столовой или детской комнате древнеримской виллы!

Вилл на склоне горы понастроили, наверно, предостаточно, потому что и баня тут была не одна. На скрещении нынешних бульваров находились Большие Северные термы, но имелись также и термы Восточные — у нынешней площади Марсель Бертело, и термы Южные, они же термы Форума, что на углу нынешних улиц Гей-Люссак и Ле-Гоф. Понятно, что и баням и виллам нужно было много воды, но по части водопроводов римляне были, как известно, большие мастера: акведук сюда тянулся чуть не от самого нынешнего аэропорта Орли, и остатки его откопали недавно близ нашего парижского дома — в XIII и в XIV округах.

На нынешней улице Расина, что идет от самого буль-

Левый берег

вара Сен-Мишель (именно на этом перекрестке подосланный, скорей всего, Коминтерном и ГПУ киллер убил в 1926 году Симона Петлюру), размещался огромный полукруг амфитеатра, обращенного лицом к Сене и уступавшего размерами во Франции разве тому, что красуется поныне в южном городе Ниме.

Это все, впрочем, из области чужих воспоминаний, а также хотя и надежных, но все же гипотез. Из реальных же, отрытых из-под земли римских руин осталось парижанам лишь арены Лютеции и упомянутые уже Большие Северные термы на углу бульваров Сен-Мишель и Сен-Жермен. С них и начнем. Термы эти построила то ли в конце II, то ли в начале III века могучая корпорация судостроителей, процветавшая тогда (это как раз и было доброе мирное время римского господства — **Pax Romana**) в славном городе паризиев. В термах и ныне различимы три зала: фригидарий, где сохранились еще арки сводов, зал отдыха, который опирался на восемь консолей в виде корабельного носа (до самого 1820 года они поддерживали висячий сад аббатства Клюни), и, наконец, тепидарий, западный теплый зал, в стенных нишах которого восстановлены ванны и видны подземные топки для нагрева. Когда стоишь перед гигантскими этими руинами, не без труда представляешь себе, что это чудо искусства всего-навсего районная баня. «Что ваш народ? Эти термы и бани — чуда искусства он все растаскал...» — возмущался отрицательный персонаж известного стихотворения Некрасова. Действительно, все, или почти все, растаскал великий парижский народ, сооружая баррикады для защиты от варваров или новые, малоинтересные жилища. Впрочем, в XV веке впритык к термам (а отчасти и на их фундаменте) построен был прекрасный, единственный в своем роде дворец Клюни, в котором жила королева. Дворец цел, он радует глаз: полюбуйтесь им, сидя на скамеечке в сквере Пэнлеве...

Если от Северных бань двинуться к югу по былой римской магистрали — «кардо» (по тому же бульвару Сен-Мишель или по улице Сен-Жак), а потом свернуть на восток по другой, перпендикулярной ей римской магистрали «декумано» (нынешняя улица Факультетов, рю дез Эколь), то выйдешь очень скоро (тут всё недалеко) к улице Монж, а еще минут через десять ходьбы — к небольшому зеленому скверику, заготовившему нам один из главных галло-римских сюрпризов. Войдя в его ворота, вы увидите великолепный древнеримский амфитеатр: тридцать пять трибун-ступеней поднимаются одна над другой на стометровую высоту, пятнадцать тысяч зрителей умещались на этих трибунах и кровожадно глазели на овальную (52 на 46 метров) арену, где их потешали и звери и люди. Клетки для зверей размещались у входов. По сторонам было также девять ниш, улучшавших театральную акустику и служивших для хранения декораций, ибо, как часто делали в Галлии, тут были одновременно и цирк и театр. С восточной стороны амфитеатра располагалась сцена театра. Построен был этот цирк-театр в конце I века нашей эры на краю галло-романского поселения на том склоне горы, что нависал над рекой Бьевр. Во время варварских набегов на Лютецию в III веке горожане тащили отсюда могучие каменные блоки, создавая крепостные стены на острове Сите. В начале IV века тут возникло нечто вроде некрополя, который тоже был с годами забыт. А в XIV веке, сооружая ров вокруг укрепленной стены времен Филиппа-Августа, строители забросали старые руины землей, и скрытый от глаз древний амфитеатр до самого XIX века оставался забытым. Только в прошлом веке были обнаружены следы этого сооружения — на территории Главной компании парижских омнибусов, которую с трудом удалось отсюда выдворить, чтобы начать раскопки. Работы по окончательной расчистке и реставрации памятника предприняты были в конце Первой мировой войны. И вот поднялось над землей великолепное это сооружение I века — арены древней Лютеции, потрясшие самых чувствительных из парижан...

Я часто сижу на этих ступенях и тщетно пытаюсь представить себе, как возбужденно кричали и смеялись пятнадцать тысяч парижских зрителей, наблюдая за каким-нибудь кровожадным зрелищем... Теперь здесь не по-городскому тихо. На ступенях и в садике играют дети. Старики сражаются на арене в излюбленный свой петанк. В обеденный перерыв сюда приходят погреться, отдохнуть — одни закусывают бутербродами, другие целуются...

С запада к арене подступают дома улицы Монж. Вон там, на улице Арены, жил французский писатель Жан Полан, а в этом вот доме, у самого входа в садик, мне приходилось бывать в гостях. Здесь жил (а может, и нынче живет еще) старенький, благородный месье Каннак, хранивший нежную память о своей русской жене Евгении, которая умерла у него на руках от рака несколько лет тому назад. Они познакомились до войны в Берлине, где юная русская эмигрантка Женя жила с родителями, увлекалась русской поэзией, сама писала стихи и посещала кружок молодых русских поэтов. Мэтрами в их кружке молодых были два Володи — Корвин-Пиотровский и Набоков. Как и многие барышни из кружка, Женя была влюблена в романтического гения и аристократа Володю Набокова, но ни за что не решалась ему в этом признаться, даже когда он провожал ее как-то раз ночью домой на такси. А вот Вера Слоним решилась — и сама назначила ему ночное свидание у моста в парке. И вышла за него замуж... А потом и Женя тоже вышла — за месье Рене Каннака, а с Владимиром они встретились однажды во время войны: Женя хотела отдать ему свой радиоприемник, чтоб он слушал новости из Лондона... Потом он уехал в Америку и вернулся только через двадцать лет, после успеха своей «Лолиты». Он пришел в гости к Жене, в этот вот дом возле арен Лютеции, и они вспоминали все-все — и Берлин, и поездку на такси, и ту встречу в пустой вилле во время войны. Оказалось, что он помнит даже, какое на ней было в тот день платье. После его смерти Женя написала о нем воспоминания для газеты «Русская мысль», и господин Каннак дал мне все ее черновики. Я уже видел прежде эти заметки, так что в черновиках стал читать только те фразы, что были зачеркнуты. Женя писала, что руки у нее дрожали, когда они стали заворачивать в бумагу радиоприемник... «Ведь я была в него по уши...» — написала она, но потом, не закончив фразу, перечеркнула ее: зачем это газете? Кому нужно знать об этом?

Бедный Володя, бедная Женя, бедные пятнадцать тысяч ревущих в восторге зрителей — где они все нынче? Остались лишь могучие арены, вечный город Париж, набоковские романы, да недописанная фраза, перечеркнутая рукой влюбленной женщины...

ВЕЧЕРНЯЯ ПРОГУЛКА
ПО ДЛИННОЙ-ДЛИННОЙ УЛИЦЕ

Эту свою левобережную Лютецию на склоне горы древние римляне, не мудрствуя лукаво, строили по образцу других древнеримских городов: вдоль перпендикулярных друг другу осей — «кардо» и «декумано». Ось «кардо» проходила в Лютеции с севера на юг. С большей или меньшей точностью можно предположить, что эта ось соответствовала тогдашней виа Сюперьор (Верхней улице) и шла по еще более древней дороге, по которой паризии в доримские времена ездили в свой древний Генабаум (нынешний Орлеан). Ей, вероятно, и соответствует нынешняя длинная-длинная рю Сен-Жак (улица Святого Иакова). Конечно, когда мысленно углубляешься в столь почтенную старину, трудно ждать, чтобы нынешняя улица оказала нам сколько-нибудь существенную поддержку для воссоздания картин прошлого. Все нынче на этой улице не то и не так. Те, кому довелось бывать в Иерусалиме, в Риме или даже в нетронутости лежавшей под пеплом Помпее, привыкли к такого рода разочарованиям. Что до меня, то я за последние двадцать лет странствий больше всего был, помнится, растроган древними храмами Пестума в Южной Италии: на закате, поздно вечером, я добрался туда один и увидел древние храмы на пустынном берегу моря среди цветов — могучие и прекрасные храмы, берег, безбрежное, золоченое закатное море... В прочих местах были толпы туристов или без труда различимый «культурный слой», скрывший от наших глаз и дома, и пейзажи, и сцены, которыми одарили нас любимые книги и многолетние сны. Конечно, всякие руины имеют очарование, но на былой виа Сюперьор, как мы условно назовем нынешнюю рю Сен-Жак, не будет даже и древнеримских руин. И все же я предложил старому московскому приятелю прогуляться по этой улице в первый же его свободный парижский вечер, благо улица проходила в двух шагах от его отеля (честно сказать, это я и подбил его поселиться в сердце старого, левобережного Парижа, а не поблизости от Трокадеро и Триумфальной арки, где селятся ныне русские туристы побогаче, или близ площади Клиши или Монмартра, где селят туристов победнее).

Так вот, теплым осенним вечером мы вышли с приятелем на рю Сен-Жак у самого ее начала, у набережной Сены. Сперва, извинившись за менторский тон, мне все же пришлось объяснить приятелю, при чем тут Сен-Жак, то бишь Святой Иаков: посвященная ему церковь, от которой осталась лишь великолепная колокольня — башня Сен-Жак, — стояла на правом берегу Сены, за островом Ситé. Мимо нее и проходил путь на северо-запад Испании к одной из главных христианских святынь Средневековья — к монастырю и собору Сантьяго-де-Компостела (Сен-Жак-де-Компостель), где хранились реликвии Святого Иакова, покровителя Испании. Великий путь Средневековья, на котором возникали монастыри, города, промыслы, гостиницы, больницы... Вот по этой-то дороге мы и двинулись с приятелем к южным пределам Парижа, и я ему напомнил, что раньше улица эта шла вдоль канала, по которому вода поступала к термам. Старая же дорога паризиев к Орлеану покрыта была каменными плитами: иные из них и нынче можно видеть близ арен Лютеции. Под этими плитами, когда их подняли, открылась глазам древняя дорога, но вскоре скрылась под покровом бетона и асфальта, по которым мы и брели к югу среди домов, построенных по большей части в XVIII веке. Но конечно, попадались и строения постарше. Первым из них была великолепная, в стиле «пламенеющей готики» XVII века церковь Сен-Северен. В VII веке на этом месте стояла часовенка, которую поставил монах-отшельник Святой Северен (его именем названы и церковь, и улица, на которой стоит церковь). Что до церкви, то мы не заходили туда, приятель поверил мне на слово, что там внутри отменная живопись и знаменитый орган, которым восхищались Сен-Санс и Форе.

По количеству ресторанов, которые сияли теперь справа от нас, по толпам туристов и молодежи приятель мой смог убедиться, что мы попали в гущу Латинского квартала, однако я не дал ему в тот вечер уклониться с избранной нами улицы, и мы двинулись дальше. Однако не ушли далеко, потому что он тут же прирос к витрине книжного магазина. Здесь продавалась только эзотерическая литература, какой и в России теперь немало. Парижский этот магазин основал первый медиум Алэна Кардека, знаменитого мэтра французских спиритов (к могиле его на кладбище Пер-Лашез не зарастает тропа). Теперь магазин содержит человек, принявший имя того первого медиума, — Пьер Гаэтан Лемари. Он, конечно, тоже мистик, и, если верить его рассказам, он уже три жизни прожил в Тибете, а магазин содержит в четвертом своем воплощении. Содержит неплохо: вероятно, три первые жизни обогатили его кое-каким практическим опытом.

Приятель мой отметил, что витрину лавки украшало множество самых разнообразных ангелов, ибо мода на ангелов была в ту пору в самом разгаре. Вследствие повышенного интереса моего приятеля к эзотерике мы стали продвигаться все медленнее, ибо здесь было сразу несколько книжных магазинов этого профиля. Мы остановились у дома № 34, где продавали книги по алхимии, и чуть дальше, где торговали книгами по ясновидению, и, что уж вовсе привело меня в тоску, а приятеля в восторг, у дома № 51, где продавали исключительно книги по физике и математике...

Наконец мы пересекли Факультетскую улицу (рю дез Эколь) и увидели справа здание знаменитой Сорбонны, а слева — тоже весьма знаменитое учреждение, Коллеж де Франс.

В этом квартале с XIII века, а то и раньше, гнездилась вся парижская ученость, здесь находились также знаменитые типографии...

Я показал приятелю Коллеж Людовика Великого (**Louis le Grand**), где учились (в ту пору, когда он назывался еще Коллеж Клермон) и Мольер, и Делакруа, и Робеспьер, и Гюго, и Бодлер, и еще множество других знаменитостей. Если судить по сыну моего деревенского друга-аптекаря, там и сейчас лицеисты (то есть ученики старших классов средней школы) попадаются вполне толковые...

Миновав знаменитый лицей, мы с приятелем пересекли улицу Суфло, и слева нам открылся Пантеон, некрополь великих людей Франции, где недавно к праху великих мужчин был торжественно присоединен прах первой великой женщины, той самой, которой ее нефранцузское (польское) происхождение помешало когда-то быть допущенной во Французскую Академию, — прах Марии Склодовской-Кюри. Теперь вышеупомянутую Академию преспокойно возглавляет дама, да еще и русского происхождения (Марина Грюнберг), уроженка Петербурга, и никому это не мешает. Как видите, прогресс и в половой, и в национальной сфере — налицо...

Пройдя еще сотню шагов, мы увидели сразу несколько зданий, напоминавших о занятиях славной Мари Кюри и мужа ее Пьера (Институт радия, Институт химии, Институт физико-химической биологии), а также целую улицу, названную именами Пьера и Мари Кюри. Все эти начиненные науками здания были построены на территории старинного монастырского сада. Этот район вообще изобиловал некогда монастырями. Иные из здешних монахинь были позднее канонизированы, объявлены святыми, одна из былых возлюбленных короля кончила здесь свои дни в монашеском звании, и, напротив, одна из здешних монашек, выбравшись на волю, стала возлюбленной короля, так что от великого до смешного один шаг.

Нынешний Институт глухих, вставший на нашем пути, размещается в былых больничных и административных корпусах старинного ордена госпитальеров. Орден возник на уже упомянутом мною пути паломников в Сен-Жак-де-Компостель: монахи ордена строили на протяжении всего пути больницы и лечили немощных. Главная штаб-квартира ордена находилась в Италии, близ Лукки, на перевале Альто-Пассо (Высокий перевал, а по-французски — От-Па). Так что нетрудно догадаться, отчего церковь Сен-Жак-де-От-Па XVII века (и прекрасно сохранившаяся доныне) и больница госпитальеров были построены именно здесь, на старой дороге в Сантьяго-де-Компостела.

Вскоре после Института глухих нам открылось здание английского монастыря бенедиктинцев, построенного в XVII веке. Именно здесь три ученика композитора Цезаря Франка открыли в конце прошлого века частную музыкальную школу «Скуола канторум», которая сыграла немалую роль в возрождении церковной музыки и старинной музыки во Франции...

Я на всякий случай нажал кнопку у консерваторских ворот, и — о радость! — дверь подалась, так что мы с приятелем попали в уютный монастырский двор. Это здесь, на скамеечке под старым вязом, Лафонтен написал знаменитую басню про ворону и лисицу, нам с вами известную в переработке Крылова. Так вот, слегка переиначив другую басню Ивана Андреевича, хочется воскликнуть, что вяз и ныне там. То есть, может, того самого лафонтеновского вяза уже и нет, но зато вдоль всей рю Сен-Жак, до самой южной оконечности города (а она не так далека — оконечность Парижа), стоят старые монастыри бенедиктинцев и кармелиток, маячит великолепный купол больничной церкви Валь-де-Грас, а также здание, занятое со времен революции самым престижным здешним университетом — Эколь Нормаль Сюперьор...

Конечно же, и Валь-де-Грас и Эколь Нормаль Сюп, как называют в парижском обиходе этот престижнейший гуманитарный вуз Франции, заслуживают краткого рассказа (мучить длинным утомленного прогулкой приятеля я не решился).

Итак, Валь-де-Грас... В XIII веке здесь находилось родовое гнездо Валуа. В XIV веке герцоги Бурбонские даже называли это имение Малым Бурбоном. Позднее оно было конфисковано, и его снял для нужд ордена Оратории кардинал де Беруль, а в 1621 году королева Анна Австрийская поселила здесь монахов из монастыря, носившего название Валь-де-Грас. Когда же королева после долгого ожидания родила наконец сына (будущего Людовика XIV), она построила тут, верная данному ею обету, церковь. С середины XVII века здесь уже высился монастырь, а с конца XVIII века — существующий и поныне военный госпиталь. С середины XIX века к нему была присоединена военно-медицинская школа, из которой вышли чуть ли не все видные военные врачи и хирурги Франции, в том числе и знаменитый Венсан. Так что и статуя работы Давида, которая стоит сегодня перед старинной церковью, — это тоже памятник хирургу — императорскому хирургу барону Ларре. Ну а сама церковь, снаружи видная из-за здания госпиталя или завесы дерев, является, как признано знатоками, одним из самых прекрасных барочных зданий Парижа, высоким образцом чистоты стиля и гармонии. Она увенчана куполом, который степенью своей знаменитости и высотой уступает лишь двум парижским куполам (куполу Пантеона и куполу Дома инвалидов). Здание это относится к стилю барокко, что вообще не так уж часто встречается в Париже, где в XVII веке царил неоклассицизм, хотя можно, конечно, назвать и несколько построек, навеянных Италией, Римом, ватиканским собором Святого Петра (скажем, церковь Малых Августинцев, церковь монастыря

Сен-Жозеф на улице Вожирар или церковь Сен-Поль-Сен-Луи). Церковь Валь-де-Грас славится богатством интерьера и среди сокровищ своих может похвастать многофигурной фреской Пьера Миньяра (вдохновившей некогда Мольера на строки во славу Валь-де-Грас). Наряду с остатками старого Бурбонского дворца комплекс Валь-де-Грас хранит в целости прогулочную галерею церкви и прекрасное, возведенное Мансаром монастырское здание, обращенное фасадом в сад. В монастырском здании теперь размещается музей военной медицины, а в саду построен новый военный госпиталь с тринадцатью специализированными клиниками, располагающими полтысячью коек и шестью операционными залами. На одной из этих коек лежал незадолго до кончины Булат Окуджава...

Что до знаменитой Эколь Нормаль, то в ней учатся в основном дети «более равных среди равных», хотя иногда туда проходят по конкурсу и гении с улицы. Изучают здесь литературу, философию и математику, и достаточно сказать, что все (!) золотые медали Филда (эквивалент «нобелевки» для математика), полученные Францией, заработали выпускники Эколь Нормаль. Конечно, среди выпускников Эколь Нормаль (среди «нормальенов») есть некоторое число бывших премьер-министров (Алэн Жупе, Лоран Фабюс), однако прежде, чем стать конформистами и ответственными работниками, им пришлось пройти еще и через здешнюю ВПШ, называемую ЭНА (Национальная административная школа), ибо в самой Эколь Нормаль традиционно царит дух интеллигентского нонконформизма, либерализма, прогресса и знаменитая школа помнит былые свои дрейфусарские традиции...

Вообще, некогда на улице Сен-Жак имелось множество коллежей и, соответственно, множество недорогих гостиниц, где иногородние студенты снимали комнату, иногда одну на двоих.

— Конечно, в те времена ни отели, ни мансарды не были так ужасающе дороги в Париже, как нынче, — благоразумно предупредил я приятеля.

— А вон какой-то старый отельчик, — отозвался тот. И прочел вслух почти по-французски: — «Отель "Медиси"»... Давай зайдем, спросим, сколько тут стоит ночлег...

Это оказалась воистину счастливая мысль. Хозяин

отельчика месье Даниель Ро скучал за столиком в уголке, и нам без труда удалось втянуть его в беседу. Он рассказал, что отель этот он купил, уволившись с флотской службы, лет тридцать тому назад. В ту пору здесь было больше дюжины подобных отельчиков — и вот остался один. Комната сейчас стоит двадцать-тридцать долларов в день, но, конечно, душ в коридоре, общий.

— Снимают у меня бедные студенты, — сказал месье Ро (ненароком напомнив нам этой фразой о том, что бедность — понятие относительное), — живут здесь лет пять-семь, пока не кончат учебу. Мы с ними обращаемся по-семейному; когда видим, что им пообедать не на что, зовем к столу. Врач наш их лечит бесплатно. Так я ведь бывший моряк, а моряк не бросит в беде утопающего... Кстати, мои три дочки тут и вышли замуж, за моих постояльцев: две за американцев, а одна за бразильца...

Беседа моего приятеля с первым в его жизни парижанином вышла долгой. А может, это мне, бедолаге переводчику, так показалось. Потом, видимо проголодавшись, приятель мой взглянул на часы и спросил у месье Ро, далеко ли отсюда кончается улица Сен-Жак.

— Да тут и кончается, — сказал хозяин гостиницы. — Как один старинный французский автор писал про нашу улицу: «Дальше дорога уже во вселенную»...

Латинский квартал

В ЛАТИНСКОМ КВАРТАЛЕ

Лет двадцать тому назад, когда я впервые приехал в Париж надолго и поселился в мансарде у моего друга Левы близ Монпарнаса, я чуть ли не каждый вечер приходил сюда, в Латинский квартал... Вот, думалось мне, каков он есть, «праздник, который всегда с тобой», соблазнявший нас в молодые годы...

Было лето. Квартал между набережной и Сен-Жерменским бульваром и еще дальше — до площади Сорбонны, до самого Люксембургского сада, — кишел народом чуть ли не до утра. Текла пестрая, шумная толпа — по большей части все молодежь. Мальчики и девочки сидели и лежали на теплом асфальте близ фонтана Сен-Мишель, гомонили, смеялись, целовались, пили из жестянок свою керосиновую «коку», а жестянки бросали в фонтан — это ль не праздник? Узкие улочки, вроде рю Юшет, Сен-Северен, де ла Арп, являли пеструю смену аппетитных и соблазнительных витринных декораций, а стены недорогих (хотя и не всем доступных) «ресто» были расписаны кичевыми пейзажами Греции. Открытые чуть ли не до утра книжные магазины предлагали публике последние достижения французской прогрессивной мысли (как правило, «левой»).

Я уже знал в ту пору, что на дюжину веков позднее римских легионеров студенты перешли им вослед с тесного острова, от стесняющей их школы Нотр-Дам, сюда, на свободолюбивый левый берег. Спали где ни попадя, жили как придется, орали свои охальные песни на латыни, с восторгом слушали хитроумные речи любимых профессоров (за которыми они сюда и хлынули), сидя на фуражных подстилках на узкой вонючей улице (она и называлась Фуражной) или на нынешней площади Мобер... Жизнь студенческая была трудная, веселая, лихая — неповторимые годы учебы (читай Рабле)...

Конечно, при таком стечении молодых бродяг со всех концов тогдашней Европы Латинский квартал был далеко не самым мирным уголком. Недаром Фуражная улица, прежде чем стать улицей Сорбонны, успела побывать Головорезной, а может, и Мордобойной. Стоя на этой улице, где-нибудь между недорогим отельчиком Жерсон и воротами, ведущими во двор, где находятся библиотека и часовня с могилами герцогов Ришелье, непременно вспомните одного из здешних студентов — славного поэта Франции и отпетого головореза Франсуа де Монкорбье по прозвищу Франсуа Вийон. Именно где-то здесь он зарезал священнослужителя, а потом кончил жизнь в воровском притоне. Но, конечно, не буйством и лихими нравами этот квартал стяжал европейскую славу, а великой ученостью своих богословов. Первым, пожалуй, перешел на левый берег с ос-

Внутренний двор библиотеки Сорбонны.

трова Сите, порвав со школой Нотр-Дам, знаменитый богослов, учитель, а потом и соперник Абеляра — Гийом де Шампо. На левом берегу он стал преподавать в аббатстве Сен-Виктор (если помните, именно в библиотеку этого аббатства хаживал в годы ученья герой Рабле юный Пантагрюэль. В канун революционного разора XVIII века в библиотеке этой насчитывалось уже 40 000 книг и 20 000 рукописей). Это было в 1108 году. А лет десять спустя перешел на левый берег и Пьер Абеляр, увлекший за собой добрых три тысячи своих поклонников-студентов. Наряду с аббатством Сен-Виктор очагами учености становятся знаменитые аббатства Сен-Женевьев (у нынешней площади Пантеон) и Сен-Жермен (с центром возле церкви Сен-Жермен-де-Пре). Позднее эти места прославили такие светочи европейской учености (богословской, конечно), как Альберт Великий (полагают даже, что название старинной площади Мобер идет от «мэтр Альберт»), как его знаменитый ученик-итальянец Фома Аквинский, как учитель великого Данте флорентинец Брунетто Латини. Если верить сообщению Боккаччо, Данте и сам прослушал курс наук на здешней Фуражной улице.

Что касается университета, то письменное свидетельство о его существовании восходит к 1221 году, но единого мнения о дне его рождения нет. Недавно в книге почетного библиотекаря Сорбонны Андре Тюилье я отыскал новую дату — 13 апреля 1231 года. Она стоит на булле римского папы Григория IX, которой и был учрежден в Париже университет, сделавший Париж европейской «матерью наук», поставлявшей христианскому миру хлеб духовный для пропитания душ и умов. Понятно, что папа желал этим также указать его место германскому императору, притязавшему на духовное руководство Европой. Да и французским королям надо было дать знак. Уже король Филипп-Август в XIII веке дал права корпорации коллежам, объединившимся в университет. Король перенес укрепленную оборонительную стену с острова на левый берег, но богатые люди пока покидать насиженные островные места не спешили: переселялись студенты да аббатства. Возникновение названия университета связывают с капелланом и исповедником короля Людовика Святого, по имени Робер, столь прославленным ученостью, что король нередко приглашал его к столу. Возможно, во время одного из таких застолий капеллан и поведал королю о студентах, ночующих под дождем на улицах квартала. Благоволивший к своему исповеднику король позволил ему учредить первый коллеж-общежитие, где разместились и преподаватели, и кафедра богословия, и студенты. Коллеж этот капеллан назвал по имени деревушки в Арденнах — Ла-Сорбон, где он появился на свет Божий в небогатой сельской семье. Самого же королевского духовника стали называть впоследствии Робер де Сорбон. В те далекие времена слава Сорбонны затмила славу более старого университета Болоньи и английского Оксфорда. Да еще и сегодня иностранцы отождествляют все университеты Парижа (их больше дюжины) с Сорбонной, тогда как название Сорбонны присоединяют ныне к своему названию всего лишь два-три, да и марка Сорбонны давно уже не является самой престижной в иерархии здешнего высшего образования (намного уступая «гранд эколь» — «большим школам»).

Временем открытия первого коллежа, 1253 годом, также иногда датируют возникновение Сорбонны. После этого года коллежи-общаги стали расти как грибы. Они объединяли под своей крышей, как правило, студентов-земляков: шотландцев, ирландцев или, к примеру, итальянцев. Поначалу преподавали здесь, конечно, только богословие, но позднее стали читать и каноническое право, и искусства. Уже с 1331 года здесь преподавали медицину. Дальше больше. Однако говорили тут еще долго на латыни, и преподавали на латыни. Достаточно вспомнить, что уже и в нашем веке известный философ-социалист Жан Жорес свою диссертацию о философии Карла Маркса защищал на латыни, так что квартал не зря заслужил свое имя. Эпизод с социалистом не должен вас вводить в заблуждение: близость к престолу и к папскому Риму делала старую Сорбонну заведением отнюдь не прогрессивным. Тот же Андре Тюилье напоминает в своей книге, что университет не раз участвовал в кампаниях, имевших мало общего с наукой, — в преследовании Талмуда и сожжении книг на иврите во времена Священной инквизиции, в борьбе против Жанны д'Арк и Декарта, против Дрейфуса, против деятелей Просвещения. Лишь с XV века в университете позволено было изучать оригинал Библии.

Подобно Ватикану, Сорбонна долгое время была как

Латинский квартал

бы «государством в государстве». В начале XVII века один из герцогов Ришелье, бывший в ту пору директором Сорбонны, приказал архитектору Ле Мерсье восстановить старые, готические здания Сорбонны. К сожалению, к концу прошлого века эти здания обветшали и стали тесными. Тогда-то и были построены на их месте архитектором Нено нынешние, не слишком выразительные здания новой Сорбонны — весь этот огромный квадрат сооружений между Факультетской улицей (**rue des Ecoles**), улицами Сен-Жак, Кюжас, Виктор Кузен и улицей Сорбонны. С улицы Сорбонны можно (затесавшись в толпу читателей здешней библиотеки) войти в старый парадный двор, украшенный статуями Гюго и Пастера. Во дворе находится часовня, построенная Ле Мерсье в 1635—1642 гг., единственное, пожалуй, что уцелело от старой, ришельевской Сорбонны. Внутри часовни можно увидеть росписи знаменитого художника XVII века Филиппа де Шампеня и мраморное надгробье кардинала Ришелье, изваянное Жирардоном по эскизу самого Ле Брена. Наивно было бы думать, что Великая революция обошла своим отеческим вниманием Сорбонну, отнюдь нет: 27 гробов с останками герцогов рода Ришелье были осквернены, а надгробье кардинала перенесено в музей, откуда вернулось на свое место лишь в 1871 году. Один из похороненных здесь герцогов Ришелье (Арман-Эмманюэль дю Плесси, 1766—1822) имел особые заслуги перед югом России (точнее, Новороссией) и городом Одессой, где он был губернатором. По возвращении из эмиграции во Францию он был назначен президентом Совета на место Талейрана, не без ехидства отозвавшегося на это решение короля: «Отличный выбор. Во всей Франции нет человека, который так хорошо знал бы Крым, как герцог Ришелье». А он ведь и впрямь неплохо знал юг России, этот герцог, и памятник ему до сих пор красуется в Одессе над морем. Правда, там его попросту и бесцеремонно зовут «дюком» (герцогом). На девятом десятке лет Татьяна Осоргина-Бакунина с восторгом пересказывала мне как-то в парижской библиотеке старые одесские шутки о «дюке», которыми потешал в Париже юную москвичку Танечку друг ее мужа, писатель-одессит, а в ту пору уже лидер сионистов Владимир Жаботинский (одесский юмор и одесские шуточки пришли в Москву в 20-е годы вместе с Бабелем, Утесовым и первой волною еврейской

На улице Сорбонны, у входа в библиотечный двор, тот самый, где сохранилась старая часовня с гробницами рода Ришелье.

«лимиты», но Танечке Бакуниной с родителями в ту пору уже пришлось бежать из Москвы)...

В крипте старинной часовни захоронены также двенадцать мучеников Сопротивления из Сорбонны и пять учеников лицея Бюффон, расстрелянных нацистами 8 февраля 1943 года. Именно в Сорбонне во время оккупации возникла одна из немногих групп французского Сопротивления.

Выйдя «от дюка» во двор Сорбонны, вы увидите Школу хартий, созданную королем Людовиком XVII для преподавания наук, связанных с историей, — палеографии, романской филологии, архивистики, археологии, источниковедения, дипломатических наук, истории права и т. п. Кроме Школы хартий в старой Сорбонне размещаются нынче литературный факультет, факультет французской цивилизации и гуманитарных наук университетов Париж-3 и Париж-4. Вот и все, пожалуй, что может тут уместиться.

Справа от нас при выходе из часовни будет виден вход в библиотеку Сорбонны с ее галереями и аркадами, стенными росписями и картинами, с немалым книжным фондом в два с лишним миллиона томов. Мне не раз приходилось тут сиживать, листая набоковские комментарии к «Евгению Онегину», и всегда вспоминалась при этом московская Ленинка: те же очереди, та же суета, та же спешка — успеть прочесть до закрытия, та же настигающая вдруг сонливость (как и в Ленинке, положив голову на стол и тетради, здесь спят студенты, накануне прогулявшие или проработавшие всю ночь).

Над библиотекой располагается украшенный панно Пюви де Шаванна гигантский, на 2000 мест, зал Амфитеатра Ришелье, где проходят всевозможные официальные собрания. Впрочем, еще более знаменит в Сорбонне Большой Амфитеатр, имеющий 2700 мест и слышавший великое множество умных, пылких или просто пышных речей. После революции Большой Амфитеатр не раз предоставлял слово изгнанникам российской культуры. Учрежденный русскими эмигрантскими организациями День русской культуры впервые проходил здесь 9 июня 1925 года. Впоследствии его проводили ежегодно в день рождения Пушкина (6 июня), но 1925 год был особенно богат русскими юбилеями: в ноябре здесь отмечали 50-летие самого старого и почтенного русского общественного учреждения Парижа — Тургеневской библиотеки, в декабре — столетие восстания декабристов.

В 1962 году отвыкший от русской речи Большой Амфитеатр принимал писателя Константина Паустовского, одну из первых ласточек послесталинской оттепели. Паустовский сказал тогда пророческие слова о том, что сталинская эпоха нанесла русскому народу большой моральный урон и, чтоб его восполнить, понадобятся по меньшей мере два, а то и три поколения...

В этой часовне покоится и одесский «дюк» Ришелье.

В декабре 1970 года здесь побывал Косыгин и с номенклатурной щедростью (чужого добра не жалко) подарил ректору Сорбонны берестяную новгородскую грамоту XII века.

С 1921 года в Сорбонне трудились четыре десятка русских профессоров-эмигрантов, изгнанных из России. На факультете права было даже особое русское отделение. Русское отделение на литературном факультете возглавлял профессор Кульман, одним из учеников которого был

Латинский квартал

Борис Унбегаун, ставший впоследствии видным славистом.

До революции русские часто приезжали послушать лекции в Сорбонне: в начале века это был поэт Максимилиан Волошин, потом Николай Гумилев, чуть позднее — шестнадцатилетняя Марина Цветаева. Недаром, описывая Латинский квартал, его «лохматых гениев» и Сорбонну начала века, поэт Вячеслав Иванов писал, что здесь обосновались «родных степей сарматы».

Нынче тоже встречаются в Латинском квартале красивые русские девушки с книжками — дочки богатых родителей из Москвы или Петербурга... Сорбонна манит русских по-прежнему.

Улочки близ Сорбонны полны русских воспоминаний. Напротив библиотеки, в отеле на улице Сорбонны (дом № 2), жил летом 1908 года странный молодой человек — поэт Мандельштам. Погуляв с утра по Люксембургскому саду, он запирался затем в своем номере, задергивал шторы, зажигал огонь и... отдыхал.

А за полвека до него в гостинице неподалеку отсюда (на улице Суфло) жила красивая русская дама, в чьей жизни случилось гораздо больше событий, чем в мирной парижской жизни молодого поэта. Расскажу о них вкратце, не одной дамы ради...

Вечером в среду 27 августа 1863 года какой-то мужчина средних лет пришел в гостиницу на рю Суфло и, когда дама вышла к нему, дрожащим голосом с ней поздоровался. Мы знаем все эти подробности из ее дневника, которому и предоставим слово.

«Я думала, что ты не приедешь, — сказала я, — потому написала тебе письмо.

— Какое письмо?
— Чтобы не приезжал.
— Отчего?
— Оттого что поздно.

Он опустил голову.

— Я должен все знать, пойдем куда-нибудь и скажи мне, или я умру».

Она предложила поехать к нему в гостиницу для объяснения. Дорогой он отчаянно торопил кучера.

«Когда мы вошли в его комнату, — продолжает она в своем дневнике, — он упал к моим ногам и, сжимая мои колени, громко зарыдал: «Я потерял тебя, я это знал!» Успокоившись, он начал спрашивать меня, что это за человек. «Может быть, он красавец, молод, говорун. Но никогда ты не найдешь другого такого сердца, как мое... Это должно было случиться, что ты полюбишь другого. Я это знал. Ведь ты по ошибке полюбила меня, потому что у тебя сердце широкое, ты ждала до 23 лет, ты единственная женщина, которая не требует никаких обязательств...»

Может, многие читатели уже догадались по этим строчкам, что человека, говорившего так, звали Федор Михайлович Достоевский, а неверную его возлюбленную — Аполлинария Суслова. Сложные, мучительные отношения между этими двумя людьми, а также отношения между ними, с одной стороны, и героями и героинями всемирно прославленных романов Достоевского — с другой, представляют собой тайну, над разгадкой которой уже столетие бьются биографы, литературоведы, психологи и психоаналитики (а речь ведь идет о героях и героинях «Игрока», «Идиота», «Братьев Карамазовых», «Подростка», «Бесов» — есть о чем поспорить). Иные считают, что это специфически русская тайна. Так или иначе, можно согласиться, что тайна эта посложнее самых запутанных тайн Лубянки.

В 1861 году в журнале Достоевского «Время» печатается рассказ Сусловой. Может, тогда и начался их роман. Аполлинарии был 21 год, Достоевскому — 40. Редактор, славный писатель и героический мученик, вернулся с каторги... Она полюбила его и к весне 1863 года, вероятно, продолжала еще любить, но в их отношениях возникло что-то, что ее обижало и мучило. Было в них, может, некое оскорбительное для нее сладострастие и было мучительство (а может, и самоистязание тоже), без которого Достоевский, похоже, и не мыслил себе любви. В дневнике своем и в более поздних письмах она не уставала винить его, что он, в чем-то обманув ее девичье доверие, раскрыл некую бездну, разбудил в ней, такой юной, темную силу мстительности. Это тайна, мало мы знаем об этом и только можем гадать. На подмогу могут прийти только исповеди героев (скажем, героя «Записок из подполья») — над ними и ворожат уже больше столетия умные люди. Одно ясно — что к весне 1863 года молодой женщине стало уже невыносимо в Петербурге, и она уехала одна в Париж. Достоевский должен был приехать летом, чтобы отправиться вместе с нею в Италию. Но незадолго до его приезда Аполлинария влюбилась без памяти в молодого студента-испанца по имени Сальвадор. Может быть, он был студент-медик. Узнав о приезде Достоевского в Париж, Аполлинария написала ему в гостиницу:

«Ты едешь немножко поздно... Еще очень недавно я мечтала ехать с тобой в Италию и даже начала учиться итальянскому языку: — все изменилось в несколько дней. Прощай, милый!

Мне хотелось тебя видеть, но к чему это поведет? Мне очень хотелось г о в о р и т ь с тобой о России».

То есть, едва отослав письмо, Аполлинария начинает уже сожалеть, что из жизни ее уйдет нечто важное (например, разговоры о России, а может, и муки тоже уйдут), впрочем, радости молодой любви делают ее грусть недолговечной.

В воскресенье, за три дня до приезда Достоевского, Сальвадор вдруг заговорил о том, что он, может, уедет из Парижа. Они договорились встретиться во вторник. Во вторник испанца не было дома. Он не выказал признаков жизни и в среду и не ответил на записку. Не появился и на следующий день. Потом она получила письмо от его товарища о том, что у Сальвадора тиф, что он опасно болен и с ним нельзя видеться. Аполлинария пришла в отчаяние, долго обсуждала с Достоевским опасность, грозящую жизни Сальвадора, а в субботу пошла прогуляться близ Сорбонны и встретила веселого Сальвадора в компании друзей. Он был здоровехонек. Ей все стало ясно...

Ночь она провела в слезах, в мыслях о мщении и о самоубийстве, потом позвала Достоевского. Еще при первой парижской встрече он предложил ей уехать с ним в Италию, обещая ей быть братом и бескорыстным утешителем. Они покинули Париж и двинулись вместе в Италию. Надо ли говорить о том, что́ он не остался на высоте «братского» уровня? Иные из исследователей Достоевского (скажем, профессор А. Долинин) упрекают писателя в том, что он не остался до конца великодушным, толкнул ее дальше «в тину засасывающей пошлости», но, не будь этого, не было бы и кающихся героев, не было бы и Достоевского. Но и Аполлинария в их путешествии была уже не та: она научилась мучительству не хуже самого Достоевского. Она терзает его недоступностью, разжигает его страсть, ранит его мужское самолюбие. Но он не разлюбил ее за это. Он «предлагал ей руку и сердце» накануне их окончательного разрыва, уже в 1865 году, да и после женитьбы на преданной, кроткой Анне Григорьевне Сниткиной он продолжал переписываться (а может, и встречаться) с Аполлинарией. Он писал ей снова и снова, словно извиняясь за прозаичность своего брака и своего семейного счастья, называл ее «другом вечным»:

«О, милая, я не к дешевому необходимому счастью приглашаю тебя. Я уважаю тебя и всегда уважал за твою требовательность... ты людей считаешь или бесконечно сияющими, или тотчас же подлецами и пошляками».

После путешествия по Италии Аполлинария вернулась в Париж. Город этот, чувствует она, нужен всем заблудшим и потерянным. Дневник ее выдает теперь бесконечные поиски новой любви, взамен прежней. Проходят по страницам мало чем примечательные персонажи-мужчины: англичанин, валлах, грузин, лейб-медик... Все жмут ей руку (может, это такой дамский эвфемизм прошлого века, а жали они вовсе даже не руку). Сама она пишет о погружении в тину пошлости и опять винит в этом Достоевского, который был первым: «Куда девалась моя смелость? Когда я вспоминаю, что́ была я два года назад, я начинаю ненавидеть Достоевского, он первый убил во мне веру...»

Потом она начинает во всем винить Париж. Суждения ее хотя и не бессмысленные, но вполне заимствованные (да и то сказать, ей всего 23, а французский язык она только еще собирается выучить):

«До того все, все продажно в Париже, все противно природе и здравому смыслу, что я скажу в качестве варвара, как некогда знаменитый варвар сказал о Риме: «Этот народ погибнет!» Лучшие умы Европы думают так. Здесь все продается, все: совесть, красота... Я так привыкла получать все за деньги: и теплую атмосферу комнаты, и ласковый привет, что мне странным кажется получить что бы то ни было без денег...

...Я теперь одна и смотрю на мир как-то со стороны, и чем больше я в него вглядываюсь, тем мне становится тошнее. Что они делают! Из-за чего хлопочут! О чем пишут! Вот тут у меня книжечка: 6 изданий вышло за 6 месяцев. А что в ней? .... восхищается тем, что в Америке булочник может получить несколько десятков тысяч в год, что там девушку можно выдать без приданого, сын 16-летний сам в состоянии себя прокормить. Вот их надежды, вот их идеал. Я бы их всех растерзала».

Вернувшись в Россию, она тоже не находила себе места. Все ее романы оказывались несчастными. Когда ей было уже около сорока, ее впервые увидел семнадцатилетний Василий Розанов: «Вся в черном, без воротников и рукавчиков... со «следами былой» (замечательной) красоты... Взглядом опытной кокетки она поняла, что «ушибла» меня — говорила холодно, спокойно. И, словом, вся — «Екатерина Медичи»... Говоря вообще, Суслиха действительно была великолепна, я знаю, что люди были совершенно ею покорены, пленены. Еще такой русской я не видал. Она была по стилю души совершенно русская, а если русская, то раскольница бы «поморского согласия», или еще лучше — "хлыстовская богородица"».

Собственно, об этом на четверть века раньше писал и Достоевский: «Она требует от людей всего, всех совершенств, не прощает ни единого несовершенства... сама же избавляет себя от самых малейших обязанностей к людям.. Я люблю ее еще до сих пор, очень люблю, но я уже не хотел бы любить ее... мне жаль ее, потому что, предвижу, она вечно будет несчастна... Она не допускает равенства в отношениях наших... Она меня третировала свысока...»

Молоденький Розанов женился на ней, любил ее исступленно и ненавидел. Они прожили вместе шесть лет, и он много от нее настрадался. «Когда Суслова от меня уехала, — вспоминает он, — я плакал и месяца два не знал, что делать, куда деваться...»

Еще несколько лет он не давал ей отдельного вида на жительство: надеялся, что она вернется, умолял вернуться, а она отвечала: «Тысяча людей находятся в вашем положении и не воют — люди не собаки». Суслова мстила ему еще долго. Ей было уже 62 года, и Розанов давно растил детей от другой женщины, а она все еще не давала ему развода. Дала только в 1916 году, на исходе восьмого десятка лет, но продолжала люто его ненавидеть...

ГОРА СВЯТОЙ ЖЕНЕВЬЕВЫ

Подъем от бульвара Сен-Жермен на гору Святой Женевьевы можно совершить по любой из улиц, идущих вверх по склону: можно по улице Клюни, затем по улице Сорбонны и дальше по улице Виктор Кузен, можно по улице Сен-Жак или, наконец, по улице Горы Святой Женевьевы (**rue de la Montagne Sainte-Geneviève**). Мы начнем подъем близ прославленной, уже и в 1202 году существовавшей в этих местах площади Мобер, самое название которой производят от знаменитого мэтра Альберта (точнее, от одного из двух знаменитых Альбертов, второй был аббатом монастыря Сен-Женевьев). В XII—XIII веках на этой площади собирались студенты слушать признанных мэтров, а три века спустя здесь же жгли еретиков-гугенотов (для их потомков это место мук и гибели долго оставалось местом паломничества). Идя в гору по левой стороне улицы (по правой здесь не найдешь ничего, кроме нового полицейского участка, пивной и недорогой ночлежки), вы увидите витрины ювелирных и книжных магазинов, одна из которых, без сомнения, сможет задержать ваше внимание, а возможно, и облегчить ваш кошелек. Это на сегодняшний день самый старый парижский магазин русской книги — «Лез едитер реюни», который чаще называют магазином «ИМКА-Пресс». Надеюсь, что на сей раз в витрине его не будет моих книг, не то вы могли бы заподозрить меня в нехитрой уловке восточных гидов, которые обязательно приводят группу в магазин своего родственника. В свое оправдание скажу, что директор магазина (и одноименного издательства) профессор Никита Алексеевич Струве мне не родственник, зато он близкий родственник знаменитого ученого и политика Петра Бернгардовича Струве (его деда), критика Глеба Струве (его дяди) и других знаменитых Струве. Созданное до войны с помощью американской ассоциации ИМКА (*Young Men Christian Assotiation*), издательство это первым (в 1973 году) издало «Архипелаг ГУЛАГ» А. И. Солженицына. Возможно, именно это издание и дальнейшее сотрудничество с Солженицыным помогли уцелеть этому русскому издательству и магазину в годы, когда все прочие русские издательства и магазины закрывались, помогли ему выпустить много ценных трудов по православному богословию и серию мемуарных томов. Никита Алексеевич Струве считает, впрочем, что дело еще проще (или сложнее): магазин его находится под особым покровительством Святой Женевьевы (он называет ее Святой Геновефой), о которой речь у нас пойдет дальше. Может, так оно и есть, ибо магазин как-никак уцелел...

Продолжая подъем по улице Горы Святой Женевьевы, уместно вспомнить, что это одна из самых старых улиц Парижа. Конечно, некоторые из старинных коллежей, которыми она была так богата, исчезли без следа (скажем, коллеж датчан, коллеж Лаон, коллеж де Дасиа и коллеж де ла Марш), но во дворе дома № 34 еще можно увидеть остатки старинного коллежа Тридцати Трех (Христос был распят в возрасте тридцати трех лет), а в прекрасном здании XVII века (дом № 47) размещался некогда коллеж Аве Мария. В доме XVI века, который ныне числится под номером 51, размещалось кафе под вывеской «Святая Женевьева», и в нем в пору революции собирались санкюлоты. По левую руку у конца подъема видны ворота одного из самых престижных технических вузов Франции — «Эколь политекник»...

У самой вершины улица Горы переходит в площадь Аббата Бассе, а затем и в площадь Святой Женевьевы. На площадь Аббата выходит замечательная церковь Сент-Этьен-дю-Мон (**Saint-Etienne du Mont**), храм Святого Этьена Горного, и без рассказа о нем нам, конечно, не обойтись. Но сперва надо хоть в двух словах представить спасительницу и покровительницу Парижа, чьим именем названа гора, — Святую Женевьеву. Вопреки апокрифическим ее жизнеописаниям (и согласно утверждениям историков), будущая Святая Женевьева вовсе не была бедной пастушкой, а напротив, родилась в Нантерре в семье богатых землевладельцев. Уже в детстве ее набожность заметил монсеньор епископ, и девушку стали прочить в монахини, то есть в Христовы невесты. Еще ребенком она совершила первое чудо, исцелив свою матушку, потерявшую зрение. Поселившись позднее в Париже, она прославилась там своей щедростью, набожностью, бесстрашием и строгими нравственными правилами. В 451 году во время

Русская книжная лавка издательства ИМКА-ПРЕСС.

нашествия гуннов Женевьева не поддалась общей панике и, успокаивая парижан, говорила, что все обойдется. Она молилась усердно, и Аттила действительно не вошел в город: Господь внял ее молитвам. Позднее, когда в городе, разграбленном франками, наступил голод, Святая Женевьева отправила экспедицию в Труа за зерном. Впоследствии она сама стала выращивать хлеб и раздавать его бедным. Известны многие творимые ею чудеса: она исцеляла больных, усмиряла неистовство бури. Или вот, скажем, свеча, заливаемая дождем, гасла, но стоило Женевьеве взять ее в руки, как свеча загоралась снова. Этот поэтический эпизод не раз воспроизводился на старых картинах. Живописцы рисовали при этом над Женевьевой ангела, возжигающего свечу. В последующие столетия, в годину вражеских нашествий или стихийных бедствий, парижане выносили из церкви раку Святой Женевьевы и шли с ней по городу, прося святую о заступничестве. И святая покровительница города приходила на помощь. Более того, это под ее духовным наставлением король Хлодвиг поддался уговорам своей жены Клотильды и крестился. Он сделал Париж столицей королевства, а на горе над левым берегом Сены воздвиг христианскую базилику Святого Петра и Павла. Строительство ее было завершено в 510 году, и в том же году в ней были погребены останки только что усопшего 46-летнего короля. Сама Женевьева умерла через два года 87 лет от роду и была упокоена в той же крипте базилики, а три десятка лет спустя здесь же была погребена и королева Клотильда. Понятно, что крипта базилики стала одной из самых почитаемых святынь Франции, связанных с рождением христианского государства, стала его символом. Надгробие и реликвии Святой Женевьевы были объектом особого поклонения. В 630 году ювелир и казначей короля Дагобера I Святой Элуа отделал золотом и драгоценными камнями раку Святой Женевьевы, и она положена была на хранение в каменный саркофаг. Во времена вражеских нашествий парижане прятали ее в тайных местах за городом, во время церемоний и шествий выносили ее на улицу, усыпанную цветами и драгоценностями, вносили в собор Парижской Богоматери. Шествия эти хранила народная память (до XVIII века их прошло 114), украшая их преданиями. Рассказывали, что во время эпидемии 1130 года Святая Женевьева исцелила всех немощных, кроме трех неверующих, не пожелавших пасть перед ее гробом на колени.

Государи последующих веков осыпали раку драгоценностями, знаками признания и поклонения, вымаливали у святой новые милости. Базилика на горе Святой Женевьевы, осиянная святостью, стояла в центре славного аббатства Святой Женевьевы, в центре Латинского квартала, в каком-то смысле и в центре христианской Европы. Потом произошло нечто парадоксальное. Грянула революция, провозгласившая себя народной и патриотической. В 1793 году драгоценная рака святой была ободрана, а драгоценности отправлены в переплавку. Останки и священные реликвии патриотической народной героини Святой Женевьевы были сожжены на Гревской площади и под улюлюканье толпы брошены в Сену. Поразительно не то, что улюлюкала толпа. И даже не то, что все это с точностью повторилось потом в далекой России. Поразительно, на мой взгляд, что и нынче, по прошествии столетий, подавляющее большинство французов с таким почтительным трепетом говорят о тех днях низкого разгула...

В 1803 году в старинной крипте были найдены осколки прежнего священного саркофага. Они были спрятаны в новую раку и установлены на месте старой — за алтарем церкви Сент-Этьен-дю-Мон.

За годы революции разрушены были почти все строения старинного — VII века — аббатства Святой Женевьевы. На месте осталась только церковная башня на нынешней улице Хлодвига, что за Пантеоном. Кое-какие остатки старинных строений можно разыскать и в новом комплексе, где размещается парижский лицей Генриха IV, в котором учится моя дочка, — например, монастырская кухня или столовая. Выдавая дочке деньги на школьный завтрак, я поминаю недобрым словом не бедных, ни в чем не повинных Клотильду с Хлодвигом, а казенную столовку: завтраки в лицее дороги (долларов пять в день) и неудобоваримы.

Надо сказать, что к середине XVIII века старая церковь аббатства Святой Женевьевы вконец обветшала. Страдая от тяжкой болезни, король Людовик XV дал обет в случае исцеления построить новый храм во имя Святой Женевьевы. Король исцелился, и в 1764 году состоялась на горе Святой Женевьевы пышная церемония, в ходе которой король вместе со своим счастливым наследником-дофином (кто мог предвидеть тогда страшный конец дофина в недалекую уже смуту?) заложил первый камень в основание нового храма. Проект архитектора Суфло к тому времени был уже давно готов, но кто же знал, что надо было спешить? Проект этот мог вызвать недоумение. Архитектор Жермен Суфло, ярый поклонник готики, создал на сей раз проект одного из первых в Париже сооружений в стиле неоклассицизма, вдохновленный безудержным поклонением перед греко-римской античностью, которое, кстати, немало подогревали в своих архитекторах и сам король, и столь влиятельная в ту пору маркиза де Помпадур. Открытие европейцами Пестума, Помпеи, греческих развалин, паломничество художников в Рим и Грецию, изучение опыта античности — все это рождало в ту пору археологические увлечения и подражание, несколько холодновато-теоретическое подражание, стилям великой

Латинский квартал

античности. В Париже следы его можно увидеть также в архитектуре церкви Мадлен, Одеона, Триумфальной арки и арки Карусель, дворца Багатель, улицы Медицинских факультетов и так далее... Как и на улице Медицинских факультетов, на площади Пантеона был построен целый комплекс зданий неоклассического стиля (нынешний факультет права)...

Рассказывают, что по мере строительства храма появились признаки, тревожившие архитектора (скажем, трещины в стенах). Передают, что Суфло умер в отчаянии. Впрочем, его ученик Ронделе вполне благополучно закончил постройку, хотя и вынужден был внести в проект кое-какие поправки, утяжелившие здание. Величественное это строение имеет в длину 110 метров, больше 80 метров в ширину и почти столько же в высоту. В плане это греческий крест, и центральная его часть увенчана великолепным куполом. Коринфский перистиль с 22 колоннами являет собой свободное подражание римскому Пантеону. Барельефы фронтона изваяны в 1837 году Давидом Анжерским, на мраморных барельефах портала изображены крещение Хлодвига, вождь гуннов Аттила, Святая Женевьева...

Итак, король исполнил свой обет, святой храм был воздвигнут, но предстал он перед парижанами в недобрый час. Париж охватила лихорадка революции, которую, вероятно, именно за размах произведенных ею разрушений по сию пору зовут Великой. Религию предков революция отвергла, в соборе Парижской Богоматери глупенькая актриса изображала богиню Разума, и неудивительно, что друг Вольтера маркиз де Билет внес тогда предложение устроить в новом храме Святой Женевьевы Французский Пантеон, где «стояли бы статуи наших великих людей», а в подземелье покоился бы прах усопших знаменитостей. После смерти Мирабо в 1791 году Ассамблея дружно проголосовала за превращение церкви Святой Женевьевы в «храм отечества». Первым туда был водворен сам Мирабо и первым же оттуда выдворен, чтобы освободить место Марату. При этом оказалось, что в Пантеон можно внести, но можно из него и вынести. Именно так случилось вскоре с Маратом и Сен-Фаржо. Что ж, «чины людьми даются, а люди могут обмануться». Это, кстати, было бы не худшим текстом для фронтона нового учреждения. Наполеон вернул храм католической церкви, а республиканскую надпись на фронтоне соскребли. Однако в 1830 году храм снова решили превратить в Пантеон. Но и это решение оказалось не окончательным. В 1851 году Наполеон III восстановил в правах базилику Святой Женевьевы, и крест снова был установлен на ее куполе. Чехарда эта длилась долго, крест то снимали, то восстанавливали, вносили в Пантеон и выносили из него Руссо и Вольтера. В дни Парижской Коммуны коммунары попросту спилили крест, но в том же 1871 году на ступенях храма был расстрелян один из членов Коммуны. Наконец в 1885 году в связи со смертью Виктора Гюго храм был снова объявлен Пантеоном, и Гюго стал его первым долговременным обитателем. Позднее туда были перенесены Лазарь Карно, Теофиль де ля Тур д'Овернь (сердце которого, впрочем, осталось в Доме Инвалидов), Жан-Батист Воден, Франсуа Марсо, внук Лазаря Карно президент республики Сади Карно, химик Марселен Вертело с супругой, Золя, сердце Гамбетты, пепел Жореса, Поль Пэнлеве, Поль Ланжевен, Жан Перрен, Феликс Эбуэ, Виктор Шельшер с отцом, Луи Брайль, Жан Мулен, Рене Кассэн...

Потом на какое-то время Пантеон был словно бы забыт, но вот в начале 80-х годов нашего века президент Миттеран, большой поклонник кладбищ, пирамид, арок, фараонов и безмерного величия, начал свое президентство с посещения Пантеона (вероятно, там он и надеялся разместиться впоследствии), а перед самым уходом с поста и из жизни повелел перенести туда Пьера и Мари Кюри. Теперь в Пантеоне Франции уже целых две женщины. А в ноябре 1996 года по решению президента Ширака в Пантеон был перенесен прах писателя Андре Мальро, бывшего левака и попутчика коммунистов, участника войны в Испании, после Второй мировой войны ставшего голлистом и министром культуры. Его перезахоронение носило, по всеобщему признанию, характер в первую очередь политический и означало, что Пантеон по-прежнему служит целям политическим, патриотическим, национально-воспитательным, как и пристало языческому и республиканскому храму. Конечно, Пантеон не только является учреждением мемориальным и погребально-пропагандистским, но и представляет собой интересный памятник искусства XVIII—XIX веков. Мы уже говорили о великолепном куполе на четырех столбах — по существу, там даже три (один в другом) купола, покрытых фресками. Впрочем, чтобы рассмотреть их, нужно подняться по меньшей мере на галерею первого купола.

Внутри храма можно увидеть скульптуры Ландовского, Энжальбера, Бартоломе, Гаска, Терруара. Однако, пожалуй, полнее других художников представлен в интерьере Пантеона замечательный мастер фресок XIX века Пюви де Шаванн. Современники считали Пьера Пюви де Шаванна новатором и потрясателем основ. Его работы долго не допускали в Салон. А между тем, декоративные его полотна и стенописи волновали людей в прошлом веке и волнуют сегодня. Как писал современный искусствовед Фуко, стенопись Пюви де Шаванна разворачивается перед нами, как медленно прокручиваемый фильм. Критики и по сию пору гадают, откуда он вышел — из неоклассицизма или из символизма? Уже судя по этим спорам, нетрудно заключить, что стоит он особняком — этакий нервный, изысканный интеллектуал конца прошлого века... Увидеть его произведения можно в Музее д'Орсэ, на стенах Сорбонны и вот здесь, в Пантеоне. Тут-то уж ему был полный простор, тут он и развернулся...

Я говорил уже о старинной, оригинальной архитектуре церкви Сент-Этьен-дю-Мон, где за алтарем хранятся реликвии Святой Женевьевы, что сделало церковь местом паломничества. Церковь эта хранит также воспоминания о Расине и Паскале. В ней можно увидеть также чудом переживший революцию амвон XVI—XVII вв. и много старинных картин и статуй знаменитых мастеров.

В доме № 10 на площади Пантеона размещена ныне библиотека Святой Женевьевы, единственная крупная монастырская библиотека, уцелевшая в пору революции. Трудно даже перечислить все сокровища этой библиотеки (два миллиона томов, 4000 рукописей, 40 000 эстампов и т. д.), в числе которых каролингское евангелие IX века, список Библии XII века, псалтырь XIII века... Более поздние времена обогатили эту библиотеку рукописями Бодлера, Верлена, Рембо, Малларме, Жида, Мориака, Валери, Бретона...

Здание библиотеки стоит на месте былого коллежа Монтегю, где учились основатель ордена иезуитов Игнатий Лойола, Рабле, Эразм Роттердамский, Кальвин...

В общем, горе Святой Женевьевы есть кого вспомнить.

СЕН-ЖЮЛЬЕН-ЛЕ-ПОВР

Не многие из туристов, что толпятся перед собором Нотр-Дам, в трех минутах ходьбы от церкви Святого Юлиана Бедного, Сен-Жюльен-ле-Повр, забредают сюда, на левый берег Сены, в этот загадочный и прекрасный уголок Парижа, отгороженный от левого рукава Сены уютным сквером, где среди остатков древней архитектуры стоит самое старое, по преданию, четырехвекового возраста дерево, якобы посаженное в 1601 году ботаником Робэном. В этот уголок, где в окружении старинных, то ли XVI, то ли XVII века, зданий, в которых обитали братства каменщиков, плотников и других мастеров, стоит прелестная церквушка, вероятно, одна из самых старых в Париже, некогда центр бурной студенческой жизни, «диалектических» богословских споров, бунтарского неистовства молодежи, свидетель и богомольного пыла странников-пилигримов, и самоотверженного христианского подвижничества монашеской братии, и разрушительного разгула толпы в дни

Церковь Сен-Жюльен-ле-Повр помнит все страсти Латинского квартала.

Великой революции, и охальной дерзости молодых сюрреалистов, ставших, впрочем, чуть позднее вполне послушными пропагандистами на службе политбюро компартии...

Ранние годы здешней церкви, точнее даже, стоявшей на этом месте молельни или часовни, теряются в глубине веков. На заре Средневековья выросла тут больница на пути паломников в Испанию, в Компостель, к знаменитой церкви Святого Иакова, Сантьяго-де-Компостела. Позднее на месте больницы находилось аббатство, носившее имя Святого Юлиана Госпитальера или Юлиана Бедного (может, даже и другого Юлиана, Святого Мученика), — в общем, Сен-Жюльен-ле-Повр. То же имя носила часовня аббатства, а потом и церковь, в которой еще в 580 году служил мессу Григорий Турский. Конечно, и часовня, и церковь, и больница, и, позднее, аббатство пережили немало бед. Сперва были набеги норманнов, потом другие несчастья. В XII веке стены здешней часовни видели знаменитого учителя Гийома де Шампо и его еще более знаменитого ученика-диалектика Абеляра, перешедшего с острова Сите сюда, на левый берег, но в конце концов вытеснившего учителя и из школы в прогулочном дворике Нотр-Дам. В XIII веке аббатство Сен-Жюльен становится центром университетской жизни Парижа. Его интеллектуальный престиж привлекал сюда и Альберта Великого, и Фому Аквинского, и Данте, и Вийона, и Рабле, оставившего в своем бессмертном романе описание тяжких штудий и десятилетних трудов для соискания докторской степени Сорбонны. Ученая слава аббатства была долгой, но после 1524 года, когда мятежные студенты, недовольные результатами выборов ректората, устроили в церкви погром, монахи потребовали отмены университетских собраний в аббатстве. Но тут и слава аббатства начала увядать. Церковь была отстроена в 1563 году и стала часовней при богадельне и больнице. Тогда она и получила нынешний свой элегантный фасад. Чтобы разрушить целое аббатство, потребовался, однако, погром более серьезный, чем простой студенческий бунт. Его устроила Великая французская революция. Стены церкви, впрочем, и тогда уцелели: согласно революционному обычаю (который и россиянам памятен) ее приспособили под склад. Службы возобновились в ней только через столетие — в 1889 году. Молящихся католиков — да еще и приверженцев мелькитского обряда и литургии Святого Иоанна Златоуста (*греч.* Хризостома) — здесь бывает ныне не так уж много, как, впрочем, и в других церквах Парижа, но зато приходят сюда много ценителей старинной архитектуры, — приходят, чтоб осмотреть эту сельского вида церковь, где наряду с элементами готики XVI века различимы еще и элементы романского стиля. В мощных контрфорсах, поддерживающих абсиду, и в опорах кровли видятся туристу волнующие знаки старины глубокой. Чувство древности усиливает старинный колодец у портала и перенесенный сюда обломок плиты с римской дороги, что вела чуть не две тысячи лет назад из Парижа в Орлеан. Внутри же церкви взгляду знатока и эстета предстает истинное пиршество искусств — и великолепные капители колонн, и резьба на каменных надгробьях XV века, и барельефы XVI века, и кованое железо XVII, и иконостас работы дамасского мастера...

На улицах, прилегающих к церкви, стоят трогательной элегантности старинные дома, где под позднейшей облицовкой и штукатуркой угадываются еще былые деревянные стены (декрет Казначейства Франции уже в 1667 году предписывал эти покрытия во избежание пожара). В Париже немного уголков, где так все дышало бы стариной.

Со сквера Вивиани, прилегающего к храму Сен-Жюльен-ле-Повр, открывается великолепный вид на собор Парижской Богоматери. История этого уютного старинного сквера, где ныне так натурально установлены (будто брошены) каменный саркофаг с археологического раскопа да элементы старинного декора Нотр-Дам, ставшие ненужными после реставрации, не менее любопытна, чем история старой больницы паломников, богадельни и аббатства. Сквер разбит на месте былых руин. Стоявшее здесь здание богадельни XVII века было разобрано лишь в 1909 году. Потом доброе десятилетие (вместившее и самую губительную в истории Запада войну, и русские беды) зиял замусоренный пустырь. А весенним днем 1921 года на пустырь вдруг явились молодые дадаисты, певцы бессмыслицы, борцы со стариной (со «старьем», как говорил Маяковский), с традициями, с искусством прошлого, которое надо было высмеять и сбросить с корабля современности. В делегации, которая явилась сюда в дождливый апрельский день, были поэты и художники — Бюфе, Арагон, Арп, Элюар, Бретон, Пикабиа, Супо, Тиара. Жорж Рибмон-Дессэнь рассказывал позднее, что они выбрали для места встречи некую «малоизвестную и заброшенную церковь, окруженную в ту эпоху пустырем и заборами» (знание истории родного города, как видите, оставляет желать лучшего: Сен-Жюльен одна из трех самых старых церквей Парижа). Было три часа пополудни, шел дождь. Автор вышеупомянутых мемуаров, переходя от руины к руине, пародировал гида, ведущего экскурсию. Он открывал наугад толстенный том словаря Ларусса и зачитывал первую попавшуюся статью — чем бессмысленней, тем лучше. Скромный мемуарист пишет, что это была блистательная выдумка. Остальные гении тем временем разглагольствовали перед толпой. Стиль и смысл их выступлений дошли до потомков благодаря тексту на их пригласительных билетах: «Будьте грязными; подрезая волосы, не забудьте подрезать носы, мойте груди, как перчатки». Любопытно, что от этого дадаистского остроумия лидеры группы, вроде Арагона и Элюара, позднее с большой естественностью перешли к воспеванию пятилеток, ГПУ и номенклатурных секретарей тоталитарной партии. Впрочем, не дерзая судить о прочих заслугах дадаизма, отметим, что тот скромный апрельский случай возымел положительное действие на благоустройство французской столицы. Про-

Самая забавная книжная лавка Парижа...

шло каких-нибудь три года, и комиссар Старого Парижа высказал на заседании муниципального совета пожелание, чтобы «пустырь, отделяющий церковь от малого рукава Сены и так долго пребывавший в запустении, был превращен в публичный сад...». Потомки дадаистов, довоенные поэты, объявившие себя к тому времени сюрреалистами, еще собирались тут в былые годы по весне с вином и закуской. Потом и о них было забыто. А церковь стоит. И высится собор. И зеленеет сквер...

...и ее старый хозяин
Джордж Уитмен
(он знает не только английский и французский, но и русский).

Не упустите и вы случая понежиться на солнышке в этом сквере. Жизнь так коротка, а Париж так стар, так много видел...

Улочки, окружающие сквер Вивиани, подобно старой церкви, полны воспоминаний о студенческом прошлом Латинского квартала. На рю Галанд было сразу несколько коллежей, где, объединенные по принципу землячества, жили студенты из Пикардии и Англии (дом № 17), из Франции — № 10, из Нормандии — № 8. На углу улицы Лагранж, в доме № 15, размещался с 1472 года первый медицинский факультет (до того медицину преподавали, как и все прочее, прямо на улице, на той же Фуражной, на охапке сена).

Название старинной узкой улицы де ла Бюшери, идущей вдоль Сены, напоминает, что здесь был некогда дровяной порт («бюш» — полено). В доме № 37 на улице Бюшери размещается одна из самых экзотических и симпатичных книжных лавок Латинского квартала — лавка «Шекспир и Компания» старого Джорджа Уитмена, которого считают внуком знаменитого поэта. Джордж был знаком с хозяйкой довоенной лавки «Шекспир и Компания» Сильвией Бич и позаимствовал название ее знаменитой лавки (она располагалась близ Одеона, и упоминания о ней можно встретить не у одного только Хемингуэя). Сильвия Бич дружила со многими знаменитыми писателями, а к сорокалетию Джеймса Джойса сделала ему царственный подарок: издала впервые его «Улисса». Старый Джордж тоже знает множество людей (меня он всегда приветствует по-русски), и лавка у него презабавная: кучи книг на полу, какие-то таинственные пыльные закутки, забитые английскими (а кое-где и русскими) книгами. По узкой крутой лестнице можно подняться на еще более пыльный (и тоже заваленный книгами) второй этаж, где ночуют приблудные американские студенты, в углу на примусе варят кашу для младенца, о чем-то судачат на всех диалектах великого американского наречия. По воскресеньям те, кто не наговорился за неделю по-английски в этом франкоязычном Париже, собираются над лавкой на чаепитие, легко и просто знакомятся, ищут работу, жилье или друга... Иногда Жорж берет на продажу и мои книги, а потом, убедившись, что они исчезли с полок, сообщает, хитро подмигивая: «Украли!» Не дождавшись проклятых денег, я, порывшись в куче пыльного хлама, получаю свое натурой...

Книжных лавок в Латинском квартале много. Они всегда были специальностью школярского квартала. Торговали здесь и чернилами, и бумагой. Одна из улиц (бывшая Писательская, точнее, наверно, Писарская, так как здесь обитали писцы) получила название Пергаментской (точнее, может, Торгово-Пергаментской, но китайская бумага очень скоро вытеснила пергамент), на ней и сегодня есть книжные магазины и редакции. На шумной улочке Ланэ уже в старину имелось несколько типографий. Улицей печатников была и старинная улица Жана де Бовэ. Печатни, книжные лавки, коллежи... На той же улице Бовэ находился созданный еще в XIV веке коллеж, в часовне которого сейчас можно услышать службу православной румынской церкви. Много старинных коллежей было и на соседней рю де Карм, а в тупике Коркьер в коллеже Кокере учились Ронсар, Дю Белле и другие поэты Плеяды. Рядом с этим тупиком и нашли остатки галло-римских Восточных

терм. Обнаружили их совсем недавно, как водится, когда стали копать и строить, чтобы расширить Коллеж де Франс. Между прочим, этот уникальный центр заслуживает не меньшего внимания, чем римские термы, хотя он веков на пятнадцать их моложе. Основан был коллеж в

1530 году королем Франциском I в качестве «королевского лектория». Он и сейчас существует как уникальное учебное заведение, храм бескорыстной науки для науки. Преподавание в нем общедоступное, публичное и бесплатное. Профессоров, невзирая на их дипломы и научные звания, назначает правительство, так что мнением научной бюрократии и элиты можно в данном случае пренебречь. Скажем, преподавали здесь знаменитый этнограф Клод Леви-Строс и авангардный композитор Пьер Булез, теперь читает лекции бунтарь Бурдье. В здании Коллежа де Франс, как, впрочем, и во многих старинных коллежах, лицеях и библиотеках Латинского квартала, великое множество скульптур, стенных росписей и картин. Не поленитесь зайти в эти здания — никто вас не остановит. Лет шесть тому назад правительство ассигновало полтораста миллионов на реставрацию и расширение коллежа, ныне работы, да и деньги, подходят к концу.

УЛОЧКА КОТА-РЫБОЛОВА

В прибрежной части Латинского квартала, между набережной Святого Михаила, кэ Сен-Мишель и старинной рю де ля Юшет, лежит улочка рю дю Ша-Ки-Пеш, которая поражает туристов как видом своим, так и игривым своим названием. А поражаться тут действительно есть кому — мимо течет неиссякаемый днем и ночью поток туристов. Жителей молодых городов нашей планеты, вроде Донецка, Душанбе, Вашингтона или Лас-Вегаса, улица эта удивляет своими размерами. Мало того, что она совсем коротенькая, так она еще и необычайно узкая — каких-нибудь два с половиной метра в ширину, — самая узкая из уцелевших в Париже старинных улиц. Понятно, что такая узкая улица не может не быть чуть мрачноватой и чуть грязноватой. Зато легко представить себе, как она выглядела в старину, в конце XVIII века, когда возникла, — такой, собственно говоря, и была: узкой, грязной и мрачной. За углом, на рю де ля Юшет, размещались некогда мастера гастрономии и ювелиры, там жил некогда сам Бонапарт. По соседству с его домом находился старинный ресторан «Бульон», куда захаживал Гюисманс. В старинной, еще XIII века, парижской резиденции аббата Понтиньи, в отеле «Монблан», любили после Второй мировой войны останавливаться американцы, искавшие в Париже довоенные следы Хемингуэя и Генри Миллера, а еще позднее жил в этом отеле посол правительства Сальвадора Альенде чилийский поэт Пабло Неруда. Здешний театр «Юшет» с самого 1957 года и по сю пору играет две пьесы умершего недавно Ионеско — «Урок» и «Лысую певичку»...

Это все, впрочем, новейшая история, а улица Юшет носит это название восемь веков. Она его носила уже в ту пору, когда знаменитые богословы Гийом де Шампо и Абеляр, а за ними — толпой — их ученики, покинули остров Сите, покинули первый парижский университет и прогулочный дворик Нотр-Дам де Пари и перешли на левый берег Сены, когда стала возникать Сорбонна и Робер де Сарбон, духовник Людовика Святого, открыл первый студенческий постоялый двор-коллеж...

От старых времен в этом историческом уголке квартала только и остались узкими, не расширенными перестройкой рю дю Ша-Ки-Пеш да соседняя, в нескольких метрах к западу от нее, рю Ксавье Прива, пробитая еще в начале XIII века. На последней обитали когда-то ремесленники, а названа была улица по имени поэта-песенника Ксавье Прива. Нынче она сияет огнями тесно сдвинутых на этой узкой праздничной улочке азиатских и греческих ресторанов, на витринах которых выложены ярчайшие, искуснейшие и вдобавок аппетитнейшие мозаики из помидоров, перцев и кусков жареного мяса. С другой стороны, с востока, рю дю Ша-Ки-Пеш соседствует с короткой улицей Малого Моста — ле Пети-Пон. Мост этот, соединяющий Латинский квартал с островом Cite, недаром называется Малым, длиной он всего в каких-нибудь сорок метров, однако службу свою несет добрых две тысячи лет. Уже во времена римского завоевания он связывал остров Cite с этим левобережным кварталом, который, впрочем, только с XIII века стал называться Латинским. Движение на этом мосту всегда было бойкое, а за переход тогда брали плату — со всех, кроме бродячих шутов и акробатов. Мост с тех пор, конечно, множество раз перестраивали — в последний раз в 1852 году.

Название улицы Юшет идет от старинной вывески, на которой был изображен небольших размеров мучной ларь (юш, юшет), а то, может, и квашня там была, кто скажет? Вообще, надо напомнить, что на протяжении многих веков (аж до самого начала прошлого века) парижане находили нужные им дома по вывескам. Вывески помогали обойтись без номеров на домах, которые появились только в 1805 году. По вывескам (а они появились уже в 1200 году, но широкое распространение получили лишь в XIV веке) давали и название улицам. На XV век пришелся расцвет этого уличного искусства, искусства вывески, и нынче в парижском музее Карнавале вы найдете замечательную коллекцию вывесок. Каких тут только нет: вывески ремесленных мастерских, постоялых дворов, кабаков, лавок, самых разнообразных видов и размеров — резные, деревянные и, конечно, расписные, точно городецкие донца и прялки, фигурного железа, вырезные и литые, ке-

Улочка Кота-рыболова

рамические, каменные, алебастровые. Вывески нависали над узкой улочкой, оповещая и заманивая прохожих и нередко представляя угрозу для их жизни и здоровья — кому ж поздоровится, если на голову упадет кусок проржавевшей железной вывески. Озабоченный подобной угрозой для вверенного его заботам населения лейтенант полиции месье Сартин даже запретил в одна тысяча семьсот шестьдесят первом году эти нависающие над тротуаром и

проезжей частью вывески — пришлось торговцам и хозяевам отелей довольствоваться настенными барельефами, скульптурами да росписями, и надо сказать, в этом жанре создано было тоже немало шедевров. Достаточно назвать знаменитую вывеску дома Жерсэн, написанную божественным Ватто. Вывески и по темам своим были вполне разнообразными. В них запечатлены были эпизоды и сцены Священной истории (скажем, Поклонение Волхвов, житие какого-нибудь святого и мученика, чаще всего покровителя данного промысла), а то и просто отражены были занятия домовладельца, его вкусы и пристрастия, его эстетические предпочтения. Во множестве представлены были на вывесках всякие зеленые или румяные яблоки (символ, который, как вы, может, заметили, и нынешним политикам для их предвыборных кампаний сгодился), коронованные львы, золотые рогалики, ливанские кедры, дубы, засохшие деревья, олени, медведи, персонажи сказок, басен, пословиц и даже ребусов, да-да, ребусов, как, скажем, на знаменитой вывеске (она и нынче еще веселит старинную улицу) «Пюи сан вэн», то бишь колодец без вина: на вывеске этой чудаки, которые тщетно ищут вино в колодце. А кто подогадливей из прохожих уже все поняли — это «пюиссанвэн» означает по-французски (на слух) — крепкое вино, так что этот веселый уголок представлял собой рай для алкашей. Многие из вывесок и нынче радуют глаз, мы вот с дочкой ходим полюбоваться на счастливого, развеселого негра, что неподалеку от нашего дома, на «хемингуэевской» площади Контрэскарп. Многие названия улиц, которыми они обязаны были вывескам, и поныне живы — какая-нибудь Суходревская улица или улочка Трех Медведей. Отсюда, конечно, и Кот, Удящий Рыбу. Осенял этот кот-рыболов какой-нибудь кабак или постоялый двор, а потом вошел в века. К котам и кошкам, живым, нарисованным, воспетым сказочниками, баснописцами, Верленом, Бодлером, у французов давнее пристрастие, так что тут все просто, хотя вообще-то с названиями улиц историкам немало мороки. Вот есть такая улица на левом берегу Сены — Шерш-Миди, то есть Ищи Полдень. Есть и пословица — «Ищи полдень в два часа пополудни», проснулся, мол, раззява, ищи вчерашний день... Есть на этой улице и вывеска — солнечные часы, а на них стрелки показывают два часа. Казалось бы, все ясно, ан нет. Историки говорят, что вывеска поздняя и лишь отражает позднюю интерпретацию этого названия, которое идет от искаженного названия южного пути от охотничьего королевского дворца к охотничьим угодьям, что к югу от столицы, — в общем, от «шасс-миди» (от «южной охоты») идет старинное это название.

Вообще, надо сказать, название городской улицы — тема в высшей степени увлекательная, и этот кот-рыболов, с которого мы начали разговор, может нас далеко завести, ибо названия улиц — это след городской истории, памятник городской жизни, памятник событий, пристрастий, вкусов, политических и эстетических перемен и страстей. Достаточно сказать, что 6000 парижских улиц и переулков носят имена персонажей прошлого, и лишь малая толика этих имен известна сегодня прохожему — может, какой-нибудь Вольтер или Пастер. Часто улицы носят имя бывших владельцев городских участков, которых власти и предприимчивый барон Осман уговорили в эпоху строительного бума участок продать и посулили при этом увековечить их память. А вот кто такие, к примеру, месье Пиа, или адъютант Рео, или Агар, чьи имена гордо носят улицы, проезды и переулки Парижа, этого вам и самые дотошные старожилы не скажут. Ибо адъютант Рео не дрался под Аустерлицем, а попросту упал на землю в дирижабле в 1909 году. Агар был актер времени Бель Эпок, забытый его поклонниками еще при жизни. Почтеннейший Пиа был известен кое-кому у себя в округе, в Бельвиле, еще до Первой мировой войны, но не больше. Даже депутат и мэр Вавэн, чье имя носят улица и знаменитый перекресток на Монпарнасе, был забыт раньше, чем непризнанные и признанные гении этого космополитического, в значительной степени русского, перекрестка. Что же до парижского велосипедиста, притормозившего где-нибудь в пригороде на углу улицы Жданова, то он и под пыткой не скажет, кто был этот кумир французских интеллигентов сороковых годов — месье Жданов. К тому же любые вновь избранные мэры (что в России, что во Франции) понимают, что из обещанных избирателю «коренных перемен» самой доступной и оперативной, хотя, может, и не самой дешевой, будет акция переименования улиц. Я уже видел в одном из быстро коричневеющих ныне «красных пригородов» Парижа над наглядно перечеркнутой синей дощечкой «улица Ленина» торжествующе новенькую синюю дощечку «улица кого-то там еще». В ожидании того, что жить станет лучше, жить станет веселей, — вот вам, господа избиратели, и первые перемены, как писали некогда, «зримые черты нового». На этом фоне синяя дощечка с надписью «улица Кота-рыболова» выглядит, право же, благородно и обнадеживающе...

Видел я на днях на лотке роскошный «Исторический словарь парижских улиц». Дороговат только немного — двести долларов стоит. Но как разбогатею — непременно куплю.

ПАРИЖ Д'АРТАНЬЯНА

Кого бы из приезжих русских друзей я ни водил за эти годы по Парижу, ни разу прогулка не кончалась без разочарованного вопроса: «Ну а где же Париж мушкетеров? Должен же быть Париж мушкетеров...» При этом совершенно очевидно, что даже в самых экзотических и старых уголках Парижа, скажем где-нибудь на старинной рю Бюшери близ церкви Сен-Жюльен-ле-Повр, сейчас трудно представить себе кривые немощеные улочки, где экипажи утопали бы в грязи, а выбравшись из грязи, в тряске грохотали бы по булыжнику. Или пустыри в центре Парижа, кучи мусора, экзотических всадников, покрытых пылью, сабельные поединки, непроглядную ночную жуть тогдашней столицы и банды грабителей... Что ни говори, три с половиной века прошло. Да ведь и полтора столетия назад, когда Александр Дюма-отец сочинял (или подправлял «рукою мастера») роман о Париже мушкетеров, тот Париж XVII века был уже и для него далекой экзотикой. Далекой, а все же и не совсем чужой, потому что и автор, и его лихие герои жили в том же самом Париже, небольшой по размеру, но такой вместительной столице Франции, вместившей века и судьбы. Так что нет ничего странного, что и мы, попав еще через полторы сотни лет на те же самые овеянные легендой улицы знаменитого города, вспоминаем в этом, пусть и неузнаваемом, интерьере не только подлинных парижан прошлого, но и литературных героев, особенно тех, что в книголюбивой России не менее популярны, чем у себя на родине, во Франции.

Начать прогулку по их следам предлагаю, в порядке исключения, не на левом берегу Парижа, а на правом, в том северо-западном уголке столицы, куда редко забредает турист, — на площади Генерала Катру, еще и в недавнем прошлом носившей название площадь Мальзерб. Полвека тому назад с небольшим стояла на этой площади статуя генерала Дюма, а также памятники его сыну-писателю и генеральскому внуку-писателю, так что даже вынашивали тогда в парижской мэрии планы назвать эту площадь площадью Трех Дюма. Потом генеральская статуя исчезла, и планы городских властей изменились. Но писатели Дюма-отец и Дюма-сын по-прежнему здесь, на этой не слишком знаменитой площади Парижа. У ног каменного Дюма-отца день и ночь несет стражу, не выпуская из рук шпаги, его литературный сын, гасконский дворянин д'Артаньян. Памятник Дюма-отцу спроектировал знаменитый Гюстав Доре, на которого большое впечатление произвел сон писателя-отца, пересказанный художнику писателем-сыном:

«Снилось мне, что стою я на вершине горы, а глыбы, составляющие гору, имеют форму моих книг».

А он ведь и правда наворочал за свою жизнь целую гору толстенных книг, томов шестьсот наверно, — этот замечательный парижанин Александр-Дави Дюма-отец. Но, судя по памятнику, в сознание французов (как и русских, и поляков, и, скажем, американцев) этот многодетный творец вошел в первую очередь как литературный отец пылкого гасконца по имени д'Артаньян. (Рассказывают, между прочим, что родной сын Александра Дюма, тоже Александр и тоже писатель, живший неподалеку от памятника, никогда не забывал сказать, проходя мимо него: «Здравствуй, папа!» Самому сыну (и его знаменитой «Даме с камелиями») памятник был поставлен на той же площади в 1906 году.)

Но пора обратиться к месье д'Артаньяну. Сперва к настоящему, не тому, что был придуман Александром Дюма вместе с его соавтором, и даже не к тому, что был придуман их предшественником (чьей книгой они и попользовались). Настоящий господин д'Артаньян, так сказать прототип, жил на набережной Вольтера, на углу рю де Бон, там, где нынче дом номер 29 дробь 2. Во всяком случае, именно здесь он обитал в год своей женитьбы — в 1659 году. Жизнь этот дворянин прожил поистине бурную, так что недаром его жизнеописание, составленное на рубеже XVIII века неким Куртилем де Сандра (он же Гасьен де Куртиль) и озаглавленное «Воспоминания господина д'Артаньяна», так увлекло писателя господина Дюма (и его литературного «негра», который, вероятно, первым прочел это жизнеописание), что они сделали его главным героем романа, прославив его имя, а также имя господина Дюма-отца во всем мире. Конечно, напрасно будет искать сходство между тремя упомянутыми д'Артаньянами (настоящим, мемуарным и романным), но писатель Дюма вообще, как известно, не притязал на лавры ученого-историка. История, говаривал он, — это гвоздь, на который я вешаю свои романы. Ну а героев он, как и большинство писателей, творил по своему образу и подобию. Так что мушкетеру д'Артаньяну много досталось от самого этого лихого и влюбчивого толстяка-гурмана, бунтаря и авантюриста Александра Дюма-отца, который, путешествуя по Италии, отправился однажды на Сицилию с войсками Гарибальди, совершил путешествия в Астрахань и на Кавказ (да и прочих бесчисленных приключений его жизни — любовных, финансовых, ратных, дуэльных — не перечесть). Тем, что досталось герою от первого автора-«негра», кажется, не занимался во Франции никто, но и без того ясно, что от прототипа авторы прошлого века ушли далеко. Да, собственно, и сами упомянутые нами «мемуары» де Куртиля были недостаточно надежны. По своему жанру это были так называемые «фальшивые мемуары», вроде знаменитого, нашего века, «дневника Вырубовой», то есть это тоже был историко-приключенческий роман. В этом направлении и обрабатывал «источник» соавтор и «негр» Дюма — молодой учитель истории Огюст Маке. Безымянных литературных «негров» не стеснялись нанимать ни Дюма, ни Бальзак, ни Гюго, ни Жорж Санд. В России подобные нравы прижились, пожалуй, не раньше чем через столетие (при ЦК, Брежневе и «свободном рынке»), да и то чаще в «политиздатах», на телевидении и в кино, чем в толстых журналах или в издательствах. В Париже книги, пьесы, а особенно газетные публикации, сериалы с продолжением стали давать славный доход еще в прошлом веке, а значит, писать надо было много и быстро, надо было «гнать строку». Да и реклама уже делала погоду: продавались лучше всего «знаменитые имена». Учителя по фамилии Маке продать было бы трудно, а театральный кумир Дюма раскупался бойко (это все и сам Дюма объяснял на процессе, затеянном против него позднее обделенным Маке). Кстати, в «Трех мушкетерах» принцип построчной газетной оплаты особенно ощутим в диалогах. Обрабатывая текст Маке, Дюма-отец для начала «разгонял» диалоги, и один не лишенный наблюдательности тогдашний писатель даже написал пародию на диалог Дюма:

«Вы видели его? — Кого? — Его. — Кого? — Дюма. — Отца? — Да. Какой человек! — Еще бы! — Какой пыл! — Нет слов! — А какая плодовитость! — Черт побери!».

Однако даже самая строгая критика признает, что в этом беззастенчиво списанном и переписанном грамотным «негром» старинном приключенческом сериале, несо-

Д'Артаньян днем и ночью стережет покой Дюма-отца.

мненно, есть кое-что от самого Дюма и от его характера. Причем нечто ценное, что мы, впрочем, уже упоминали и, без сомнения, упомянем еще. Но сейчас нам самое время обратиться к левому берегу и Парижу романных мушкетеров. Ведь как вы, наверно, заметили, читая роман, излюбленное место прогулок наших мушкетеров — это левый берег Сены, старинные левобережные улицы близ площади Сен-Сюльпис и Люксембургского сада. Не зря ведь и в столицу юный гасконец д'Артаньян вошел (увы, пешком) с юга и даже шагал, скорее всего, по дороге, ведущей от деревни Валь-Жерар (позднее деревня получила название Вожирар и наградила этим названием самую, наверно, длинную (чуть не четыре с половиной километра в длину) улицу Парижа). Кстати, на углу улиц Вожирар и Кассет д'Артаньян, если помните, и встретил впервые трех будущих друзей-мушкетеров. Войдя в Париж, он нашел себе первое пристанище в мансарде на улице Могильщиков, и, как он позднее обнаружил, его новые друзья жили совсем рядом: Атос на улице Феру, примыкающей к площади Сен-Сюльпис, а Портос — на выходившей туда же улице Старой голубятни, на рю Вье-Коломбье. Объяснялось это тем, что именно на улице Вье-Коломбье размещался особняк (скорее даже, дворец) капитана полка мушкетеров господина де Тревиля. Об этом без утайки рассказал д'Артаньяну первый же мушкетер, встреченный им во дворе королевского дворца, куда д'Артаньян и отправился по прибытии, чтоб раздобыть адрес капитана. Так что, узнав адрес капитана, молодой гасконец понял, что и сам он поселился в двух шагах от капитана мушкетеров. Он счел это добрым предзнаменованием, вернулся к себе в мансарду, весьма довольный своими первыми шагами, и уснул, как пишет Дюма, сном храбрых. И проспал он этим безмятежным еще сном деревенского парня до девяти утра. Эти подробности, вероятно уже не без тайной зависти, сообщает нам в своем романе господин Дюма-отец, ибо писателям, увы, как известно, не удается спать так же крепко и безмятежно, как юным мушкетерам...

Проснувшись, д'Артаньян отправился во дворец господина де Тревиля на соседнюю улицу Старой голубятни (напомню, что она и ныне соединяет старинную улицу Шерш-Миди, по которой шла некогда дорога от Лувра к королевскому охотничьему дворцу, с улицей де Канет и площадью Сен-Сюльпис. Особо любопытным могу сообщить, что на той же улице Старой голубятни жил Буало, у которого бывали Мольер, Расин и Лафонтен, и что на той же улице два века спустя жила мадам Рекамье, у которой кто только не бывал!). Тут надо напомнить, что вывесок на углах улиц в то время еще не было, хотя улицы уже успели приобрести передаваемое из уст в уста название. Называли их по имени какого-либо знатного лица, жившего здесь, по названию ремесленных мастерских и лавок, а также по возвещавшим об этих последних приметным вывескам. Это уже в конце описываемого XVII века улицам стали присваивать имена принцев крови и знатных людей королевства, и только в начале 1728 года, то есть почти через столетие после описываемых в романе событий, вышел указ о том, что парижские улицы просто обязаны иметь название (номеров на домах пришлось ждать еще три четверти века)...

Бродя сегодня по узким старинным улицам вокруг прекрасной площади Сен-Сюльпис, можно при наличии воображения (а при полном его отсутствии неинтересно ни читать, ни путешествовать) разглядеть в конце каменного закоулка у площади синий плащ с крестом и мушкетерскую шляпу с плюмажем. Однако память тут же ехидно подскажет знатоку Парижа, что в те далекие годы и улочки и площади были другими, что в основание грандиозного нынешнего собора Сен-Сюльпис был только-только положен тогда первый камень, а его величественная в два этажа колоннада поднялась над площадью лишь во второй половине XVIII века. Что только в середине XVIII века выросли прекрасные особняки и на улице, где жил Атос (на рю Феру), и на соседних улицах. Что же до великолепного фонтана Четырех епископов, творения архитектора Висконти, истинного украшения одной из красивейших площадей Парижа, то он был воздвигнут лишь в прошлом веке. Ныне каждое лето на этой площади разбивает шатры базар антикваров и букинистов, и мне приятно бывает помедлить у лотка, полистать какое-нибудь старое издание «Мушкетеров» в двух шагах от дома Атоса, от дома Портоса и жилища господина де Тревиля...

Но вернемся в XVII век и отправимся вместе с юным гасконцем на улицу Старой голубятни, во дворец господина де Тревиля.

Как вы помните, все эти особняки и дворцы, все эти «отель партикюльер» имели между воротами и подъездом маленький дворик, двор побольше или даже «почетный двор» — «кур д'оннёр». Так вот, двор господина де Тревиля являл собой в ту пору, по сообщению романиста, весьма живописное зрелище. Больше всего, говорит Дюма, он напоминал военный лагерь, ибо по нему с шести часов утра летом и с восьми в зимнюю пору прогуливались взад и вперед вооруженные до зубов и готовые к драке мушкетеры. В этом-то дворе наш беспечный молодой гасконец и успел так или иначе задеть своих будущих друзей, принять от них вызов на дуэль и договориться о месте дуэли — за Люксембургом... О, вокруг Люксембургского дворца в те времена водилось еще немало укромных местечек. Совсем незадолго до описываемых событий королева Мария Медичи, любившая эту тихую, зеленую окраину Парижа, скупила у окрестных монастырей сады и огороды, велела разбить здесь парк и построить в нем великолепный дворец, который напоминал бы ей родную Флоренцию и палаццо Питти... В этой живописной слободе после стычки мушкетеров с гвардейцами кардинала, к которой мы с вами подошли вплотную, произошло немало событий, по следам которых мы с вами и отправимся.

Как вы уже убедились, жизнь трех друзей-мушкетеров, к которым присоединился их молодой друг — гасконец д'Артаньян (пока еще не мушкетер, а гвардеец из роты кавалера Дезессара), протекала по большей части в левобережном Париже, в южной части аббатства Сен-Жермен, близ площади Сен-Сюльпис и Латинского квартала. «Всегда можно было встретить этих неразлучных, — пишет Дюма (или, как вы помните, пишут по очереди Маке и Дюма), — рыщущих в поисках друг друга от Люксембурга до площади Сен-Сюльпис или от улицы Старой голубятни до Люксембурга». В сущности, это ведь совсем небольшие расстояния, так что неразлучные друзья, можно сказать, толкутся «на пятачке». Ах, помнится, я и сам бродил там без устали, впервые поселившись в парижской мансарде друга Левы лет двадцать тому назад, и должен засвидетельствовать, что это прекрасный и загадочный «пятачок» левобережного Парижа, где каждый уголок пропитан ароматом тайн и исторических воспоминаний, где все уводит в почтенную старину, в которой так славно чувствовали себя Атос, Портос и Арамис. Арамис, по сообщению Дюма, жил близ Шерш-Миди, между улицами Кассет и Сервандони. Тут придется взять под сомнение название последней улочки, ибо архитектор Сервандони, строивший церковь Сен-Сюльпис, стал известен лишь сто лет спустя. Впрочем, это не мешает рекомендовать вам этот уголок Парижа для прогулок. По улице Шерш-Миди еще и в

XIV веке шла дорога к Вожирару (или Валь-Жерару). Что же до улицы Кассет, и ныне сохраняющей дома XVII века и вдобавок застроенной прекрасными зданиями столетие спустя, то это ведь и впрямь одна из старейших улиц квартала. Позднее на ней, в доме художника Ле Брена, жил Монталамбер, потом семья Альфреда де Мюссе, еще позднее — поэт Райнер Мария Рильке и драматург Жарри.

Прекрасная мадам Бонасье из романа Дюма, доверившись юному д'Артаньяну, повела его, если помните, ночью к таинственному дому № 77 на улице Лагарп, где скрывался герцог Букингемский. Лагарп — это русская транслитерация названия знаменитой улицы Латинского квартала рю де ла Арп, улицы Арфы (понятно, что речь в этом богословско-студенческом квартале могла идти только об арфе царя Давида). Когда-то эта очень важная улица, на которой стояли старые коллежи, а еще раньше римские термы (да и сейчас она сохранила красивые дома XVII века), шла чуть не до самого Люксембургского дворца — во всяком случае, до улицы Месье-Ле-Пренс. В середине прошлого века ее обкорнали два новых османовских бульвара — бульвар Сен-Жермен и бульвар Сен-Мишель. Нынче это коротенькая пешеходная улица с ресторанами и кафе, с вечной, неиссякающей, шумной толпой туристов, студентов... И только ночью, встав где-нибудь в тени церкви Сен-Северен и прислушавшись к звону ее колокола, можно вообразить ту тревожную ночь XVII века, когда мадам Бонасье привела сюда юного гасконца... В ту таинственную ночь, если помните, из садов близ Люксембургского дворца доносился томительный запах цветов, одиноко и пугающе звучал в тишине и полном мраке стук дверного молотка, а ныне... Ныне здесь царят запахи бесчисленных греческих ресторанчиков.

Описанный нами «пятачок» левого берега Парижа находится в десяти минутах ходьбы от центра, от собора Нотр-Дам или от Лувра. Но вот вылазка к воротам Сен-Клу, где была похищена мадам Бонасье, — это уже целое путешествие на край света. И забрызганный грязью д'Артаньян, увидев штаны месье Бонасье, сразу понял, что галантерейщик тоже побывал близ Сен-Клу...

Приступая к нормальной жизни аристократа-гвардейца, д'Артаньян, еще не окончательно тогда истративший подаренные королем сорок пистолей, должен был непременно нанять слугу. Лакея ему порекомендовал Портос.

Латинский квартал

Портос не ходил на поиски слишком далеко. Он увидел в тот день, что какой-то малый стоит без дела на мосту Ла Турнель (это очень старый парижский мост, соединяющий остров Сен-Луи с левым берегом и получивший свое название в наследство от какой-то башни укреплений короля Филиппа-Августа). Малый этот (его имя было Планше) стоял на мосту и плевал в воду, любуясь разбегавшимися кругами. Портос заключил, что такое занятие свидетельствует о склонности к созерцанию и к рассудительности, так что, не наводя о зеваке дальнейших справок, увел его с собой и представил д'Артаньяну. После пышного обеда, на который д'Артаньян и истратил остаток королевских денег, для его слуги Планше, спавшего на полу, наступили голодные дни. Однако, когда он стал жаловаться на голод, нищий д'Артаньян, которому жизненно необходим был слуга, чтоб чистить ему сапоги, по добродушному свидетельству автора, «отодрал его как следует» и запретил ему выходить из дому. «Этот способ действий, — сообщает Дюма, — внушил мушкетерам глубокое уважение к дипломатическим способностям д'Артаньяна. Планше же исполнился восхищения и уже больше не заикался об уходе». Благородный Атос, как вы помните, тоже избивал своего молчаливого, бестолкового и по-собачьи преданного слугу Гримо. Создание характеров слуг, которые в старинных мемуарах вовсе отсутствовали, французская критика ставит в особую заслугу самому Дюма. Вероятно, это и была его скромная лепта в сочинение трудолюбивого учителя-романиста Маке.

Если вы вспомните, как мало зарабатывали и как мало работали мушкетеры, какими сомнительными способами добывали они деньги на веселую жизнь, то, как люди высоконравственные, вы сможете, пожалуй, усомниться в моральном, так сказать, облике симпатичных мушкетеров. Предвидя это, автор романа, и сам бывший щедрым транжирой и лихим гулякой, не любивший ни отдавать долги, ни слишком уж придерживаться истины в своих рассказах, заранее предупреждает нас против излишней моральной строгости в отношении его героев. «...неправильно было бы, — пишет Дюма, — судить о поступках одной эпохи с точки зрения другой. То, что всякий порядочный человек счел бы для себя позорным в наши дни, казалось тогда простым и вполне естественным, и юноши из лучших семей бывали обычно на содержании у своих любовниц».

Это сказано по поводу не вполне законного присвоения д'Артаньяном кольца с сапфиром, но это касается, вероятно, и хитростей Портоса, вымогающего деньги у влюбленной прокурорши, и множества других довольно сомнительного свойства проделок благородных друзей-мушкетеров и успешно усваивающего их правила юного д'Артаньяна.

В то же время эти столь мало думающие о христианской морали положительные герои романа и сегодня, через полтора столетия, являют собой некий образец национального характера. Как отмечала французская критика, герои этого романа предпочитают, конечно, размах и храбрость добродетели, но зато сколько в них великодушия, изящества, решительности, находчивости, кипучей энергии, верности в дружбе. Для всего мира они стали символами прекрасной Франции, храброй, щедрой и легкомысленной. И не только жительницы далекой Атланты, Калькутты, Костромы или Бухары благодаря Дюма представляют себе любого нынешнего француза похожим на д'Артаньяна, но и сам ведь нынешний француз, в переполненном вагоне парижского метро пожирающий взглядом через стекла очков прекрасную незнакомку, но ни за что на свете не желающий уступить ей место, он тоже в глубине души надеется на свое сходство с д'Артаньяном, Атосом, Портосом и Арамисом. Как же не быть всей Франции благодарной за эту надежду лихому толстяку — папаше Александру Дюма, представившему национальный характер миру в такой привлекательной ипостаси? Как не вспоминать нам на парижских улицах не только мушкетеров, но и самого Дюма-отца, эту тогдашнюю парижскую знаменитость, чье имя было на устах у журналистов, кучеров и стряпчих, у графинь и сапожников, у светских дам и белошвеек, у прелестных парижских субреток, одной из которых — жившей на той же лестничной площадке, что и молодой господин Дюма (как тут не вспомнить госпожу Бонасье?), в доме № 1 на площади Итальянцев, близ театра Итальянской комедии, — он даже подарил сына, тоже ставшего позднее знаменитым писателем. Впрочем, это происходило уже на правом берегу Сены, и мы туда еще доберемся.

ЛЮКСЕМБУРГСКИЙ САД

Этот, без сомнения, самый знаменитый (а по мнению многих, и самый красивый) парижский сад расположен у южной оконечности Латинского квартала и квартала Сен-Жермен, в пяти минутах ходьбы от Сорбонны, в десяти — от Нотр-Дам, да и от Лувра — в общем, в центре, как и почти все в старом Париже. Он не то чтобы очень велик, а все же это один из самых обширных парков города — как-никак 25 гектаров зелени, и скульптур, и дорожек, и фонтанов, плюс еще дворец флорентийского стиля, где нынче заседает сенат, одна из палат французского парламента. Сад причудливо и мило сочетает строгость французских партеров с лабиринтом запутанных дорожек и «зарослей» — на английский манер, и самая эта бессистемность придает столь любимому парижанами парку особое очарование. Любовь эта родилась давно, и знаменит нынче сад во всем цивилизованном мире даже не благодаря своим французским партерам, английским дорожкам, беломраморным статуям, бассейну, влюбленным парочкам на траве под деревьями, тосканскому дворцу или мудрости наполняющих его сенаторов, а благодаря именам прославленных персонажей, любивших этот сад, посещавших его и о нем рассказывавших. Так что, может, стоит начать с краткого, далеко не полного перечня этих имен, сопровождая его упоминаниями о том, что влекло сюда знаменитых людей, кроме «любви к природе», которую горожанин покидает, как правило, вполне добровольно («Здесь люди в кучах, за оградой не дышат утренней прохладой...» — возмущался герой молодого Пушкина, тоже ведь неудержимо рвавшегося «за ограду» из живописного Михайловского). Так вот, по дорожкам этого сада прогуливались, читая наизусть Вергилия, Дидро и Руссо, изысканный художник Ватто (у него здесь друг служил привратником), художники Делакруа и Давид, Модильяни и Цадкин, литераторы Гюго (и герои его «Отверженных»), Бальзак, Шатобриан, Ламартин, Мюссе, Жорж Санд, Верлен, Жид,

Сартр, Кессель и многие другие. Рильке приходил сюда искать вдохновения, Хемингуэй учиться живописи, Жерар Филип учить роли, а эмигрант по кличке Ленин приходил (если верить новому, очень популярному путеводителю «Guide Routard») ради смазливой служительницы, выдававшей платные стулья. Эти стулья особо упомянуты, кстати, в маленьком мемуарном очерке Анны Ахматовой, посвященном ее знакомству с художником Амедео Модильяни в 1910—1911 годах. «Не помню, чтобы он с кем-нибудь раскланивался в Люксембургском саду или в Латинском квартале, где все более или менее знали друг друга... — пишет Анна Ахматова. — Беден был так, что в Люксембургском саду мы сидели всегда на скамейке, а не на платных стульях, как было принято...» Недавно ваш покорный слуга получил в Париже лестное письмо от московской приятельницы, которая сообщала, что, гуляя во время парижских каникул с внучкой по Люксембургскому саду, она вспоминала все время о любви Ахматовой и Модильяни. Весьма лестно такое услышать, ведь в процитированном выше очерке Ахматовой о любви не сказано ни слова, зато об этом рассказано в книжечке, изданной вашим покорным слугой в московском издательстве «Радуга» (Б. Носик. *Анна и Амедео. История тайной любви Ахматовой и Модильяни.* «Радуга», 1997). Любовь была действительно тайная, ибо началась она во время свадебной поездки Ахматовой с мужем (Н. С. Гумилевым) в Париж в 1910 году, продолжалась во время самовольного побега Ахматовой в Париж в 1911 и нашла отражение как в рисунках Модильяни, так и в знаменитых на всю Россию первых стихах Ахматовой. Ну а более или менее наглядно она предстала впервые на венецианской выставке неизвестных рисунков Модильяни в 1993 году (это после нее ваш покорный слуга, перечитав знакомые чуть ли не с детства стихи Ахматовой, и написал свою книжечку о «тайной любви»). Возвращаясь к платным стульям из сада, следует сказать, что, конечно же, беспечным российским туристам, вроде Гумилева и Ахматовой (еще не заработавшим к тому времени своим трудом ни копейки), богемный художник Модильяни должен был казаться очень бедным, но платные стулья ему и не были нужны. Они сидели с молодой Аннушкой в обнимку, прикрывшись старым черным зонтом (а может, красивый художник лежал на скамейке, положив голову на колени русской дамы), и на неудобных железных стульях им всего этого не удалось бы сделать. Да и «раскланиваться» Модильяни в этой позе было бы не слишком удобно (а ей тем более), хотя знакомых и в Латинском квартале, и в саду у него хватало. Но ведь и самый сад, и толпа на дорожках, и стулья, и чтение стихов на два голоса понадобились в мемуарах, незадолго до смерти написанных старой, почтенной Ахматовой (оксфордской докторшей-пушкинисткой, знаменитой поэтессой, мученицей и гордостью России), лишь затем, чтобы придать этой молодой, безумной, беззаконной (а по мнению иных, и преступной) любви характер пристойного светского знакомства. Оттого и переносит мемуаристка их тайные, зачастую мучительные свидания (а Модильяни ведь был неровным, безудержным, особенно во хмелю, он пил, курил гашиш, рисовал без конца как бешеный, хотя и умел бывать благородным, щедрым, обходительным «тосканским принцем») из узкой комнаты на рю Бонапарт в дневной многолюдный сад, в атмосферу чужих воспоминаний и энциклопедических справок (которых излишне много в этом крошечном очерке):

«...Люди старше нас показывали, по какой аллее Люксембургского сада Верлен, с оравой почитателей, из «своего кафе», где он ежедневно витийствовал, шел «в свой ресторан» обедать. Но в 1911 году... Верлен в Люксембургском саду существовал только в виде памятника, который был открыт в том же году».

Русских воспоминаний на дорожках этого сада витает много. Сам Петр I бродил по этим дорожкам в погожий майский день 1717 года. А года за два до Ахматовой прибегала сюда совсем юная Марина Цветаева, которая даже сочинила стихи о саде. Еще 70 лет спустя русский поэт-эмигрант Иосиф Бродский (пятый по счету русский литератор, удостоенный Нобелевской премии), наглядевшись на статуи королев, заполняющие парк (здесь и Анна Бретонская, и Бланш Кастильская, и Маргарита Провансальская, и Анна Австрийская, и Маргарита Валуа), посвятил целый цикл сонетов беломраморной шотландской красавице (Марии Стюарт), взошедшей много веков назад на плаху. А в нашем веке взошел на плаху (точнее, был прист-

Люксембургский сад

Улица Бонапарта, на которой жила Анна Ахматова, упирается в Люксембургский сад. В него и перенесла она приличия ради все мемуарные встречи с молодым Модильяни.

релен палачами в подвале НКВД, как до него был ими же пристрелен несчастный первый муж Анны Ахматовой поэт Николай Гумилев, тоже любивший этот сад — о, не здесь ты избавишься от воспоминаний, мой забывчивый соотечественник!) русский литератор, незадолго до того беспечно гулявший по дорожкам Люксембургского сада со своей рожденной в Париже четырехлетней доченькой: «Она была неотразима в новом платьице и белой шапочке. И она говорила, наконец, по-русски, как настоящая русская девочка».

Звали убитого литератора Исаак Бабель. А за полтора столетия до него любил гулять по этим дорожкам Николай Карамзин... Все эти люди искали вдохновения, радости, волнений, воспоминаний на причудливых изгибах этих дорожек — и находили. Даже эта суховатая, на мой взгляд, не склонная к сантиментам и вполне практичная дама, художница-абстракционистка, которую в былые времена в богатом петербургском доме у дяди звали Сонечкой Терк, а в Париже Соней Делоне, писала в воспоминаниях 40-х годов:

«Я пошла через Люксембургский сад, намереваясь спуститься потом к бульвару Сен-Мишель. И сад вдруг на-

Латинский квартал

Поэт Иосиф Бродский посвятил мраморной шотландке-королеве Марии Стюарт целый цикл сонетов.

помнил мне Летний сад Санкт-Петербурга, то чувство отрешения от реальности, которое я там испытывала. Статуи и деревья создавали в моем воображении целый мир мечты, мир вдохновения и бегства от реальности».

Ну а как он возник на холме левого берега, этот трогательный сад, в интимном обиходе называемый попросту «Люко»? Напомню, что в этом пригороде древней Лютеции находился некогда римский военный лагерь и назывался он Люкотициус. Позднее возвышался здесь замок Вовер, о котором ходила дурная слава (люди, верящие в науку, объясняют эти страхи болотными газами и блуждающими огнями и еще чем-то вполне мистическим, а ведь куда проще верить в нормальных чертей). Король Людовик Святой отдал эти места вкупе со строениями и садами монашескому ордену, и монахи стали выращивать здесь фрукты. Новая история сада и дворца начинается с 1612 года, когда королева Мария Медичи купила и сады, и старый Люксембургский дворец (она сохранила его, и он стал называться Малым Люксембургом), и весь этот тихий цветущий пригород, который она предпочитала неопрятному и шумному Лувру. В 1615 году архитектор Саломон де Бросс начал по заказу королевы строительство большого дворца, который должен был напоминать дворец ее детства, флорентийский дворец Питти. Королева умерла в ссылке в Кёльне в 1642, и с тех пор кто только не владел дворцом — и Гастон Орлеанский, и мадемуазель де Монпансье, и герцогиня де Гиз. Мадам де Ментенон растила в нем деток, которых Людовик XIV прижил с мадам де Монтеспан. Людовик XVI отдал дворец своему брату графу Провансальскому, будущему Людовику XVIII. Революция поступила с дворцом вполне по-большевистски (точнее, большевики поступали с дворцами по-французски) — там были устроены тюрьма и оружейные мастерские для победы мировой революции. В тюрьме томились революционеры Камил Демулен и Дантон, художник Давид и будущая супруга Наполеона, будущая добрая подруга русского императора-победителя, пылкая креолка Жозефина де Богарне. Среди художников, больше всех трудившихся над украшением дворца, следует назвать Эжена Делакруа. Он был вообще великий труженик, к тому же никогда не страдал от недостатка госзаказов (эту удачливость многие связывают с

Большой Люксембургский дворец должен был напоминать королеве Марии Медичи родную Флоренцию.

его происхождением, утверждая, что он был внебрачным сыном Талейрана). Всех же художников, чьи полотна украшают дворец, равно как и скульпторов, чьи творения украшают сад, перечислять было бы долго — кого там только нет, в этом знаменитом дворце и знаменитом саду. Упомяну только очень старый фонтан Медичи у входа со стороны бульвара Сен-Мишель. Упомяну оттого, что, как и почти всякому парижанину, мне доводилось назначать возле него свидания. Увы, не любовные — слишком поздно я поселился в Париже. Поселись я здесь раньше, скажем в студенческие годы, мой рассказ о милом саде Люко был бы намного длиннее...

РОМАНТИЧЕСКИЙ ОТЕЛЬ
НА СТАРИННОЙ УЛОЧКЕ

Раньше, в былые годы, когда приезжали на побывку в Париж мои старые друзья из США, России или Израиля, моя задача была одна: поскольку в Париже даже окраины недалеки от центра, выбрать для приезжих просто отель подешевле и почище, да вдобавок поближе к моему дому — что-нибудь долларов за 40—45 в сутки на двоих близ площади Италии, в крайнем случае близ площади Клиши и Монмартра. Потом иные из «новых американцев» встали на ноги, да и «новые русские» из числа моих издателей начали наведываться. Отелями их обеспечивали туристические фирмы, и, посещая их в гостиничных номерах, я каждый раз дивился тесноте жилых и туалетных комнат и скучной заурядности всех этих трех- и даже четырехзвездных отельчиков где-нибудь близ авеню Клебер и улицы Сен-Дидье в XVI округе, где после шестидесятилетнего перерыва зазвучала вновь русская речь. Как правило, где-нибудь между Трокадеро и площадью Звезды, — одна радость, что дорогие витрины и чрезмерно дорогие кафе Елисейских полей неподалеку...

Однажды, видя, что их тесное жилье за сотню в день меня разочаровало, мой друг-издатель и его милая жена Тонечка спросили меня обиженно:

— Ну хорошо, а вы в этой ситуации, где бы вы поселились в Париже?

Это был нелегкий вопрос. Во-первых, мне всегда трудно представить себя «в этой ситуации» — в положении состоятельного человека (много ли платят пишущему?). Впрочем, подумав, я припомнил, что мой старый приятель, пишущий Эдвард Радзинский, звонит мне обычно, поселившись в Париже в уютном отеле квартала Сен-Жермен, близ своей излюбленной площади Фюрстенберг, что за старинной церковью и епископским двориком. Впрочем, ведь и в положении Радзинского мне трудно себя представить. В конце концов, подбадриваемый издательской парой, я сказал:

— Ладно, пойдем погуляем, посмотрим...

Латинский квартал

Для начала мы отправились в самую старую часть Парижа, на остров Ситэ, где, поглощенные громадой Дворца правосудия, еще стоят остатки первого королевского дворца, где красуется старинный собор Нотр-Дам. Мне известен был там совершенно очаровательный отель «Генрих IV» на самом носу корабля-острова, на площади Дофина, однако прелестный отель этот настолько дешев, что вряд ли в нем вот так, с ходу, без предварительного заказа, удалось бы нам достать комнату. К тому же умеренные цены здешних номеров вызвали подозрение у моих богатых друзей. Зато вот на левом берегу, прямо напротив собора Нотр-Дам, мы обнаружили сразу два отеля, из окон которых открывался незабываемый вид. Здесь вообще все дышало парижской стариной и ненавязчиво сочеталось с самым современным комфортом и безупречным вкусом. Первым был «Отель де Нотр-Дам» на улице, носящей имя великого проповедника Альберта Великого на рю Мэтр-Альбер. В номерах старинные балки на потолке, на стенах красивые старые ковры, ванные комнаты огромные, да и квартал тихий. Великолепный вид на Сену и на лотки букинистов открывался также из окон отеля «Ле рив де Нотр-Дам», что стоит прямо на набережной Сен-Мишель близ мостов Сен-Мишель и Пети-Пон. Здесь тоже комнаты были огромные, а кровати воистину королевские. На знаменитой улице Латинского квартала, на рю Паршминри, где еще в старину торговали пергаментом, перьями, чернилами, а позднее угнездились книготорговцы и издатели, мы отыскали прекрасный отель «Парк Сен-Северен». Из окон его видны были великолепная старинная церковь, сад у музея Клюни, близ руин римских терм, и большой кусок Латинского квартала. Друзья мои чуть не соблазнились также отелем «Монблан» на узенькой улочке Латинского квартала рю Юшет — как-никак тут живали и Хемингуэй и Пабло Неруда. Что до меня, то я уговаривал их остановиться в «Отеле Трех Коллежей» на улице Кюжас, причем взять просторную мансарду, откуда открывается вид и на Сорбонну, и на Пантеон. Цены здесь были ниже, чем в их прежнем отеле у Елисейских полей. Ну а три знаменитых коллежа, процветавшие некогда по соседству, да и сама улица Кюжас уводили к самым истокам европейской учености, если не к следам галло-римского поселения на горе Святой Женевьевы. Мне помнилось, что тут останавливался некогда и Осип Мандельштам...

Во время нашей неторопливой прогулки мы осмотрели по меньшей мере дюжину уютных, дышащих стариной, комфортом и старомодной роскошью отелей левого берега. Наверняка их немало и на правом берегу, но на те у нас уже не хватило времени — не одни же отели и рестораны в Париже.

На левом же берегу мы побывали в XVIII века здании отеля «Ле Сен-Грегуар» на улице Л'Аббе-Грегуар, обставленного с отменным вкусом, а также на рю Кассет в отеле «Аббатство Сен-Жермен» с его двухэтажными номерами и террасами, выходящими в тихий внутренний дворик.

Мы, кстати, видели и замечательные двухзвездные, менее дорогие отели, тоже великолепно обставленные и тоже имеющие свой колорит — вроде «Тюльпанного отеля» в 7-м округе, «Шведского отеля» на рю Вано, а поблизости, на рю дю Бак, отель «Де Невер» с его монастырской мебелью. В иных из этих отелей просторные, великолепно обставленные номера на двоих стоили не дороже 60—70 долларов в сутки — деньги немалые, но в Лондоне или в Нью-Йорке за эту сумму предложат что-то вроде собачьей конуры.

Нагулявшись, мы сели закусить в совершенно сногсшибательной чайной в квартале Сен-Жермен и наперебой вспоминали виденные нами в тот день старинные салоны, укромные дворики, интимные интерьеры отелей, после чего я, окончательно разомлев от чая и чужих возможностей, сказал, панибратски похлопывая по плечу своего издателя:

— Ребята, а зачем вам маяться в городе? Вы же взяли машину напрокат. Так поселитесь в поместье. Или в замке. Или на худой конец на ферме. Увидите настоящую Францию. А в Париж будете приезжать после деревенского завтрака.

— А что, можно и в замке? — зачарованно спросила жена моего издателя.

— Проще пареной репы, — сказал я самоуверенно.

И они действительно поселились потом в замке. К сожалению, история эта выходит и за рамки нашей прогулки, и за черту города.

В квартале Сен-Жермен

КВАРТАЛ СЕН-ЖЕРМЕН

Рассказать о квартале Сен-Жермен, бульваре Сен-Жермен (от моста Конкорд до моста Сюлли, вдобавок через Латинский квартал) и знаменитом некогда Сен-Жерменском предместье, а до того знаменитейшем аббатстве — задача нелегкая. Жизнь тут все время в движении: приливы и отливы моды, то духовной, то литературной, то музыкальной, то, хуже того, политической, то, ниже того, бельевой, одежной, готового платья. А все же квартал остается пока местом встречи писателей, артистов, художников, политиков тоже, да и то сказать — чего тут только нет, в этом квартале? Институт Франции во всей своей академической напыщенности, Школа изящных искусств, Бурбонский дворец, построенный для дочери Людовика XIV в первой половине XVIII века, который позднее обжил парламент, великолепный музей Орсэ, улицы, под завязку набитые антикварными лавками, картинными галереями, книжными лавками, часто букинистическими, а также издательствами всех размеров и жанров. Из живописных галерей иные уже прославились открытием своих гениев (русских в том числе — Полякова, де Сталя), другие — еще нет, а в магазинчиках — произведения искусства и народных промыслов на любой вкус. Зайдите в «Жарптицу» к мадам Дине на Сенской улице, у нее такой Палех, какого ни в Москве, ни в Нижнем не найти. А уж старинные дома на этих улицах — всех стилей: от барокко и неоклассицизма до неоготики и «ар-деко».

Кое-где мемориальные доски на стенах напоминают: здесь вот жил великий Мицкевич, а тут Черепнин, но чаще напоминаний нет, а великие жили тут в каждом доме, и каждое окно — стихотворение или тайна...

Итак, все началось со старинного аббатства, с самого знаменитого во Франции бенедиктинского аббатства Сен-Жермен, которое владело солидными угодьями, как здесь, в лугах, в которых целиком уместились нынче знаменитые 6-й и 7-й округа левого берега, так и за городом тоже.

Церковь Святого-Жермена-в-Лугах (**Saint-Germain-des-Prés**) — самый, наверно, древний из больших парижских храмов: здесь уже во времена римских легионеров — в I веке — стояла христианская церковь. Нынешняя строилась в XII веке, а потом все достраивалась и достраивалась, вплоть до XX века, так что разные ее части — из разных веков.

Загородное это аббатство росло вокруг церкви, а вокруг аббатства уже в IX веке росла пригородная слобода, которая к XIII веку едва умещалась между нынешней улицей Старой голубятни (**Vieux-Colombier**) и улицей Святых Отцов (**Saints-Pères**). Слобода была от Парижа отгорожена стеною и рвом (они еще присутствовали совсем недавно в названиях улиц), у нее было свое правосудие, своя тюрьма, свои богадельня и больница, своя знаменитая ярмарка, свои театры, наконец, свой, созданный Мазарини Коллеж Четырех Наций (где нынче располагается Институт Франции).

Эпоха Людовика XV была ознаменована здесь расцветом аристократического квартала, рождением новой архитектуры. Границы этого автономного государства стал размывать уже XVII век, но окончательный удар нанесла ему Великая разрушительница — революция, когда закрыли бенедиктинское аббатство, этот знаменитейший центр духовности и просвещения, среди прочего — центр археологии и палеографии. В ходе революции были разрушены часовни и прочие строения, сгорела богатейшая библиотека аббатства, появилось много новых улиц.

Ну а в эпоху величайшего преобразователя добульдозерной эпохи барона Османа многие старинные улицы исчезли вовсе, на их месте был проложен параллельно Сене просторный бульвар Сен-Жермен, а перпендикулярно ему — улица Ренн, застроенная большими домами. На наше счастье, многие прелестные улицы слободы все же уцелели, да и культура не вовсе ее покинула: на месте монастыря Малых Августинцев возникла Школа изящных искусств, на месте больницы — медицинский факультет, открылось великое множество книжных лавок, издательств, кафе, театров...

Центром бульвара Сен-Жермен считают площадь перед знаменитой церковью Сен-Жермен-де-Пре, куда выходят и прославленные кафе — Де Де Маго, Кафе Флер. А чуть дальше по бульвару в сторону Латинского квартала — скверик и площадь Тараса Шевченко. В сквере стоит памятник поэту Тарасу Шевченко, созданный советским скульптором Лысенко. Установка его вызвала протест украинских эмигрантов, которые даже собрались здесь в 1978 году на митинг, требуя, чтоб был установлен памятник работы эмигранта Архипенко, былого обитателя «Улья»... Тут же в квартале Сен-Жермен, неподалеку от Шевченко, на улице Святых Отцов, в старинной часовне Сен-Пьер разместился Свято-Владимирский кафедральный собор украинской церкви византийского обряда. Тут же неподалеку — украинская типография. В общем, украинский уголок Парижа...

Если чуть отклониться от бульвара к югу, то можно еще обнаружить аркады старого рынка. В этих местах бывала некогда знаменитая сен-жерменская ярмарка. Она существовала еще и в начале XIX века. На знаменитой этой ярмарке рядом с простолюдинами бывала и знать, и даже короли не брезговали ярмарочным весельем — балаганы, акробаты, кабацкий шум, актеры... Бывали тут Генрих III и Генрих IV с женами-королевами...

Каждая из древних улиц этого лабиринта, этого великого улья культуры, может рассказать о многом — и улица Мазарини, и улица Жака Калло, и улица Дофины, и площадь Фюрстенберга, и улица Жакоб, и улица Бонапарта, — о череде событий минувшего тысячелетия, о череде лиц, будней и праздников, открытий и катастроф.

Так и тянет прогуляться хотя бы по одной из этих улиц и перебрать ее дома, как четки воспоминаний. Если мы свернем на улицу Старинной Комедии, бывшую улицу

Квартал Сен-Жермен

Рва Сен-Жермен (тут ведь и правда была первая Комедия, и ров проходил, и самое старое парижское кафе открыто поныне, и Мицкевич жил), то минут через пять выйдем на красочную, по-парижски деревенскую улочку Бюси. Она начинается веселым базаром, где и фрукты, и овощи, и цветы, и восточные ткани, а напротив размещался до самого последнего времени магазин русской книги «Глобус», сперва как будто принадлежавший компартии, потом уж и вовсе непонятно кому. Бывало, звонит мне здешняя красивая продавщица Анна: «О чудо! Ваши книги все проданы! Везите еще!» — «Сколько везти? Штук пять?» — «Ну зачем же так много? Привезите одну». И вот недавно везу книгу (одну!), а магазин — глянь — куда-то переехал с дорогого и модного пятачка... Об этих переездах, впрочем, мы еще поговорим, а пока идем дальше: в доме № 4, где нынче мясная лавка, находилось некогда кафе «Ландель» — это здесь возникла (в 1732 году) первая в Париже масонская ложа. Потом кафе облюбовали поэты, певцы, артисты... В доме № 10 собирал друзей поэт Гийом Аполлинер. А в соседнем доме (№ 12) драматург де Понто основал комическую оперу и на фасаде велел изобразить звездочку, напоминавшую о театре «Комеди Франсез», который был тут же неподалеку — на улице Старинной Комедии. В этот дом № 12 в 1937 году (после гибели советского перебежчика Порецкого-Рейса) явилась французская полиция, искали агента НКВД, мужа Марины Цветаевой Сергея Эфрона, а его уже и след простыл. У него тут на втором этаже находился кабинет, где он вербовал агентуру для разведки (дочь Ариадна трудилась с ним), и французская полиция за ними давно приглядывала. Когда полиция пришла с обыском, Эфрон и Ариадна были уже в Москве, где его наградили орденом, подлечили и расстреляли, а ее посадили. Заговорщики и тайные агенты бывали также в доме № 40, где проводил тайные сборища глава роялистов-шуанов Кадудаль, — еще в те бурные времена, когда на перекрестке Бюси поднялась первая парижская трибуна: с нее пылкие ораторы объявляли, что «отечество в опасности», и звали записываться в армию. На этом же перекрестке в сентябре 1792 года были убиты священники, ставшие первыми жертвами сентябрьской революционной резни. На том же перекрестке в 1848 году поднялись баррикады...

Если вас растревожили печальные тайны рю Бюси и

утомил энергичный напор торговцев (к разговору о них мы еще вернемся), помните, что в Париже всегда можно найти место для отдыха, раздумья или молитвы. И не только в прекрасных здешних пустующих храмах. На прилегающей к шумной рю Бюси тоже не тихой улочке Григория Турского (**Grégoire-de-Tours**) среди галерей живописи, бретонских блинных, ресторанов и ювелирных лавок вы найдете (в доме № 18) небольшую мастерскую Вифлеемской общины: деревянные и каменные распятия, иконы, иконы, иконы... и изготовляемые членами общины мази, кремы для ванн и притирания — из цветов лаванды, апельсиновых деревьев, сосновой смолы... Здесь вас стараются принять как неторопливого паломника и, если вы не спешите, проводят на пятый этаж в маленькую молельную. Отдыхайте, молитесь, думайте, собирайтесь с силами, собирайтесь с мыслями... Таких крошечных международных христианских общин, как Вифлеемская, в шумном, безбожном Париже много. Скажем, вовсе уж крошечная, разбросанная по свету община «Мадонна Хауз», где знают русское слово «пустынь», «пустыня». Неудивительно, ведь основала общину полвека назад на берегах Онтарио русская эмигрантка Катерина. Ныне в этой общине, как и в Вифлеемской, тоже есть кустари, здесь тоже делают распятия, но знают, что задерганному горожанину надо непременно посидеть в тишине, в «пустыни». И две милые дамы, блюдущие святость жизни, Жанна и Жоанна, держат в шумном Париже такую вот пустынь. К ним приходят православные, католики, буддисты, даже мусульмане. Хоть сутки посидеть в тиши, нарушаемой изредка звоном колокола в дальней церкви... Потом, успокоившись, обо всем поразмыслив, помолившись и словно бы очистившись, можно вернуться на шумный бульвар...

Как вы помните, в годы минувшей войны знаменитый бульвар Сен-Жермен стал приютом муз, литературы и философии. Большинство немецких оккупантов предпочитало отдыхать здесь, среди невоюющих интеллигентов, писателей и джазистов, Больших Бульваров и девочек. Впрочем, после войны иногда господа офицеры бундесвера заполняли зрительный зал на премьерах пьес Сартра, аплодируя участнику движения Сопротивления и экзистенциалисту. Уже тогда родилась слава бульвара, мозгового центра левого берега: Сартр, Симона де Бовуар, Виан, Жюльет Греко... Чуть позднее появилось еще такое прекрасное слово — «экзистенциализм»... И американский джаз, и Луи Армстронг, и Элла Фицджералд, и братья Вианы (читайте «Пену дней» Бориса Виана — все поймете).

И вот в последнее время французская печать забила тревогу — гибнет Сен-Жермен, последний «культурный» квартал Парижа. С авеню Монтень из бывшей слободы Сент-Оноре (Фобур Сент-Оноре) ринулись на бульвар Сен-Жермен магазины международной моды — Соня Рикель, Кристиан Диор, Джорджио Армани, ювелиры Картье, фирма кожаных изделий Луи Вюиттон. Где устоять против них хилым заведениям культурной торговли, хотя бы и овеянным славой, хотя бы и всемирно известным? Не менее известным и куда более богатым законодателям мировой моды, в общем-то, не лишний магазин нужен — им важна для их торговли марка прославленного парижского квартала. А что там останется в самом квартале, им, в сущности, безразлично... И под напором богатых фирм отступают заведения, составлявшие некогда славу и гордость квартала Сен-Жермен. Закрылась знаменитейшая, восьмидесятилетняя книжная лавка «Диван», на ее месте будет еще один магазин моды Кристиана Диора. «Переезжает», уступив свое место за баснословную сумму магазину моды знаменитый «Ла Юн». «Но «Ла Юн» где-нибудь посреди Вандомской площади лишен всякого смысла!» — воскликнул в этой связи один из знаменитых издателей, Жан-Ноэль Фламмарион. И он прав — важно окружение, вся инфраструктура. Рядом кинотеатр «Сен-Жермен», галерея «Юн-Бренер», издательства, кафе — своя, определенного настроя публика. С закрытием «Дивана» инфраструктура грозит распадом. Закрылся последний в квартале магазин дисков, продававший знаменитые грампластинки «Пан», — магазин Рауля Видаля; на его месте будут богатейшие ювелиры Картье. Закрылась знаменитая парикмахерская Клода Максима (будет Диор). Джорджио Армани приспосабливает и перестраивает знаменитую сен-жерменскую «Драгстор» (там ведь и книжный магазинчик находился в подвале). Соня Рикель разместилась в помещении ресторана, существовавшего двести лет, а кафе вообще закрываются одно за другим («Аполлинер», «Атриум», «Сен-Клод»). Названные здесь заведения были очень знамениты, составляли как бы ядро квартала, так что в рядах защитников парижских традиций царит паника. «Нужна мобилизация сил против разрушения памяти», — говорит знаменитая героиня золотого века Сен-Жермена певица Жюльет Греко, член комитета «СОС Сен-Жермен», и призывает к борьбе. Ее поддерживают многие ассоциации и знаменитости. Иные зовут на помощь министерство культуры: кого-то ему удалось когда-то спасти. Но враг неуловим, расплывчат. И виновных трудно найти. И уничтожать некого. Просто приходит время — и стареют рестораны, магазины, продавцы, покупатели, идеи, герои. Магазины и рестораны прогорают. А из министерства плохой спаситель, если б оно само не швыряло миллионы и миллиарды по первому знаку начальства, может, и налоги были бы помилосерднее, и лавки могли бы выжить...

К тому же знатоки напоминают, что кварталы сменяют друг друга, одни стареют, к другим приходит мода. Не будем залезать в историю двора, в дальние времена, когда аристократы покидали квартал Маре, а потом и Версаль и селились в предместье Сен-Жермен; проследим лишь моду на «культурные» кварталы с конца прошлого века: это были и Батиньоль, и Большие Бульвары, и Монмартр, и Монпарнас, и наконец — с конца войны — Сен-Жермен-де-Пре. Но как отмечают историки квартала, слава его стала убывать уже в конце 50-х. В 60-е Сартр перебрался на Монпарнас, «Руайяль Сен-Жермен» превратился в «Драгстор», закрылся «Мефистофель», сменил хозяина «Бар-Бак». Конечно, еще царил «Липп», но политики сменили в нем литераторов, а туристы из французской глубинки и штата Вермонт уже десятилетиями разглядывают друг друга в кафе «Флор», пытаясь, понять «ху из ху».

Это известно всем парижанам. Никто не может понять другого: отчего вообще происходит подобная кристаллизация культуры в каком-то уголке города, как получилось, что этот старый, мирный буржуазный квартал Сен-Жермен с его картинными галереями, антиквариатом и комиссионками вдруг стал модной молодежно-интеллектуальной Меккой после войны? «Липп» был тогда просто пивной, а в «Кафе де Флер» встречались националисты. Может, сыграла свою роль близость Латинского квартала с его университетом, близость крупнейших издательств и относительная близость Монпарнаса? Все составляющие взрывчатой смеси известны, известен и процесс, а разгадки нет. И завидная судьба Сен-Жермена или Монпарнаса остается загадочной. Мэры парижских пригородов наперебой спорят сегодня, кому удастся у себя среди «хрущоб» возвести «Сен-Жермен XXI века» или «Монпарнас XXI века». Кстати, многие нынче возлагают надежды на провинцию и отказываются оплакивать упадок квартала Сен-Жермен. Этим модернистам, которые, подобно Маяковскому, хотели бы «похоронить старье», так возражает завсегдатай квартала Сен-Жермен, модный философ, писатель, кинематографист, модный телекомментатор (и вообще большой модник) Бернар-Анри Леви. «Осуждение кристаллизации культуры, — говорит он, — есть чистейшая демагогия. Путь в современность не расчищают, взрывая памятные места. Переселяемые книжные магазины — это Париж, который становится провинцией». «Совсем наоборот, — возражает ему другой модный философ, Алэн Финкелькрот, — это Париж, который переводит часы на время неокосмополитизма. Город живет своими нервами и специфическими различиями. И все, что в городе происходит, касается всех: иностранцев, провинциалов, жителей пригородов и самих парижан. Никто не может остаться равнодушным к объявленной смерти Сен-Жермен-де-Пре».

В общем, смерть объявлена, но она еще не наступила. Поспешите на бульвар в первый свободный вечер. И может, он подмигнет вам огнями своих реклам, как бы желая сказать: «Слухи о моей смерти прошу считать сильно преувеличенными».

УЛИЦА ДОФИНЫ

Уже и в самом начале XVII века улица Дофины (то бишь улица жены принца-наследника, как бы великой княгини) выделялась в лабиринте средневековых улочек Сен-Жерменского предместья, бывшего прежде территорией старинного, основанного в VI веке аббатства. Проложенная как продолжение очень старого моста через Сену, носящего, однако, название Новый мост, Пон-Неф, улица эта возвестила начало Великого века и деятельности славного короля-градостроителя Генриха IV. Недаром именно на этой улице по приказу лейтенанта полиции де Сартина установили первые в Париже уличные фонари. К сожалению, в 1672 году были разрушены въездные ворота Дофин, что стояли у нынешнего дома № 44, зато год спустя на доме была прикреплена мемориальная доска с названием улицы, и доска эта висит и поныне (признайте, что три века — почтенный возраст для уличной таблички). Стоят по сю пору на улице Дофины и дома того времени — дом № 30, дом № 33 (о последнем мы поговорим особо), дом № 35, дом № 37 и дом № 41. Все это дома XVII века. В таких домах не зазорно было жить самым богатым и влиятельным людям королевства, не зазорно было принять и определить на жительство высоких иностранных гостей. Недаром в 1654 году именно здесь разместился царский посол из России Мачехин со своим посольством. Его пребыванию на улице Дофины был посвящен отчет приставленного к посольству церемониймейстера французского двора, и, судя по отчету, именно на этой улице были надолго заданы образцы поведения высокого русского начальства в заграничной поездке. Вот что пишет пораженный (а может, и восхищенный) увиденным французский придворный:

«Истекли пятнадцать дней, в течение которых посол не покидал меблированный для него особняк на улице Дофины. Господин церемониймейстер вежливо предложили ему свой экипаж, дабы совершить прогулку по городу, посетить Лувр... Господин посол поблагодарил и заверил, что он ничего вообще видеть не желает. Стало известно, что все дневное время он проводит в пьянстве со своим секретарем и еще одним атташе, что вместе они употребляют по восемь пинт, то есть по семь литров, водки в день и что в состоянии опьянения они ссорятся между собой и даже дерутся, наподобие лакеев».

Кстати, самые старые дома на рю Дофин сохранили и свои великолепные готические винные подвалы.

Стоят на этой улице и прекрасные особняки XVIII века. Во дворе очень красивого дома № 31 размещалось некогда знаменитое «Кафе Бельж», где ближе к часу ночи заведено было подавать на опохмелку луковый суп. От дома № 30 к улице Мазарин проходит пассаж Дофины, под которым можно увидеть в нынешнем гараже остатки крепостной стены времен Филиппа-Августа. В том же пассаже размещается издательство «Орэ», одно из множества издательств этого квартала. Оно знаменито не только тем, что в числе прочих путеводителей оно выпустило замечательный путеводитель «Русские во Франции», составленный Реймоном де Понфийи, но и тем, что хозяйка его, красивая Софи Орэ, вышла замуж за русского режиссера и нарожала ему красивых полурусских детей.

На улицах, примыкающих к улице Дофины, тоже немало домов XVII века. Богата ими и проложенная в том же 1607 году улица Кристины, названная так в честь дочки Генриха IV и Марии де Медичи.

В 1906 году в доме № 24 по улице Дофины размещалось «Общество друзей русского народа», возглавляемое писателем Анатолем Франсом. В тот год Максим Горький прислал Франсу письмо, в котором заклинал его помочь русскому народу освободиться от гнета Романовых. «Искренние друзья человечества, — писал «буревестник революции» Горький, накликавший бурю на свою голову, — должны помочь русскому народу сбросить иго тех, кто извращают его душу, его нежную, глубокую и прекрасную душу».

Франс в знак согласия выступил против займа русскому правительству и ответил Горькому письмом, не менее пылким, чем горьковское:

«Шлю пожелания успеха освободительной революции и хочу поделиться с вами болью и возмущением, которые я испытываю при мысли, что французские финансисты мог-

В квартале Сен-Жермен

ли снабжать деньгами правительство палачей, которые терзают великодушный народ».

Позднее пришли палачи покруче и побессовестней прежних, и им теперь уже не только корыстные финансисты, но и великодушные французские гуманисты и сам Горький поспешили на помощь, так что за великодушный русский народ заступиться было больше некому. Что же до старинной улицы Дофины, то у нее после военного затишья появились новые, очень шумные, но вполне мирные герои: улица огласилась звуками американского джаза, гремевшего всю ночь до утра, но джазисты были не американские, а свои, отечественные — писатель Борис Виан и его братья. После войны в жизни бульвара Сен-Жермен, его знаменитых кафе и нескольких входивших в сферу их влияния подвалов и баров на прилегающих к бульвару улочках произошел истинный взрыв веселья, общественной артистической активности. Не нужно думать, что вот вернулись в Париж с войны изголодавшиеся по мирной жизни солдаты — и пошло веселье. Никто ниоткуда не возвращался, потому что никто никуда не уходил. Те полпроцента (по данным самих участников Сопротивления) французского населения, что имели отношение к их движению, были чаще всего и не в Париже. Оккупированный Париж жил мирной жизнью, и культурная жизнь в нем не затихала. Именно в годы войны знаменитый треугольник между бульваром, улицей Бонапарта и улицей Жакоб стал средоточием веселья и общения. Но разумеется, окончание войны и тревог влило в квартал новый взрыв радости. В 1947 году в подвале старинного дома № 33 по улице Дофины открылось кабаре «Ле Табу». Оно закрылось окончательно совсем недавно, но именно первые его годы были знамениты, о них написаны сотни восторженных мемуарных страниц, тома критики, аналитические статьи, стихи и романы. Кое-что можно понять об эпохе из книг одного из главных кумиров кабаре «Табу» — молодого писателя, поклонника американского джаза и трубача-джазмена Бориса Виана. Меньше поймешь из бесчисленных сочинений главного тогдашнего кумира Сен-Жермена и «Табу» Жан-Поль Сартра, которого Виан переименовал в своем романе в Жан-Соль Партра и у которого завсегдатаи кабака позаимствовали для описания своей жизни труднопроизносимое и вряд ли им самим понятное словечко «экзистенциализм». Сейчас уже трудно понять, что же такого особенного происходило в эти бессонные ночи в кабаре «Табу». Ну, играл джаз, вероятно, не лучший в своем роде. Ну, набивались в подвал до тесноты тогдашние стиляги «зазу», никогда не спавшие по ночам (вероятно, также никогда не работавшие и не воевавшие бледные молодые люди из богатых семей, одетые во все черное: черные брюки, черные водолазки, черные платья, как главная женщина сен-жерменских кафе Жюльет Греко). Ну а посмотреть на этих молодых «троглодитов» (так их тоже звали) приходили сюда знаменитости: Жан Кокто и Жан Маре, Кристиан Диор, Хамфри Богарт, Морис Шевалье, Орсон Уэллз, Пьер Брассер, мадам Али-Хан, Альбер Камю, Мориак, Сартр с Симоной де Бовуар, — посмотреть на толчею, на бледных «зазу», посмотреть на людей и себя показать. Поскольку не все жители улицы Дофины имели привычку никогда не спать по ночам, кабаре пришлось в конце концов закрыть в связи с бесчисленными жалобами окрестных жителей. Тихо стало близ дома № 33... «Табу» еще просуществовало полвека в безвестности и закрылось совсем недавно, однако, когда проходишь ночью по старинной улице Дофины, стоит только напрячь слух — и услышишь вариации на темы Дюка Эллингтона, трубу Виана, голос богини в черном — Жюльет Греко, поющей об опавших листьях, а может, даже и нестройное хоровое пение членов посольства Мачехина...

ЛЕВЫЙ БЕРЕГ БАЛЬЗАКА

В 1824 году семья Бальзаков вторично поселяется под Парижем, в городке Вильпаризис, где и начался у молодого Оноре де Бальзака самый, вероятно, долгий и трогательный роман его жизни. Мадам де Берни, светская женщина, мать, вдова, была на 22 года старше Бальзака. Он добился ее любви, и она на многие годы стала его возлюбленной, вдохновительницей, матерью, помощницей, утешительницей, добрым гением. Покинув родительский дом, Бальзак перебирается в Париж, на левый берег Сены, на улицу Турнон, знаменитую улицу, что идет за собором Сен-Сюльпис в сторону Люксембургского сада, ту самую рю де Турнон, где жили некогда герцогиня Орлеанская и граф Потемкин, князь Долгорукий, адмирал екатерининского флота Джон Пол Джоунс, герцог де Линь, Джакомо Казанова, где посещали свой клуб Дантон и Демулен, ну а позднее жили Гамбетта, Альфонс Доде, Бакунин, Жерар Филип, Ренан, Ламартин, Ледрю-Роллен, Мюссе, Андре Жид. Бальзак прожил тут три года в доме № 2, в XVIII века отеле де Шатийон (позднее в этом доме жили Альфред де Мюссе и Андре Жид). Бальзак еще пишет в ту пору под псевдонимом и печатается у разных издателей. Он пытается выбраться из нужды и в конце концов решает, что спасти его может только собственное дело. В 1827 году он с помощью друзей и мадам де Берни создает типографию в доме № 17 на одной из маленьких, но весьма почтенных улиц квартала Сен-Жермен, которая тогда называлась рю Марэ-Сен-Жермен, но теперь уже больше столетия носит имя архитектора Висконти. Улица эта идет параллельно улице Сент-Андре-дез-Ар между улицей Сены и улицей Бонапарта. Улица возникла на здешнем лугу в середине XVI века, а в XVII веке она служила приютом гугенотам (Agrippa д'Обинье называл ее «маленькой Венецией»). Бальзак снял квартиру над своей типографией и занялся печатанием. Он решил, что уж книги-то Лафонтена и Мольера всегда можно будет продать. Но книги отчего-то не продавались, долги росли — эти приключения описаны были позднее в «Утраченных иллюзиях» и в других его произведениях. С типографией пришлось расстаться, она перешла к сыну мадам де Берни, а еще через несколько лет в этом помещении разместилось ателье художника Эжена Делакруа, и Жорж Санд с Шопеном приходили сюда позировать ему для портрета. А Бальзаку пришлось срочно выезжать отсюда, спасаясь от кредиторов. Он снял под чужим именем квартиру на антресолях дома № 1 на улице Кассини, где прожил пять лет и где стал уже не анонимным сочинителем романов на продажу, а писателем Бальзаком. Это здесь, на левом берегу, между бульваром Обсерватории и улицей Сен-Жак, он написал и напечатал под своим именем «Шуанов», «Психологию брака» и «Шагреневую кожу». Улица была тихая, симпатичная, она располагалась неподалеку от Обсерватории. Бальзак уютно обставил свою квартирку, у него бывали здесь гости, здесь его посетила Жорж Санд. А мадам де Берни поселилась неподалеку и по-прежнему любила и опекала его. После публикации «Шуанов» Бальзак завел много литературных знакомств, бывал в гостях у Гюго на Нотр-Дам де Шан. Надо сказать, что мадам де Берни была не единственной аристократкой, которой увлекался Бальзак. В отличие от удачливого «гражданина кулис» Дюма, он не волочился за легкомысленными актрисами: среди его платонических и не вполне платонических подруг были графини и герцогини, молодые женщины, имевшие, как правило, немалый опыт семейной и светской жизни, знававшие Наполеона, Меттерниха и еще Бог знает кого, познавшие любовь величайших людей Европы, — отношения с ними обогащали Бальзака как писателя. В то же время, как отмечали биографы Бальзака, в его характере большая духовная серьезность и глубина странным образом сочетались с поверхностным тщеславием, пристрастием к моде, безвкусицей. Как написал один из его биографов, он бывал легковесен, как перо на шляпе кокетки, и тяжеловесен, как полное собрание сочинений религиозного философа Сведенборга. Он в долг покупал какие-то невероятно дорогие и пышные жилеты, тратил деньги без счету, умножал долги, страдал от этого, работал как вол и вечно прятался от кредиторов. С улицы Кассини ему пришлось именно поэтому скоро съехать и снять квартиру в экзотическом уголке правого берега, на не существующей ныне улице Батай, на склоне холма Шайо, — весьма странную квартиру в доме, который казался нежилым, увешанную дорогими коврами берлогу, где он работал и принимал гостей в своих фантастических, дорогих халатах. Уже тогда посетитель, желавший к нему проникнуть, должен был знать хитроумный пароль, потому что любой посетитель мог оказаться кредитором, или судебным исполнителем, или офицером Национальной гвардии, службой в которой Бальзак манкировал. С опаской он выбирался из своей берлоги и в дорогом наемном экипаже отправлялся на улицу Гренель в салон маркизы де Кастри, в которую был влюблен, или в Версаль, где жила вдова герцога д'Абрантес, мадам Лор д'Абрантес (в нее он влюблен был тоже), или на встречу с друзьями в ресторан. Он уже был к тому времени знатоком всех уголков роскоши на бульваре Капуцинок, на бульваре Итальянцев и бульваре Мадлен, нередко бывал в знаменитом «Прокопе», что на рю Ансьен-Комеди, и в «Фликото», и в пригородном «Дю Роше», и в знаменитом «Диване», и в кафе «Тортони» на Тэтбу... Кредиторы шли за ним по пятам, а поздней к ним присоединились офицеры из Национальной гвардии, требовавшие, чтоб он отбывал идиотскую службу. Бальзак прятался у своей возлюбленной Сары Гвидобони-Висконти и ее покладистого аристократа-мужа, в их квартире на Елисейских полях, в доме № 54, но однажды его и там поймали кредиторы, и гостеприимным хозяевам пришлось его откупать. Прятаться от кредиторов и офицеров удавалось не всегда, так что однажды довелось Бальзаку отсидеть несколько дней в тюрьме Национальной гвардии на рю де Фосс-Сен-Жермен. Он, впрочем, весело провел эту неделю в обществе другого знаменитого романиста того времени — Эжена Сю. Конечно же, тюрьма эта не была похожа на Таганку или Лефортово, и ближние рестораторы, хозяева кулинарных лавок и виноторговцы изо всех сил старались угодить знаменитым узникам, так что вино в узилище лилось рекой, и друзья писателей даже приходили к ним пировать за тюремным столом... Желая спасти писателя от парижских невзгод, Сара Гвидобони-Висконти и ее добродушный муж придумали для Бальзака непыльное дело в Италии, где у него имелось много читателей-поклонников, и он надолго укрылся в Милане и Турине. Надо сказать, что прекрасной аристократке Саре (как, впрочем, и многим другим женщинам) Бальзак при первом знакомстве казался не только физически малопривлекательным, но и безвкусно одетым, и плохо воспитанным. Но когда он начинал говорить, все менялось. Его красноречивые глаза были прекрасны и настойчивы, речь завораживала, к тому же он прекрасно понимал судьбу и душу женщин, в нежном возрасте отданных замуж за богатых сановных стариков, женщин-страдалиц и женщин-злодеек, сочувствовал их невзгодам и мукам. Об этом его гениальном проникновении в душу женщины писали ему читательницы, и он, каждый раз зажигаясь предчувствием приключения, вдохновенно отвечал на их письма. Так он ответил однажды на письмо некой иностранки, это было в 1832 году, переписка с которой продолжалась до самой его смерти, а в промежутке были их встречи в Швейцарии, в Вене, в Париже и в Петербурге и, наконец, их долгожданное бракосочетание после кончины ее супруга, польского аристократа Ганского, владевшего землями на Украине. Бракосочетание, которое состоялось незадолго до смерти самого Оноре де Бальзака. Вы, наверно, помните, что прекрасную иностранку звали Эвелиной Ганской. И даже те из вас, кто не слишком хорошо знаком с перипетиями жизни Бальзака, но зато хорошо знает пьесы Чехова, без труда вспомнят реплику чеховского героя о том, что «Бальзак венчался в Бердичеве». Впрочем, последние эти события связаны не только с Бердичевом, но и двумя бальзаковскими уголками Парижа, впрочем, уже на правом берегу Сены.

УЛИЦА ПРИНЦА КОНДЕ

Эта улица, лежащая в квартале Одеон и названная в честь принца Конде улицей Господина Принца (**rue Monsieur-le-Prince**), не всегда щеголяла столь аристократическим званием. Некогда она называлась попросту улицей Рва (**rue des Fossés**), ибо здесь проходила укрепленная стена времен Филиппа-Августа, а также ров (за стеной были уже слобода и аббатство Сен-Жермен). Кстати, на фундаменте этой старинной стены до сих пор стоят дом № 41 и дом № 47 по улице Господина Принца. В былые времена не только сама улица носила аристократическое название, но и жили на ней, в непосредственной близости от Люксембургского дворца, по большей части люди знатные, о чем и поныне красноречиво свидетельствуют великолепные дома, витые решетки балконов, скульптуры на фасадах, остатки старинных росписей. Она и нынче не слишком демократическая улица, хотя селились на ней в более доступные времена и художественная богема, и духовные лица, и ремесленники, и эмигранты...

Помню, лет десять тому назад мне позвонил милый московский приятель Толя (в ту пору еще видный издатель) и сказал, что их писательскую группу поселили в маленьком отеле на Месье-ле-Пренс, что на улице дождь и хочется поглядеть Париж, но так, чтоб куда-нибудь выйти недалеко, — что я ему посоветую? Я посоветовал прогуляться по Месье-ле-Пренс. Он замолчал, и я понял, что он, отодвинув штору, смотрит на улицу. «А что на ней интересного?» — спросил он. «Да почти каждый дом», — ответил я. Но потом, конечно, пришлось ехать к ним в отель и доказывать, что я не слишком преувеличил... Утверждали, что доказал, — люди вежливые.

Улица эта, ответвляясь под острым углом от бульвара Сен-Мишель поблизости от Люксембургского сада, сбегает вниз, причем довольно круто (часто даже по лестнице), к бульвару Сен-Жермен и перекрестку Одеон. Верхняя часть улицы, ближняя к саду и дворцу (раньше она носила название Фран-Буржуа-Сен-Мишель), как раз и свидетельствует с особой убедительностью об аристократическом прошлом квартала: подряд здесь идут очень красивые дома (скажем, дом № 58 и дом № 60 с левой стороны или дом № 63 и дом № 65 — с правой). В доме с таинственным двориком, что числится под номером 54, с 1654 года и почти до самой смерти жил замечательный математик и философ Блез Паскаль. Вскоре после переезда в этот дом он пережил озарения своей «огненной ночи» 23 ноября 1654 года, здесь же написал свои «Мысли» и своих «Провинциалов». Одного этого хватило бы, чтоб прославить эту крутую улочку. Но близкая к Латинскому кварталу и бульвару Сен-Жермен улочка не музей, а живая улица, живущая современной, очень парижской, интеллигентской жизнью, это типично левобережная улочка. Ну вот, скажем, в доме № 67, в верхней части улицы, кинотеатр «Три Люксембурга». Как легко догадаться по его названию, он расположен неподалеку от сада и в нем три зала (только три зала). И он нисколько не похож на те кинотеатры, что на Елисейских полях: это типичная киношка Латинского квартала — ни постановочных «блокбастеров», ни порнухи, ни фильмов с карате, ни Спилберга, никакой дешевки. Зато здесь три года подряд шел на полуденном сеансе один и тот же фильм — «Гарольд и Мод». И имел свою публику. Те, кто тогда были студентами, помнят эту милую странность. Или вот книжная лавка «Золотой жук» (**Le Scarabée d'Or**). Вечно роются здесь какие-то студенты или сексуально озабоченные переростки. Как утверждают, тонкая специализация этой лавки — книги о садомазохизме. Впрочем, покупатель попроще может ограничиться нормальным томиком «Кама-сутры». Здесь целые полки разных редкостей и странностей, среди которых может попасться смехотворно-унылый «розовый роман», хотя может и подвернуться крутая порнуха — как повезет... А вот в доме № 51 книжная лавка совсем иного направления, лавка Самуэляна. Здесь я освежаю в памяти полузабытые армянские фразы. Говорят, это самая большая армянская книжная лавка в мире (не поручусь — не проверял). Хозяин лавки старик Самуэлян когда-то давно за драку с писателем-туркофилом угодил в тюрьму (по мне-то, и туркофил неплох, лишь бы не «фоб»). Над длинными рядами книг витает здесь загадочный аромат высокой эрудиции, древности, Востока. Здесь обширный отдел египтологии. И дух армянской культуры ощутим. «Аствац окне!» Это здесь, между прочим, французский кинематографист армянского происхождения Анри Верней снимал свою «Маириг» («Маму»). В автобиографии знаменитого певца, идола французской песни Шарля Азнавура, я наткнулся на такие строки:

«Я открыл впервые глаза в грустных меблированных комнатах на улице Месье-ле-Пренс, в среде певцов и артистов, говоривших по-русски и по-армянски».

В этой верхней части улицы, в саду монастыря кордильеров, в зданиях, выросших на месте двух знаменитых коллежей старины — Коллежа д'Аркур (основанного еще в 1380 году) и Коллежа юстиции (основанного в середине XIV века), размещается ныне один из самых престижных лицеев французской столицы — лицей Людовика Святого (**Saint-Louis**).

В доме № 49 жил английский поэт Генри Лонгфелло, автор «Песни о Гайавате», и когда пробегаешь мимо, строки бунинского перевода неотвязно крутятся в голове («Дай коры мне, о береза...») вперемежку с трогательными обрывками школьного английского и голосами школьных друзей с Первой Мещанской (*If I shake my holy tresses...*).

Улица Господина Принца издавна славится особенными кабаками и элитарно-студенческой экзотикой даже в кабацком океане Парижа. Бар «Ла Пайот», что невдалеке от лицея, держится за свой особый аромат старины. Здесь крутят старые пластинки и блюдут атмосферу «ретро»... Меняются студенты в квартале, уходят былые лицеисты, а в баре все так же толкуют о книжках, шпаргалках, экзаменах и признаются в любви (зачастую даже ВПЕРВЫЕ). В этой уникальной парижской дискотеке (диски-то все же крутятся) никогда не танцуют: слушают, беседуют, грустят...

Еще чуть ниже по улице тоже знаменитое (а может, и единственное в своем роде) кафе — «Полидор». У него весьма солидный для питейного заведения возраст — сто пятьдесят лет. Его старинные газовые рожки освещали еще склоненные над стаканом головы Жореса, Верлена, Барреса, Джеймса Джойса. Как и полтора века назад, «Полидор» — заповедник интеллектуалов, по-здешнему «интелло».

Гуляя по улице Месье-ле-Пренс, поневоле остановишься у странных витрин, где выставлены непонятные, загадочные красивые предметы. Вроде как в этой таитянской лавочке, в витрине которой рядом с ожерельями из искусственных цветов — китайские похоронные извещения. Эта лавочка — парижский уголок острова Таити. У таитянских студентов в Париже издавна вошло в привычку собираться в этой лавочке, вдыхать родные ароматы, трогать знакомые с детства предметы, повторяя умиленно: «феноа», «о, феноа» (стало быть, она, родина)...

Неподалеку от таитянской лавочки — кабаре «Эскаль». Утверждают, что оно самое латиноамериканское во всем Латинском квартале. Принадлежит оно латиноамериканской музыкальной группе «Мачукамбос», которая застряла в Париже еще в конце 50-х, когда ей вдруг повезло с заработком, и решила: куда ехать, от добра добра не ищут. Завсегдатаями кабаре были некогда и Ботеро, и Габриель Гарсиа Маркес, и Хулио Кортасар. Действие одного из романов Кортасара тут неподалеку и завязывается — в «Полидоре».

Поблизости тут же и «Анагура», японское кафе, одно из первых в Париже кафе-«караоке», певческое кафе, где знаменитая певица на телеэкране открывает рот, а клиенты дружно поют навязшую в зубах песню: чем бы клиенты ни тешились, лишь бы запивали жажду.

Рядом с кафе замечательный книжный магазин «Лестница» (**Escalier**), где продают детские книжки и педагогическую литературу. Лестница там есть, и она ведет в подвал, где море детских книг издательства «Натан». Неподалеку здесь китайская книжная лавка. Вообще, эта улица была (еще задолго до возникновения в Париже «чайнатауна») одной из первых зачинательниц китайской торговли в Париже (японцы пришли позднее). Одна из здешних китайских лавок торгует предметами восточной медицины и всякой прочей магии.

По левую сторону на нашем пути останется маленькая площадь Одеон и большой старинный театр неоклассической архитектуры — театр Одеон. Когда-то (в 1784 году) здесь гремела «Женитьба Фигаро», потом играла труппа Жана-Луи Барро, теперь здесь выступают с гастрольными спектаклями виднейшие театры Европы.

В том помещении (дом № 1 на площади), где теперь располагается Франко-американский центр, на протяжении ста пятидесяти лет находилось литературное кафе

«Вольтер». Между войнами его обживала парижская колония американских писателей — Скотт Фицджеральд, Хемингуэй, Эзра Паунд, Синклер Льюис, Гертруда Стайн и другие. В ноябре 1928 года Маяковский читал в этом кафе стихи, соблазняя несчастную литературную эмиграцию своим материальным процветанием и славой. Маяковского шумно приветствовали просоветски настроенные евразийцы (среди них муж Марины Цветаевой С. Эфрон). В отчете об этом вечере, напечатанном в журнале «Евразия», М. И. Цветаева написала, что, по ее мнению, «сила... там». Это выступление испортило ее отношения с эмиграцией и с лучшей парижской газетой, где ее до того еще печатали. С самой «силой», толкнувшей ее в петлю, ей довелось встретиться позднее. Процветающему Маяковскому до трагической развязки тогда оставалось уже совсем немного...

Далее наша улица Принца пересекает улицу Расина, на углу которой в 1926 году таинственный террорист, скорей всего агент Коминтерна, убил средь бела дня украинского национального лидера Симона Петлюру.

В доме № 10 был арестован вождь шуанов Кадудаль. В том же доме (в квартире напротив вождя, только позже, до 1857 года) жил знаменитый Огюст Конт (ныне в квартире работает музей), а поблизости обитала общительная романистка Жорж Санд. Композитор Сен-Санс жительствовал в доме № 14, да еще полдюжины французских знаменитостей жили здесь и умирали... Улица Господина Принца вошла в их бессмертные произведения, в песню Азнавура, в прозу, стихи, в память поколений...

ПО ПАРИЖСКИМ СЛЕДАМ МИТТЕРАНА

Париж не был для Франсуа Миттерана родиной. Президент и сам всегда утверждал, что остался провинциалом, родившимся в крошечном городке Шаранты, где-то между не столь уж внушительными городами Коньяк и Ангулем. Однако почти шестьдесят лет своей жизни Миттеран прожил в Париже, прекрасно знал его, и прогулки по паркам, набережным, старинным улочкам великого города, в котором, по его собственным словам, он чувствовал себя и архитектором и императором, всегда доставляли ему удовольствие. Маршруты этих прогулок неизменно пролегали по левому берегу Сены, по набережным, Латинскому кварталу и кварталу Сен-Жермен. На левом берегу располагались любимые рестораны и кафе Миттерана, любимые книжные лавки, сквозь окна которых прохожие иногда различали старомодную шляпу президента, склонившегося над книгой. На левом берегу, на старинной улице Бьевр, супруги Миттеран купили себе четверть века тому назад (условия начальственных продаж и покупок раскрываются обычно лишь посмертно, да и то не всегда и не сразу) укромный и уютный особняк XVII века с двориком, укрытым за воротами. С 1981 года эта улочка, лежащая близ набережной Сены, собора Нотр-Дам, бульвара Сен-Жермен и Латинского квартала, закрыта для транспорта. И только после смерти президента выяснилось, что он, собственно, давно уже жил не здесь с супругой, а совсем в другом месте и с другими людьми, а усиленная охрана стояла так, для отвода глаз...

На левом берегу Сены, в Латинском квартале, Миттеран учился в юности. На левом берегу он жил в студенческие годы. На левом берегу президент и скончался. Из своего последнего дома на авеню Фредерика Лепле, что неподалеку от Военной школы и Дома инвалидов в VII округе Парижа, президент отправился в последнее свое путешествие, на родину, к семейному склепу на кладбище в Жарнаке... К этому дому на авеню Фредерика Лепле 8 января 1996 года, когда стало известно о смерти Миттерана, стали съезжаться всякие знаменитые люди, бывшие сотрудники президента. Но и простые, никому не известные французы тоже приходили сюда, приносили цветы. Приходила молодежь. На вопрос корреспондентов о том, что они думают о бывшем президенте, эти люди, с трудом подбирая слова, припоминали, что Миттеран был президентом дольше, чем все прочие президенты Франции. Вероятно, в этом и заключалась его заслуга... Молодые вспоминали еще какой-то предвыборный лозунг, называвший их поколением Миттерана. А вот было ли это комплиментом?.. За последние годы термин «миттерандизм» приобрел во Франции довольно-таки одиозный оттенок еще и потому, что на самом деле простые люди, как выяснилось, совсем мало что знали о президенте. Ну, к примеру, этот вот дом на авеню Фредерика Лепле... Известно было, что президент живет в Елисейском дворце, а также в своем особняке на рю де Бьевр. Теперь выяснилось, что туда он ходил только по субботам и воскресеньям, а здесь у него была другая, неофициальная семья и что тут у него росла юная дочь. Французы относятся к этим подробностям частной жизни с большой терпимостью, однако то, что они ничего не знали, несколько их смущает... Выяснилось также, что президент-социалист, в нарушение правила гласности, введенного социалистами, скрыл от избирателей и свою болезнь. Сколько ж еще таких тайн покойного президента таят укромные улицы старого Парижа? Давно (и вероятно, «близко», как говорят чуть не обо всех дамах, бывших знакомыми с этим государственным женолюбом) знакомая с Миттераном писательница Франсуаза Жиру обронила о нем такую фразу: «Не было человека, который мог бы сказать: "Я его знаю"». Тайну Миттерана не мог разгадать и сам старый писатель Франсуа Мориак, который жил некогда, лет за тридцать до Миттерана, в том же самом религиозном общежитии на рю Вожирар, в котором поселился восемнадцатилетний Франсуа Миттеран, впервые приехав в Париж из провинции, — в доме № 4 на длинной парижской улице Вожирар, неподалеку от ее пересечения с рю де Ренн. Здесь прошли счастливые студенческие годы Миттерана, он не раз упоминал потом и этот дом, и медную дощечку на почтовом ящике со словом «леттр», которое волновало юношу, ибо в слове этом таится намек не только на письмо как почтовое послание, но и на письмо вообще, на грамоту, на литературу, которая всю жизнь была ему небезразлична. Об этом мы узнаем из его воспоминаний. Но вот только на последнем году полувековой политической карьеры Миттерана его избиратели с изумлением узнали, что в те нежные годы социалист и, можно сказать, создатель нынешней социалистической партии Франсуа Миттеран был ультраправым активистом, состоял в боевой националистической молодежной организации...

Все знали, что он был в немецком плену, по его словам, бежал из плена, даже три раза, чтобы примкнуть к Сопротивлению (так сообщают «надежные» энциклопедические словари). Но никто из рядовых французов не знал до последнего времени, что социалист Миттеран являлся поклонником маршала Петена, что после плена он не в Сопротивление ринулся, а верой и правдой служил коллаборационистскому правительству Виши, за что и удостоился в 1943 году высшего вишистского ордена. Что потом, до самого 1986 года, президент дружил с шефом вишистской полиции палачом Рене Буске... Что он окружал себя людьми сомнительными, скользкими, нечестными. А в момент, когда этим людям (а может, и их высокому покровителю?) грозило разоблачение, они вдруг скоропостижно кончали жизнь самоубийством или случайно попадали под пулю безумца... Отчего? Темный силуэт в широкополой шляпе, не давая ответа, ускользает от нас по улице Вожирар в сторону бульвара Сен-Жермен... Последуем за ним... На углу рю Вожирар и рю Мадам находится книжная лавка госпожи Беалю «Пон траверсе». Президент часто приходил сюда во время прогулки — листать и покупать старые книги. Но он и читал книги, а не только листал. Он был интеллектуал, великий книгочей и книголюб, хорошо знал французских писателей. Он и сам написал (или за него написали, как водится у сильных мира сего, — ему для этого официально нанимали за казенный счет видных писателей) чуть ли не два десятка книг. Бывший хозяин лавки «Пон траверсе» писатель Марсель Беалю не раз беседовал с президентом. Месье Беалю умер от рака за два года до Миттерана. На вопрос молодого корреспондента «Фигаро», какие книги покупал президент, мадам Беалю не отвечает. Это тайна. Известно, что Миттеран восторгался Достоевским, что он любил Толстого, восхищался стилем Шатобриана и Паскаля. Он знал множество книг и писателей. Отчего же тайна? Что-то заставляет вдову Беалю хранить в тайне пристрастия президента...

В квартале Сен-Жермен

Недавно одна писательница издала роман, где описывает свою любовную связь с президентом Миттераном. Авторша скрылась под псевдонимом, и критика всерьез занялась романом (что, в общем-то, бывает не часто). Критика стала гадать, какая из президентских любовниц-писательниц (а их оказалось много, и какие все имена!) могла написать роман... И его уже нет, чтоб пособить. Или чтобы стукнуть по столу мягким кулаком. Чтоб подключить линию подслушивания к домашним телефонам всех любопытствующих, как бывало...

Не спешите за знакомым силуэтом, ускользающим к Одеону, — президент уже ушел. Он нам больше ничего не скажет. Да он ведь и при жизни был двусмысленным и скрытным. На следующий день после его смерти одна крупная немецкая газета напечатала интервью с писателем Эрнстом Юнгером. Юнгеру незадолго до этого перевалило за сто, и Миттеран письменно поздравил писателя, восхитившись в своем послании тем, что Юнгер никогда не боялся говорить правду. В этой фразе чудилась тоска человека, который должен был все время скрывать, чтó он думает. Юнгер был певцом силы и прусской военщины, воспевал традиции, порядок и дисциплину, царившие в прусском государстве. Юнгер признавался, что об этом предмете они и толковали с французским президентом во время их неоднократных встреч. Признавался, что у них с Миттераном были общие любимые писатели и любимые книги. Например, дневники Дрие ла Рошеля той эпохи, когда этот писатель проповедовал фашистские идеи, а сам Юнгер был офицером вермахта в оккупированном Париже... Выступая незадолго до своей смерти в Бонне, Миттеран принялся вдруг воспевать вермахт, так хорошо выполнявший свой долг в годы Второй мировой войны, при Гитлере. Так вот чем восхищался социалист и «участник Сопротивления» Миттеран...

А отчего он поощрял спекулянтов, плотной толпой окружавших его трон? Отчего покрывал их дела? Какая была ему от этого выгода?.. Боже, сколько тайн может быть у одного человека, у этого загадочного президента, который упокоился в фамильном склепе, бурно оплаканный Францией...

Франсуа Миттеран обнаружил, что болен раком, уже в первый год своего президентства. Он вел себя с огромным мужеством и скрывал болезнь, пока не стало совсем худо. А ведь это он настаивал на гласности, на регулярном предании гласности всех бюллетеней о здоровье президентов. Настаивал, конечно, до своего избрания. Потом ему пришлось 14 лет подделывать бюллетени. Его борьба за президентский пост длилась до того четверть века, а деятельность и борьба держали его на ногах. Но его и до болезни бесконечно волновали тайна загробной жизни и тайна смерти. Он много читал об этом, беседовал с религиозными философами, любил бродить по парижским кладбищам. Громкие имена на надгробных камнях, мысли о тщете жизни и неотвратимости смерти, видно, говорили ему о многом.

Он спешил воздвигать себе памятники при жизни. Не только статуи, где президент представал юным и обнаженным, но и фараоновские постройки, стоившие миллиарды, — нелепую и разорительную библиотеку, нелепую арку, нелепый театр, нелепую пирамиду из стекла. Он подражал фараонам и даже перед самой смертью повелел в последний раз отвезти себя в Луксор, к мертвым фараонам.

Одним из любимых его кладбищ было кладбище Пасси, на котором он посещал могилу русской художницы и писательницы Марии Башкирцевой, умершей в 1884 году от туберкулеза 25 лет от роду, — огромный склеп-часовню с православным крестом... С кладбища Пасси Миттеран приходил на лежащую рядом эспланаду Трокадеро, и в одной из «его» книг есть описание такого визита:

«Площадь Трокадеро, я вышел на террасу. Башня Монпарнас бросала на Париж отраженный луч заходящего солнца. Ни облачка, ни знака. Я стал вспоминать майские события моей жизни, которые мне запомнились...»

Это было написано еще до 10 мая 1981 года, когда Франсуа Миттеран, перейдя со своего любимого левого берега Сены на правый, надолго, на целых 14 лет, водворился в президентском дворце и стал человеком, чьи тайные интриги, преступления и романы, маршруты прогулок, архитектурные и литературные вкусы, болезни и смерть стали унизительно волновать простых смертных, обретающих смысл в глазах власть имущих лишь в качестве «избирателей».

СТАРИННАЯ УЛИЦА «ИЩИ ПОЛДЕНЬ»

От перекрестка Красного Креста (**la Croix Rouge**), что лежит чуть южнее бульвара Сен-Жермен, за улицей Дракона (**rue de Dragon**) начинается улица с таинственным и до крайности симпатичным названием — Ищи полдень (**Cherche-Midi**). Я наткнулся на это название в ранней юности в каком-то третьесортном романе, которых тогда поглощал в великом множестве, был им совершенно очарован, но, конечно, не думал не гадал, что придется когда-нибудь здесь проходить, и даже пробегать, просто так, по делам. Если б знал, учил бы лучше французский, чем романы читать...

Улица эта тянется от перекрестка к юго-западу, параллельно солидной Севрской улице (**rue de Sèvres**), и упирается в бульвар Монпарнас. Славится же она старинными домами, модными магазинами и едва ли не лучшей в городе булочной, но больше всего она, конечно, славится своим названием — надо ж такое придумать! О происхождении ее названия спорят и по сю пору — топонимика вещь не простая. Полагают, что название это всего-навсего искаженное Шасс-Миди (**Chasse-Midi**), а полное название улицы было **Rue Qui Va de la Chasse au Midi**, то есть Улица, Что Идет К Югу От

Поэтически переосмысленное название старинной улицы стало обрастать легендами и вывесками — «Ищи полдень».

Охотничьего. Дорога эта ведь и впрямь вела от старого королевского охотничьего замка, что размещался на улице Дракона, к югу, в охотничьи угодья короля. Правдоподобно, логично, но слишком длинно и скучно. Неудивительно, что прижилось искаженное Шерш-Миди и потомки с такой готовностью доверились довольно позднему письменному свидетельству купеческого сына месье Соваля, который жил в этом квартале в не слишком от нас отдаленном XVII веке. Почтеннейший месье Соваль утверждал, что улица обязана была своим названием старой вывеске, «где нарисованы были солнечные часы и какие-то люди, которые ищут полдень в два часа пополудни». Месье Соваль утверждал, что вывеска эта была так хорошо исполнена, что ее воспроизводили в разных альманахах того времени, и что, более того, она-то и породила французскую пословицу «ищи полдень в два часа пополудни». По-русски это означает что-то вроде того, что «прогуляешь, так воду хлебаешь», «позднему гостю — кости», «вожжи упустишь, не скоро изловишь», другими словами, «ищи вчерашний день». Подтвердить или опровергнуть утверждения купеческого сына месье Соваля у нас нет никакой возможности. Картинок с солнечными часами на фасадах здешних домов было даже две, но обе они довольно поздние. Легко предположить, что топонимическая легенда обрастала своей историей. Еще позднее на здешнем постоялом дворе появилась вывеска «Шерш-Миди», а в XVIII веке сам Вольтер сочинил нехитрый стишок для здешних солнечных часов:

> Живете вы в квартале сем?
> Желаю процветать!
> Да только чтобы в два часа
> Вам полдень не искать.

На одном из здешних медальонов с солнечными часами — на тех, что на доме № 19, — изображены астроном со своими инструментами и ребенок, — в общем, как видите, идея быстротекущего времени прочно пристала к этой километровой парижской улице, где некогда пролегала древняя римская дорога, а тысячелетие спустя просто парижская дорога в Вожирар. На этой улице и нынче еще сохранилось немало старинных особняков и дворцов, таинственных дворов и закоулков, видны остатки старины, скажем XVIII века, когда здесь было много аббатств, монастырей и немолчно звонили колокола... Следы истории и дух ее различимы, но очевидно и наступление нового века,

Скульптор Сезар воспел мужскую силу Пикассо в образе яростного кентавра.

безудержное наступление новой роскоши, потому что это все же не музей, не заповедник, а живая парижская улица, где все смешалось и XXI век уже прорастает сквозь мостовую XV или XVIII века...

В наше километровое путешествие мы двинемся с севера, от перекрестка Красного Креста, от скульптуры недавно почившего скульптора Сезара «Кентавр», фривольные подробности которой должны были посмертно воздать должное мужской силе Пикассо. Еще и в XVII веке в начале улицы стояло несколько великолепных особняков, ныне уже разобранных, а иные из них принадлежали даме, которая славилась на весь Париж своими романтическими приключениями, — графине де Веррю...

Ах, сладкие воспоминания, ведь не хлебом единым жив человек. Впрочем, и без хлеба не обойтись. Напротив былых особняков графини — булочная известного всему Парижу месье Пуалана: хлеб, испеченный на традиционном огне, на дровах, самая знаменитая в городе булочная. Париж ведь славится своими батонами, булками, рогаликами, и французские кустари-хлебопеки борются за то, чтобы старинный их промысел не погиб, не был задушен промышленной выпечкой. Во Франции 36 000 кустарей-хлебопеков выпекают пока еще три с половиной миллиона хлебных изделий, однако конкурировать с замороженными булками им все труднее, да и французы стали есть меньше этих волшебных, воздушных, хрустящих батонов-багетов, которые так описал русский эмигрант писатель Виктор Некрасов: снаружи хрустящая корочка, а внутри — сплошное блаженство. Еще и в 1920 году каждый француз съедал в день 620 граммов хлеба, еще и в 60-е годы он съедал 230 граммов в день, а нынче — вот горе-то — всего 160 граммов! Более того, научились мастера выпекать батон по старому доброму рецепту и замораживать. Потом набивают этими ледяными батонами рефрижераторы в булочных, а там раз по пять в день, вынув ледышки из холодильника, выпекают. Получаются горяченькие, точь-в-точь как настоящие батоны, на не слишком утонченный вкус — не отличишь. Но знатоки твердо знают: это уже хлеб не кустарный, а промышленный, и как теперь уцелеть кустарю? Сейчас кустари получили право на свой особый знак качества, отличие их от «промышленников» признано, а все же уцелеть нелегко. А вот великий Пуалан с улицы Шерш-Миди уцелел и процветает: у него теперь по всему Парижу филиалы, но на Шерш-Миди у него главная булочная. Он вообще большой знаток квартала и патриот Шерш-Миди, которая, по его мнению, теряет свой дух старины, потому что открылось тут множество магазинов модной обуви и одежды (Пако Рабанн среди прочих стилистов), толпятся тут по субботам жители предместий, меряют ботинки и тряпки, а на старинные фасады и взгляд не поднимут...

На углу улицы Шерш-Миди и бульвара Распай вырос в конце шестидесятых модерный Институт гуманитарных наук из стекла и железок. В него съезжаются со всего ми-

В квартале Сен-Жермен

Близ Института гуманитарных наук оставлены в напоминание потомкам обломки старой тюрьмы, где судили капитана Дрейфуса, а еще через полвека пытали и расстреливали бойцов Сопротивления.

Старинная улица «Ищи полдень»

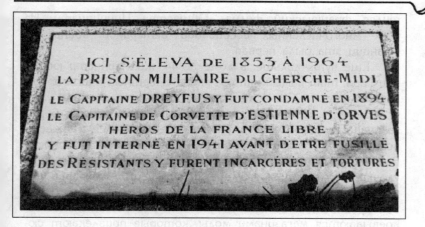

ра историки, политологи, экономисты, социологи на свои семинары и конференции. Я часто прихожу сюда повидаться с московскими друзьями, но только изредка вспоминаю при этом, что сей гуманитарный маяк науки вырос на месте старой военной тюрьмы Шерш-Миди. Это в ней в 1894 году состоялся первый процесс над капитаном генштаба Дрейфусом, ложно обвиненным в шпионаже. Конечно, вина Дрейфуса заключалась в том, что он был еврей, и по меньшей мере пол-Франции об этом скоро догадалось. Вторая половина полагала, что зря не судят и что «евреи во всем виноваты». Так раскололась страна, и в защиту оклеветанного офицера (вдобавок еще и пылкого патриота Франции) выступил писатель Золя. В то самое время Антон Павлович Чехов, греясь на зимнем солнышке в Ницце, читал на скамеечке французские газеты и восхищался благородством Золя...

В ноябре 1940 года в тюрьме этой были заключены отважные французские школьники и студенты, которые откликнулись на призыв генерала де Голля к Сопротивлению. Мало их было, юных борцов Сопротивления, а все же были. Но вот 60 лет прошло, и в Москве издают Гитлера и Геббельса. Учит ли чему-нибудь история? Ищи полдень! Не жди двух часов пополудни...

Чуть южнее, сразу за бульваром Распай (Шерш-Миди, № 40), — особняк, принадлежавший некогда графу Рошанбо. В 1770 году король Людовик XVI послал его бороться за американскую независимость плечом к плечу с Вашингтоном — против извечных врагов Франции, коварных англичан. А полтора десятка лет спустя в этом доме разместился французский филиал Общества Цинциннати. Из всех многочисленных ассоциаций ветеранов войны во Франции эта была первая.

Еще чуть дальше, в доме № 44, жил министр юстиции Гара, тот самый, что зачитал смертный приговор королю Людовику XVI. Чуть позднее в этом доме жил и умер (в 1831 году) аббат Грегуар, член Конвента, пылкий борец за права негров и евреев. Он вообще занимался множеством животрепещущих проблем, и в частности основал Высшее училище искусств и ремесел. Его именем названа улочка, прилегающая к улице Шерш-Миди и сохранившая, как и другие соседние улочки, несколько издательств и лавок древностей. Однако улочки эти все решительнее завоевываются магазинами моды, которые привлекают сюда толпы приезжих французов и иностранцев (тем более что некоторые из этих магазинов продают по дешевке товары моднейших фирм с оторванными ярлыками, то бишь «дегриффе»: соседняя улочка Сен-Пласид истинный рай товаров «дегриффе», не говоря уж о процветающем бедняком «Тати», разместившемся за ближним углом).

Еще южнее, ближе к бульвару Монпарнас, улица Шерш-Миди, если приглядеться внимательно, хранит больше следов своей былой красоты и былого благородства. В доме № 58 сохранился дворик со статуей, в доме № 72 — прекрасный садик во дворе, во дворе дома № 86 — живописный фонтан со статуей Юпитера, в доме № 89 — в холле замечательные кованые лестничные перила и статуя Наполеона, в доме № 95 — живописный портал, треугольный фронтон, фигурное железо XVIII века. Особенно хорош дом № 85 — отель Пети-Монморанси. В нем, кстати, разместился один из множества «малых музеев» Парижа (их, вероятно, больше сотни). В отеле Монморанси — музей живописи второй половины прошлого — начала нашего века Эбера. Он приходился двоюродным братом Стендалю и, подобно кузену, обожал Италию (ах, как я его понимаю!). В интимной и элегантной обстановке его не бедного жилища музей разместил множество великолепных итальянских пейзажей и портретов художника. Освежающий глоток искусства — из бескрайнего водоема парижских «малых музеев». И притом такой шанс для нас — после долгих прогулок по улице заглянуть внутрь одного из этих старинных отелей (напомню, что отель Пети-Монморанси был построен в не близком 1743 году).

САМЫЙ ЗНАМЕНИТЫЙ КУПОЛ

На набережной Конти близ моста Искусств, прямо напротив Лувра, высится над левым берегом Сены увенчанный великолепным куполом, едва ли не самым итальянским куполом в целой столице, дворец Института Франции, или дворец Мазарини. Прежде чем отправиться в путешествие по дворцу и вокруг дворца, прежде чем прояснить себе взаимоотношения между Институтом Франции и составляющими его пятью академиями, в числе которых и знаменитая Французская Академия (**l'Académie française**), нелишним было бы, любуясь с правого берега Сены, от Лувра, или с западной оконечности острова Сите этим исполненным гармонии строением XVII века, вспомнить щедрого мецената, оставившего деньги (и немалые — два миллиона чистыми и 45 000 ливров ренты) на сооружение этого здания в дар Парижу, — вспомнить кардинала Джулио Мазарини (или, как зовут его французы, Жюля Мазарена). Итальянец-кардинал родился в 1602 году в Абруццах, ему еще не было сорока, когда он был отмечен и возведен в кардинальское звание высоко ценившим его Ришелье, чье министерское кресло он и унаследовал два года спустя. До смерти Мазарини оставался регентом при вдовой королеве Анне Австрийской, с которой, как полагают историки, он состоял при этом в тайном браке. Те же историки отмечают его несомненные успехи на ниве дипломатии. Он способствовал возвеличению французской монархии и сумел прибрать под ее крыло еще четыре области — Артуа, Эльзас, Русильон и Пьемонт. В парижском коллеже, на постройку которого он завещал свои деньги и который загодя прозвали Коллежем Четырех Наций, как раз и должны были, по его замыслу, обучаться молодые аристократы и дети богатых буржуа из четырех новых областей Франции, причем программа обучения была предусмотрена для них вполне аристократическая — искусство, науки, верховая езда, фехтование, танцы... Из затеи с коллежем мало что вышло, зато собранная эрудитом того времени Габриэлем Ноде и размещенная в восточном павильоне дворца (на месте знаменитой Нельской башни) кардинальская библиотека стала первой публичной библиотекой Парижа (так называемая Мазариниевская библиотека или просто Мазарина), куда еще с 1643 года по разрешению кардинала пускали грамотеев для серьезных занятий. Библиотека существует и ныне, и, несмотря на все переделки, старинная резная мебель, гербы, украшения из старой библиотеки и кардинальских коллекций позволяют ей хранить уникальный дух XVII века. Во время Революции в нее поступило немало конфискованных книг и целых книжных собраний, так что нынче в ней, кроме полумиллиона печатных изданий, хранится больше двух тысяч инкунабул и больше четырех с половиной тысяч рукописей, не говоря уж о самом редкостном кардинальском собрании. Полагают, что именно в честь этой библиотеки покойный президент Миттеран, претендовавший на особые отношения с печатным словом, назвал Мазариной свою внебрачную, почти до самой его смерти скрываемую от публики дочь. Впрочем, может случиться, что президент попросту был поклонником интеллигентного кардинала, который, подобно ему самому, умел скрывать свою незаурядную интимную жизнь и оставил финансы страны в плачевном состоянии.

Постройка дворца была поручена кардиналом королевскому архитектору Луи Ле Во (тому самому, что застраивал остров Сен-Луи) и позднее производилась по его проекту (на оси, ведущей от Квадратного двора Лувра) архитекторами Ламбером и д'Орбэ чуть не до самого конца XVII века. Рассказывают, что еще до окончания отделочных работ будущий храм наук был мало-помалу заселен какими-то весьма почтенными арендаторами. Здесь поселились некий аббат с супругой, маркиз и маркиза де Мере с прислугой, два камердинера с девицами, гасконский священник, врач, портной, обойщик, водонос, аптекарь, не говоря уж о графе Гонкуре, занявшем девять комнат, или о родственнике герцога Мазарини... Кольберу не без труда удалось потом выселить всю эту публику, после чего он разрешил настроить по всему полукруглому фасаду здания лавок, где бойко торговали всяким товаром.

Во время Революции Париж, понятное дело, испытывал нехватку в тюремных помещениях, без которых не обойтись истинным борцам за свободу, так что Коллеж Мазарини, как и многие прочие дворцы столицы, был приспо-

Самый знаменитый купол

Здание, под крышей которого располагаются пять академий, называют то Институтом, то Куполом.

соблен под тюрьму. Здесь томились революционный художник Давид, так выразительно изобразивший смерть Марата, создатель самого полезного орудия революции — гильотины, почтенный доктор Гильотен и множество граждан, не имевших таких крупных заслуг перед революцией.

Законом от 1795 года был создан Институт Франции, который временно разместился в Лувре, после чего (десять лет спустя) в его распоряжение был передан дворец Мазарини или, иначе говоря, Коллеж Четырех Наций. Архитектору Антуану Водуайе было поручено привести дворец «в соответствующий вид», то есть в вид, достойный его нового высокого назначения. Водуайе построил аркады, под которыми до самого 1875 года продавали эстампы, построил элегантную лестницу, ведущую в библиотеку (по мнению знатоков, истинный шедевр эпохи Реставрации), и еще много чего построил хорошего.

Даже не заходя в помещение Института, любой посетитель может насладиться архитектурой этого прославленного здания. Скажем, квадратным двориком позади библиотеки. Заглянув туда в четверг, вы сможете увидеть, как входят в здание академики, неутомимо и неустанно работающие над созданием словаря французского языка. У дома № 3 по улице Мазарини можно увидеть прелестный Кухонный двор, уцелевший еще от прежнего коллежа. Здесь, у стены, увитой плющом, стоит старинный колодец в оправе из кованого витого железа.

Ну, а уж тот, кто, получив на то разрешение, проникнет внутрь дворца, тот увидит великолепные залы, увидит статуи великих мастеров, увидит амфитеатр и барабан знаменитого купола с библейским стихом, начертанным золотом, и еще, и еще... Он, может, даже угодит на торжественный акт приема в члены Академии, приема, как тут выражаются, в число «бессмертных». Впрочем, и самая эта процедура и смысл ее нуждаются в более подробных объяснениях.

Институт Франции объединяет пять академий — Французскую Академию, самую старую и почтенную, созданную Ришелье еще в 1635 году, Академию литературы, основанную в 1664 году Кольбером и занятую публикацией исторических документов и научных отчетов, Академию наук, основанную в 1666 году тем же Кольбером и печатающую научные отчеты еженедельно, Академию изящных искусств, созданную в 1816 году, и, наконец, Академию моральных и политических наук, созданную в 1832 году. Академики собираются раз в год на раздельные сеансы под знаменитым куполом, а также раз в год, в очередную годовщину создания института, 25 октября, в присутствии зрителей — на общее пленарное заседание. Зрелище живописное, так как члены академий облачаются по этому случаю в зеленые, шитые золотом дорогие мундиры (такой стоит тысяч двадцать долларов) и имеют у бедра шпагу. Мне довелось видеть по телевизору только что принятую в Академию даму, у которой на бедре была не шпага, а дорогой грузинский кинжал, видимо, как даме ей была позволена эта вольность. Дама эта происходила из старинной грузинской семьи и была специалисткой по Советскому Союзу, то есть советологом. В своей книге, написанной незадолго до краха советской империи, она предсказала распад Союза и — угадала. Такую догадку, впрочем, высказывали многие, но не всем посчастливилось попасть в Академию. Возможно, у дамы или ее близких были и какие-нибудь другие заслуги. С тех пор я внимательно слежу за всеми предсказаниями этой дамы, но напрасно: ей больше ничего не удается ни объяснить, ни предсказать. Впрочем, это и не имеет уже никакого значения, потому что в Академию избирают пожизненно. Число членов Академии строго ограничено четырьмя десятками, так что нового академика избирают, лишь когда кто-нибудь умирает. Хотя членов всех академий называют «бессмертными», они по причине своего солидного возраста умирают довольно часто. Умирают академиками. Только два академика лишились при жизни этого звания, хотя при избрании они тоже были объявлены великими и «бессмертными», — коллаборационист маршал Петен и политик-писатель Шарль Моррас, присужденный к пожизненному заключению за поддержку правительства Виши.

Академии, входящие в Институт, традиционно, по определению учреждения, хранят по возможности консервативные традиции. Первую женщину приняли в члены Академии лишь через три с половиной века после возникновения Института. Это была писательница Маргерит Юрсенар, и ее прием в члены Академии в 1982 году свидетельствовал, конечно, о прогрессе. В начале века Академия наук отказывалась принять в свое лоно даже Нобелевскую лауреатку Мари Кюри: мало того, что она принадлежала к слабому полу, она была вдобавок еще дамой польского происхождения. Но времена все-таки меняются, даже под куполом Академии. Недавно даже президентом Академии наук была избрана дама, вдобавок еще и уроженка Петербурга — Марианна Грюнберг. В былые времена Институт был куда упрямее. Золя было отказано в приеме 24 раза, Бальзаку — 4 раза. Отказано было и Лафонтену, и Бомарше, а недавно еще и певцу Шарлю Трене. Все они показались академикам недостаточно серьезными. И все же, хоть и не с первого раза, но принят был в Академию изящных искусств Делакруа, были приняты Энгр, Бальтар, Берлиоз, Габриэль Форе...

Быть членом какой-нибудь из академий весьма почетно, и понятно, что многие люди, искушаемые бесом тщеславия, стараются всеми правдами-неправдами попасть в академию, используя интриги, подбирая сторонников. Может, именно по причине этой общеизвестной возни отказались вступить в Академию Паскаль, Декарт, Дидро, де Голль.

Закулисную академическую возню и ее идиотическую серьезность высмеивали в Париже все, кто был не лишен юмора. Так, в один прекрасный день 1955 года в торжественном академическом интерьере принимали в члены Академии месье Альбера Бюиссона. В его скудном научном багаже было тощенькое «рассуждение о денежном чеке». Зато он был господин приятный во всех отношениях и возглавлял богатейший фармацевтический концерн «Рон-Пуленк». Одновременно с серьезнейшей церемонией, где произносили возвышенные речи, в садике на углу рю Мазарини и рю де Сен, в двух шагах от Академии, проходила не менее серьезная церемония, которую проводил юморист Анри Монье. Окруженный собратьями, он вручал наряженному в самодельный мундир пожилому и почтенному скульптору Дилижану академическую шпагу, специально для этого случая сделанную скульптором Сезаром из тюбиков аспирина (понятно, что не без намека на славный фармацевтический концерн). Подъехала машина с жандармами и загребла всех в участок. Комиссар спросил у старика скульптора, зачем он совершал все эти оскорбительные действия, и скульптор ответил, что он любит валять дурака. Комиссар с удивлением спросил, разве можно дурачиться в таком почтенном возрасте.

— Конечно! — воскликнул скульптор. — Только сейчас и подурачиться, потом будет поздно.

И он, конечно, был прав. Нынче нет уже ни скульптора, ни тщеславного фармацевта с его грошовым трактатом о чеке, ни полицейского комиссара. Но хоть есть что вспомнить потомкам. Некоторую чрезмерность комплиментов, расточаемых красноречивыми академиками в адрес высоких особ, имели случай заметить во время своих визитов в Академию и будущий император Павел I, и император-победитель Александр I.

Впрочем, все эти случаи, которые мне вспомнились, может, и не являются самыми типичными в практике Института. Ибо во французские академии сплошь и рядом принимают людей блестящих и воистину почтенных. Принимают, не глядя на род и племя.

Так, в Академию этических и политических наук, где состояли и Алексис Токвиль, и Альберт Швейцер, и Реймон Арон, недавно был принят чешский писатель-диссидент, ставший чешским президентом, — Вацлав Гавел.

Когда умер режиссер Орсон Уэллс и освободилось кресло в Академии изящных искусств, туда избран был актер, режиссер и драматург русского происхождения Питер

Устинов. Да ведь и писатель-академик Морис Дрюон, хоть и родился в Париже, корнями уходит в Россию. И у покойного дяди его, академика-писателя Жозефа Кесселя, отец был родом из Белоруссии, а матушка с Урала. С достоинством сидит в академическом кресле писатель Анри Труайя, написавший несметное множество исторических романов, воистину целую беллетризованную энциклопедию русской и французской культуры. Пожалуй, умерли уже все парижане, кто помнил его молодым писателем Львом Тарасовым, а может, даже Левоном Тарасяном. Да разве перечислишь всех бывших земляков, восседающих под куполом...

Кстати, академии отмечают заслуги ученых или просто благородных людей своими премиями и прочими знаками внимания. Так, в 1888 году Академия наук торжественно вручила Большую математическую премию математику Софье Ковалевской, а еще век спустя, в 1981 году, та же Академия наук избрала своим членом-корреспондентом академика Андрея Сахарова, отбывавшего в то время ссылку в городе Горьком. Только через шесть лет Андрей Дмитриевич Сахаров смог вернуться в Москву и зайти во французское посольство за своим дипломом.

«БОЛЬШИЕ КАФЕ» ЛЕВОГО БЕРЕГА

С тех пор как армянин по имени Паскаль открыл в Париже первое кафе (не имевшее, впрочем, большого успеха), прошло триста лет. Не преуспев в Париже, Паскаль уехал в Лондон, зато португалец Парлемитан Франческо Прокопио, для удобства пользования укоротивший свое имя до скромного Прокопа и открывший всего на десять лет позднее, чем Паскаль, уже вполне современное, хотя и пользовавшееся поначалу весьма сомнительной репутацией кафе, имел куда больший успех. Кафе было открыто в 1702 году в Сен-Жерменском предместье, на улице Рва Сен-Жермен, рю де Фоссе-Сен-Жермен. Сегодня улица называется рю де л'Ансьен-Комеди, но кафе «Прокоп» и ныне там, вполне шикарное кафе, украшенное портретами знаменитых людей, которые тут завтракали или бражничали, — Робеспьер, Линкольн и прочие того же ранга. После успеха Прокопа кафе в Париже стали расти как грибы после дождя: через двадцать лет их было уже 300, а к концу века 800. Впрочем, не все они, конечно, обладали завидной прокоповской способностью к выживанию. Нынче их, говорят, тысяч двенадцать, но нынче кафе в Париже чаще закрываются, чем открываются, а знаменитые «угловые кафе» в кварталах, несмотря на усилия их хозяев — по большей части это стойкие овернцы, — терпят настоящее бедствие и отступают под бременем налогов, новой парижской бережливости и наступления еще более демократичных и дешевых, чем французские кафе, американских типа «фаст-фуд».

Кафе, которые мы с вами посетим сегодня, из числа тех «больших кафе», которые стали появляться в Париже лишь в конце прошлого — начале нашего века и отражали особый, парижский, разгульный, скорее даже шикарный образ жизни, новую потребность общения и обмена идеями. На площади Сен-Жермен-де-Пре, в центре того же квартала, где находится и «Прокоп», — сразу три знаменитых «больших кафе»: кафе «Липп», «Кафе де Флор» и кафе «Де Де Маго». В новейшей истории политической и художественной жизни Франции названия эти мелькают постоянно. Вот, скажем, совсем недавно, обнаружив документты, намекающие на то, что бурный радикал и пылкий патриот-социалист, миттерановский министр обороны и личный друг президента за соответствующее вознаграждение работал на советскую, болгарскую и румынскую разведки, французские газеты сразу вспомнили, как после одного завтрака в «Липпе» этот Шарль Эрню перебежал от Мендес-Франса к Миттерану. А завтракали эти трое, конечно, в «Липпе». Миттеран любил «Липп». Да кто ж его не любит? Уроженец Москвы знаменитый французский писатель Ромэн Гари регулярно приходил сюда из дома — пешком по улице Святых Отцов. Здесь его видели и перед самым самоубийством. Небось, завещание сочинял — просил спеть над его гробом песенку Вертинского про лилового негра...

«Кафе де Флор», что находится напротив, на другой стороне бульвара Сен-Жермен, гремело еще в начале века. Тогда вокруг пылкого Шарля Морраса здесь собирались националисты и антидрейфусары. Антидрейфусары, сторонники Морраса, собирались в «Кафе де Флор». А дрейфусары, люди левые, или просто терпимые, собирались у начала того же бульвара Монпарнас, в кафе «Клозери де Лила».

До войны в «Кафе де Флор» и «Де Де Маго» бывали и русские. Завсегдатаями их были, например, жившие неподалеку художники Наталья Гончарова и Михаил Ларионов. Обедали они в ресторанчике «Ле Пети Бенуа», неподалеку, а потом приходили сюда пить кофе. В 1929 году за столиком «Кафе де Флор» с ними встретилась Марина Цветаева, писавшая в то время очерк о Гончаровой, напечатанный позднее в «Воле России». Режиссер Белла Рейн вспоминает, что она пришла однажды в кафе «Де Де Маго», чтобы повидаться с Гончаровой, и застала ее беседующей с какой-то странного вида немолодой женщиной. Когда Гончарова через некоторое время, закончив беседу, присоединилась к ней, Белла Рейн спросила, кто эта странная дама. «Да это одна русская, — сказала Гончарова, — она проститутка, обслуживает тут пожилых интеллигентов. Никто из русских не хочет с ней знаться, вот я и поболтала с ней немножко, чтоб сделать ей приятное».

Эти два соседствующих «больших кафе» у площади Сен-Жермен-де-Пре — «Кафе де Флор» и «Де Де Маго» — пережили новый пик популярности во время минувшей войны и немецкой оккупации, когда культурная жизнь в тыловом Париже била ключом. Тогда здесь собирались братья Преверы, Борис Виан, Сартр. Жюльет Греко пела, а писатель Бо-

Тихий, славный уголок Монпарнаса — кафе «Клозери де Лила».

рис Виан играл на трубе. Популярность этих двух кафе стала еще более громкой. Без них трудно представить себе культурную жизнь Парижа после войны...

От бульвара Сен-Жермен не так уж далеко до бульвара Монпарнас. У самого начала бульвара Монпарнас в середине прошлого века некто Бюлье открыл танцевальную площадку. Сад бывшей богадельни с Адской улицы, рю д'Анфер, он превратил в райский сад, высадив здесь тысячу кустов сирени. На очень популярных среди парижан «балах Бюлье» безденежные поэты и нищие студенты могли познакомиться с самыми красивыми гризетками Парижа среди пьянящих запахов сирени. Напротив бального рая стояла старая, полуразвалившаяся станция почтовых дилижансов, последняя при выезде из Парижа в сторону Фонтенбло. Бюлье купил ее и открыл в ней кафе «Клозери де Лила», то бишь Сиреневый Хуторок. Тут и правда была еще деревня, даже коровы стояли в коровниках по соседству. Кто мог подумать, что забегаловка эта станет моднейшим кафе Парижа, приютом поэтов? Но почему так случилось? Одни рассудительно объясняют, что кафе лежит на пути от Монпарнаса, который с десятых годов стал прибежищем художественной богемы, в Латинский квартал. Другие говорят, что подобный успех всегда необъясним. Но успех пришел. В «Клозери» заседали дрейфусары, бывали Верлен, Аполлинер, Андре Жид, Андре Бретон, Поль Валери, Жорж Брак, Хемингуэй...

В «Клозери» все обозначено к вящей славе заведения: где сидел Хемингуэй, где — будущий вождь мирового пролетариата.

Николай Гумилев вспоминал, что еще студентом Сорбонны (в 1907) он приходил сюда, чтобы встретиться с поэтом Жаном Мореасом. Художница Маревна рассказывала, как она встретила в этом кафе молодого Эренбурга. Сюда приходил любитель горячительных напитков Константин Бальмонт, а в 1919—1921 гг. эмигрант Алексей Толстой часто приходил в этот знакомый ему еще и по довоенным временам приют отдохновения.

Душой довоенного «Клозери де Лила» был «король поэтов» Поль Фор. Он играл здесь в шахматы с кем попало, даже с Лениным. «Он смеялся, — вспоминает о Поле Форе поэт Франсис Карко, — он пел, опорожнив стакан, он импульсивно, как ребенок, обнимал всех подряд».

Тот же Карко пишет о Форе:

«Надо было слышать, как этот «король поэтов» импровизировал после полуночи в своем королевстве, в «Клозери де Лила», и пел баллады, которые никогда не записывал!»

Пикассо и Валери сделали кафе своей штаб-квартирой,

В квартале Сен-Жермен

Что до маршала Нея, то он не сидел в кафе и не ходил на танцы напротив. Его тут расстреляли...

но тон здесь все же задавали сюрреалисты. Рассказывают, что однажды какой-то юноша, который вечно читал тут греческие поэмы, выхватил вдруг револьвер и стал палить в белый свет, как в копеечку, пока не расстрелял все патроны, на счастье, никого не задев. Потом церемонно представился: «Альфред Жарри». Это был автор «Короля Юбю».

В войну «Клозери» заглохло, уступив публику конкурентам с бульвара Сен-Жермен. Но в начале пятидесятых семейство Милан, купив кафе, сделало все, чтоб возродить в нем былую атмосферу. Снова блистали звезды, снова здесь бывал «весь Париж». Однажды хозяевам пришлось отказать всем, ибо шах Ирана с молодой шахиней попросили снять все кафе. Однако столик Роми Шнайдер и Мишеля Пикколи хозяин занять не решился. Увидев актрису, шахиня пришла в восторг и представила ее мужу. После войны в кафе часто бывали Хемингуэй, Жорж Брассанс, Фернан Леже. Сын хозяина даже учредил литературные премии и кинопремию для сценаристов. Здесь были и новые знаменитости, вроде Жан-Эдерна Алье. Этот современный писатель давно понял, что писательством нынче не прославишься: нужно мелькать на экране телевизора, выдумывать скандалы и провокации. Он то объявлял, что его похитили террористы, и отсиживался дома, пока по телевидению каждый час объявляли о его исчезновении. То заявлял, что правительство хочет его убить. В кафе он не раз приводил знатные компании и всех угощал, забывая, впрочем, платить...

А потом хозяин кафе умер, сын его не поладил с матерью, поспорил с нею из-за кафе, наконец хлопнул дверью и ушел. Помаявшись, вдова решила продать кафе за 25 миллионов. У сына таких денег не нашлось. Купил кафе удачливый пришелец, боснийский серб Мирослав Сильегович, тот самый, что незадолго перед этим купил кафе «У Дженни», а потом и «Кафе де Флор». Он трогательно рассказывал журналистам, что заходил сюда как-то лет двадцать тому назад, выпил стакан шампанского, и ему тут понравилось. Он уже тогда мечтал о своем кафе, но тогда у него еще не было теперешних миллионов.

Иные из завсегдатаев опечалены тем, что кафе купил иностранец, «селф-мейд мэн», так сказать, «новый француз». Однако другие надеются, что он сможет держать марку — очень уж ему тут нравится: нравится атмосфера, клиентура. В конце концов, разве подавляющее большинство парижан не были хоть когда-нибудь иностранцами и новоприезжими?

ЧАЙКУ ПОПИТЬ, ПОБЕСЕДОВАТЬ...

Недавно, когда мы с моим парижским другом Левой водили по левому берегу знакомое московское семейство, друг мой вдруг взбунтовался:

— Сколько можно показывать и рассказывать! Пора ж чайку попить, побеседовать! Или даже не чайку!

Надо сказать, что друг мой Лев, приехав в Париж четверть века назад и в полной мере обладая в ту пору нерастраченными желаниями хемингуэевского лирического героя из романа «Праздник, который всегда с тобой», до сих пор неплохо знает, где можно со вкусом посидеть в Париже.

— Посидеть, чайку попить, побеседовать... — отозвался я озадаченно на его упрек. — Пожалуй, ты прав. Зайдем, посидим, побеседуем...

— Угощаю! — сказал великодушно мой щедрый приятель.

— Перебьемся, — сказал я с бедняцкой гордостью. — На чай хватит...

Итак, посидеть, чайку попить и правда пора: и ноги гудят, и дождь стал накрапывать, и всякая информация о Париже уже лезет у моих приезжих гостей из ушей. Посидеть в Париже есть где — толстенные тома и средних размеров справочники с заманчивыми названиями вроде «Париж гурманов», «Сахарный Париж», «Шоколадный Париж» или «Париж завтраков» выходят из печати не то что ежегодно — ежемесячно, и издательства, которые специализируются на такого рода литературе, не прогорают. Но что нам издательства или специалисты, вроде Жиля Пудловского, Рено Жирара или Александра Лазарева, — у нас и свой есть скромный, очень скромный, но все же опыт. И тем более при нашей скромности хочется заглянуть на чай не просто в кафе-забегаловку, абы куда, а так посидеть, чтоб осталось особое ощущение, парижское, левобережное, изысканное, настоянное на дрожжах парижской истории.

Вот, скажем, набегавшись по закоулкам Латинского квартала и квартала Сен-Жермен, отчего не заглянуть в этот поразительной красоты пассаж между бульваром Сен-Жермен близ метро «Одеон» и улицей Сент-Андре-дез-Ар

Чайку попить, побеседовать...

(**Saint-André-des-Arts**). В этом узеньком переходе — задняя стена с витринами и дверь старейшего парижского кафе «Прокоп» (с этого заведения португальца Прокопио начинались все кафе Парижа), а напротив — один из самых старых и романтических двориков Парижа — Руанское Подворье, Кур де Роан, где жили, приезжая в столицу, епископ Руанский и его люди. На той же стороне, где «Прокоп», у самого выхода на узенькую улицу Святого Андрея-от-Искусств, Сент-Андре-Дез-Ар и разместился чайный салон мадам Катрин, носящий название «Ла Кур де Роан» (Руанское Подворье). Здесь тихая камерная музыка, уют, здесь все обставлено и устроено с безупречным вкусом — от занавесей и обивки до чайного фарфора, до заварки, до тортов с красными ягодами или с шоколадом или торта с ревенем. Не обязательно брать сладкое — могут принести яичницу, баклажанную икру, разнообразные пироги. Если вы пришли с нежной подругой, можете занять тихий столик на двоих наверху, да тут вас и внизу никто не потревожит...

Конечно, и в Латинском квартале, и в квартале Сен-Жермен таких уголков немало — ими славится интеллигентски-буржуазный левый берег. Можно продолжить путешествие по кварталу Сен-Жермен к западу и близ рю дю Бак выйти на перекресток к кафе «Консертеа». Здесь скатерти с цветами на столиках, две моцартовских партитуры на стене и литография русского парижанина Никола де Сталя. За столиками почти непременно — музыканты. Иногда промелькнет изысканный профиль Изабель Аджани. Пейте чай с шоколадным тортом. Возьмите салат. Закуска легкая и не разорительная.

Здесь же неподалеку «Ле Нюи де Те», («Чайные вечера»), на тихой рю де Бон, близ Пятачка Антикваров, в самом сердце квартала Сен-Жермен. Здесь тоже с большим вкусом создана интимность обстановки, здесь великолепные торты, самые изысканные чаи, портреты Беккета и Скрябина на стенах... Если заметите парижскую знаменитость, делайте вид, что не заметили. Вам наверняка это легко удастся сделать, поскольку 99% этих великих людей вы не знаете, как, впрочем, и я тоже. Не нервничайте и в «Литературном кафе» по соседству, на рю де Верней. Здесь много литераторов, но нет Нобелевских лауреатов. Да и в признанных гениях явный недостаток.

На улице Пьер-Леру близ метро «Вано», рядом с мансардой моего упомянутого в начале беседы друга Льва, — чайный «Салон Жанны». Говорят, что в былые времена в этих местах любил бывать разбойник Картуш. Теперь тут чистая публика заказывает блины с семгой, китайский чай, торт с печеным яблоком. Салон устроен на манер зимнего сада, хозяйка Жанна любезна и обходительна, никто никуда не спешит...

Если подняться от центра Латинского квартала по улице Кардинала Лемуана, то в доме № 74 можно обнаружить «Чайный Салон Хемингуэя». Здесь когда-то жил Хемингуэй, чей портрет красуется на стене. Здесь свечи и музыка, и своя тусовка, и та литературная атмосфера, что никогда не выветривалась из квартала.

Что до меня, то моим любимейшим заведением на нашем левом берегу является чайхана при самой большой парижской мечети, у края Сада растений, «Жарден де Плант». В свой самый первый парижский роман я, помнится, с неизбежностью вставил эту чайхану, где пьют сладкий североафриканский чай с мятой, где в мягкой истоме журчит фонтан, где чудятся другие края, в которые не убегаешь из города только из чувства долга или из лени, но куда непременно перенесешься мыслью за фигурным стаканчиком чая (из таких, помнится, пьют черный чай в Махачкале и Дербенте). Пьешь не спеша и думаешь с грустью и с надеждой: «О Господи, как, наверное, хорошо там, где нас нет...»

Вокруг Монпарнаса

ПЕРЕКРЕСТОК ВАВЕН

Бульвар Монпарнас, во всяком случае, участок этого бульвара от площади 18 июня 1940 года (что близ башни Монпарнас) до перекрестка Вавен, — один из самых знаменитых уголков французской столицы или, на худой конец, ее левого берега. Что уже принесло ему славу первоначально — эта орава художественной богемы, которая отчего-то устремилась именно сюда в начале XX века с уютного Монмартра, или шикарное название, человеку с законченным средним образованием приводившее на память гору в Древней Греции, бога Аполлона, благородных муз, музыку, поэзию, а может, и бесцеремонных вакханок, — сказать трудно. Так или иначе, музы водворились тут с начала XX века, вакханки тоже. Вакханки обитали в домах, двери которых были гостеприимно раскрыты, но которые назывались при этом «закрытыми домами» (попросту говоря, борделями). Но было на бульваре и в его окрестностях немало и по-настоящему закрытых домов — монастырей и монастырских школ, в которых обучались дети из приличных семей. В одной из них учился юный Шарль де Голль, с чьим именем, кстати, и связано название привокзальной площади: июньскому воззванию де Голля из Лондона суждено было спасти (да, вероятно, отчасти оно и спасло) честь нации во Второй мировой войне.

Пренебрегши великим творением небоскребно-башен-

По ночам роденовский Бальзак на «русском перекрестке» особенно уместен и трагичен...

ной цивилизации эпохи Помпиду (высочайший в Европе небоскреб-башня Монпарнас с панорамным баром на 56-м этаже), отправимся в сторону перекрестка Вавен по правой стороне бульвара. Отправляться, на мой взгляд, следует все же вечером. Днем этот бульвар мало чем отличается от прочих широких авеню и бульваров, а вот вечером, когда в окнах парижских жилых домов уныло гаснет свет и лишь кое-где стекла отражают изнутри голубую мельтешню телеэкранов, в эти вечерние часы Монпарнас заманчиво сияет огнями. По правой стороне — все театры, театры, кинотеатры, да, да, множество кинотеатров, ибо, несмотря на потери, нанесенные кинематографу вошедшими в каждый дом телевизорами, Париж по-прежнему остается городом кино, и хороший (или просто приличный) фильм собирает здесь немало публики (нет, не миллионы зрителей, на которые рассчитывали в былые времена русские прокатчики, но все же достаточно публики, чтоб не пойти по миру). Залы в здешних кинотеатрах не очень большие, но удобные, и притом их много — по два, три, пять и даже семь залов в каждом кинотеатре, во всех разные фильмы, так что есть из чего выбирать...

Кроме кинотеатров и театров, здесь, конечно, немало ресторанов и кафе. Близ пересечения Монпарнаса с бульваром Распай и улицей Вавен, у так называемого перекрестка Вавен, — целое созвездие знаменитых кафе, с начала века и в течение всей первой его четверти привлекавших сюда цвет французской богемы и искусства, так что нынче этот перекресток уже не просто оживленный уголок

Парижа, а как бы памятное место французской и мировой культуры, в значительной степени и русской культуры. В столь значительной, что я бы дерзнул назвать этот знаменитый перекресток «русским перекрестком» или, если угодно, «русским уголком Парижа». Воспоминания об этих «русских годах» Монпарнаса непременно приходят в голову, когда стоишь поздним вечером на углу близ «Куполя» и «Дома», напротив «Ротонды» и «Селекта»...

В эти часы машины паркуются прямо посреди бульвара, кафе сияют вывесками и окнами, какие-то люди входят и выходят, смеются, разговаривают, иногда целуются за столиками. В углублении перекрестка чуть зеленеет подсвеченная роденовская скульптура — взъерошенный, неприбранный, захваченный врасплох вдохновением, ночной Оноре де Бальзак. Справа от французского гения литературы и вечных финансовых трудностей видна светящаяся реклама русского ресторана «Доминик». А тут, у нас за спиной, и там, напротив, — и «Ротонда», и «Дом», и «Куполь», и «Доминик», и «Селект»... И все тут приводит нам на память русские имена, и русские дела, «на память былое приводит».

Отсюда, с нашего тротуара, нам не разобрать лица людей, сидящих внутри, и даже детали обстановки нам не видны. Что ж, тем легче нам представить всех тех, кто заполнял заведение папаши Либиона «Ротонду» еще на заре века, заведение сперва совсем крошечное, с цинковой стойкой, потом все более обширное, а все равно тесное, полное табачного дыма, и шума, и людского гомона. А какие люди теснились там в ту пору, какие мелькали лица! Вон испанец Пабло Пикассо и с ним неизменный его друг, таинственный Ортис де Зарате. Вон за столиком русский скульптор Осип Цадкин со своей верной спутницей, огромной собакой Калуш (собаку загнал под стол, чтоб не злить добрейшего хозяина, хотя что он скажет, папаша Либион, известно, как он благоволит к художникам). Вон еще рядом два русских, оба скульпторы — Оскар Мещанинов и Жак Липшиц из Литвы, а с ними Мария Васильева, привела ученицу, беседует с поэтом — тоже русский, Марк Талов. А вон лихой то ли индеец, то ли ковбой в шляпе — русский художник Грановский, рубаха-парень (до самых 40-х годов, до нацистских печей крематория дотянул на Монпарнасе, не прославившись, — еще б ему немного жизни!). А вон знаменитый «Кики», Кислинг, здешний завсегдатай, говорят, по нему часы можно ставить — в

Знаменитая «Ротонда».

шесть утра Кислинг идет домой из бара (а писать успевает, и успел уже войти в моду). Рядом с Кислингом манекенщица, мулатка Айша, экзотический цветок Монпарнаса, Кислинга и многих других верная подруга. Есть и другая манекенщица, беленькая, Алис Прин, по кличке тоже «Кики», о ней еще успею рассказать поподробней. А вот и «старики» — Андре Дерен, Отто Фриез, Шарль Герен. Японец Фужита с серьгой в ухе, молчаливый, важный, как Будда, за столиком с молодым красавцем в фетровой шляпе и красном шарфе — итальянским сефардом из Тосканы Амедео Модильяни. Итальянец рисует в неизменном своем синем блокноте, исступленно, мучительно вглядывается в рисунок и вдруг рвет его на части. На него влюбленно и бесстрашно глядит хрупкая, рыжеволосая, юная парижанка Жанна и с испуганным восторгом — приземистая, коротокошеяя, плотная подружка Ханна Орлова «из степей Украины». Во хмелю бывает Амедео порой нехорош, но в общем-то они ведь народ безобидный, эти художники, хотя и редко счастливый. Столь же безобидный, как и торговцы картинами, «маршаны», как поэты (иногда они и то и другое сразу, как благородный поляк Леопольд Зборовский), как их приблудные поклонники или просто местные алкаши (их всегда было много во Франции). Но бывают тут и завсегдатаи поопаснее. Вон меньшевик Мартов пишет свои грамотные статьи. Вон авантюрист Лев Троцкий пришел с другом своим, мексиканцем Диего Риверой. Днем Лев Давыдыч тут читает французские газеты и сочиняет по ним в тепле военные корреспонденции для «Киевской мысли» (так что к концу войны он уже, считай, военный эксперт, почти военный министр, и то сказать, до создания устрашавшей Европу Красной Армии ему уже оставалось недалеко). Смотрит на него из угла русский поэт Николай Гумилев, герой войны, но вряд ли угадывает в мирном очкарике одного из будущих своих губителей. Да и сам Троцкий, подслеповато щурясь на входящего Сикейроса, вряд ли узнает в художнике будущего пособника своих убийц. Глянь-ка, и Ленин тут. Улыбается счастливой улыбкой, видно, плохие вести из России, а для него чем хуже, тем лучше: все несчастья человеческие приближают всемирный крах и революцию — тут-то он и выйдет из тени. Ну, а что ему здесь, он ведь не пьет, в карты не играет, а для шахмат тут сейчас и тесно и шумно. Видно, все же тянет сюда, поближе к богеме.

Эх, «Ротонда», «Ротонда», беспутная довоенная жизнь, юность гениев, «горячие деньки Монпарнаса» — сколько о них с тех пор понаписано, читайте «Тридцать лет Монпарнаса» Анри Раме, читайте русские и французские мемуары Маревны (Воробьевой), Цадкина, Сони Делоне, Липшица, Шагала, Эренбурга, романы Карко...

После войны в «Ротонду» уже ходили туристы-американцы, поглазеть на великих. А сами великие ходили куда-нибудь по соседству. В ночь на 20 декабря (говорили, что число 20 приносит счастье) 1927 года напротив «Ротонды» и «Селекта» открылся «Купол». Его расписывали знаменитые «монпарно» (в том числе и Мария Васильева) и быстро облюбовали сюрреалисты. Это здесь пробивная Эллочка Каган (она ж Эльза Триоле и родная сестра пробивной Лили Брик) подцепила безвольного сюрреалиста Арагона и поставила его на службу заграничному делу.

А на Монпарнасе появились тем временем новые русские эмигранты. Они обосновались близ того же перекрестка Вавен. Для многих из них «Купол», а в еще большей степени «Селект» становятся пристанищем, родным домом. Большинство из них были еще молоды, принадлежали к поколению, которое с легкой руки Владимира Варшавского прозвали позднее «незамеченным поколением». Жизнь их была поломана войной, революцией, бегством, неприкаянностью, бедностью, ностальгией по малознакомой и полузабытой родине. Они себя чувствовали потерянными в чужом городе и жались друг к другу у стойки «Селекта», отчаянно искали себя, свое место в мире, искали Бога, но иногда спивались, обращались к наркотикам, гибли, кончали с собой. Они писали о России, которой почти не помнили. Им мало выпало в жизни. Их мало печатали. Их не признавали... Тем из старших, кто упрекал эту молодежь в безделье, пьянстве, «декадентстве», их старший собрат по перу Владислав Ходасевич отвечал с горячностью:

«За столиками Моппарнаса сидят люди, из которых многие днем не обедали, а вечером затрудняются спросить себе чашку кофе. На Моппарнасе порой сидят до утра, потому что ночевать негде...»

За этими обитателями ночного Моппарнаса тоже закрепилась кличка «монпарно». Вынужденные под утро выходить на холодный бульвар, они видели вокруг людей, спешивших по делам, не принимавших и не понимавших этих чужаков, этих «бездельников»...

       Читали мы под снегом и дождем
       Свои стихи озлобленным прохожим...

Так писал, пожалуй, самых талантливый из них, «царства монпарнасского царевич» Борис Поплавский, который погиб совсем молодым при загадочных обстоятельствах. Иные, впрочем, кончали еще хуже, скажем, на гильотине (как Горгулов).

Они казались хилыми, никчемными, но, когда фашисты пришли в Париж, из среды этих русских «монпарно» вышли первые герои и первые мученики Франции. Иные сумели постоять за «мачеху» Францию и «мачеху русских городов» Париж, который они любили так нежно. Едва ли не первыми борцами Сопротивления во Франции стали молодой поэт Борис Вильде и его друг из Музея Человека Анатолий Левицкий. В Сопротивление ушли поэт Давид Кнут и его жена, дочь композитора Скрябина, поэтесса Ариадна Скрябина (она была застрелена в Тулузе сидевшими в засаде полицейскими в самом конце войны). Бежал из итальянского лагеря, уведя за собой в Сопротивление целую группу узников, друг Гумилева, поэт Николай Оцуп. Погибла в лагере героическая «праведница», православная монахиня и поэтесса мать Мария...

Еще до войны после бесед в «Селекте» русские литераторы часто перебирались в соседний ресторан «Доминик». Денег на рестораны у них, конечно, не было, но хозяин «Доминика» и его тогдашний управляющий Павел Тутковский предоставляли литераторам комнату для их посиделок. Со временем четверговые посиделки в «Доминике» стали регулярными, и участники их даже стали называть себя по названию ресторана «доминиканцами».

«Царства монпарнасского царевич» поэт Борис Поплавский, один из завсегдатаев кафе перекрестка Вавен.

И сам русский ресторан этот, существующий ныне, и его первый хозяин заслуживают нескольких слов, ибо это далеко не самый мелкий из ныне существующих памятников «русского перекрестка».

Настоящее имя хозяина, которого все звали по названию ресторана — месье Доминик, — было Лев Адольфович Аронсон. Родился он в Киеве, но вырос в Петербурге, где отец работал врачом на Путиловском заводе. Уже в гимназии увлекался театром, до смерти хранил и всем (мне в том числе) показывал фотографию гимназического спектакля по Чехову — месье Доминика можно было узнать, несмотря на грим и восьмидесятилетние усилия времени. Окончил юридический факультет, но по специальности никогда не работал. Занимался коммерцией, ходил по театрам (восторг перед несравненным русским театром сохранил на всю жизнь), писал (и печатал) театральные рецензии. А в середине двадцатых двинулся вслед за родителями в эмиграцию, в Париж. Дядюшка Леонидов добыл ему приглашение в Париж от кулинара Оливье, автора знаменитого салата. На вопрос племянника, чем ему заняться в Париже, какое открыть дело, дядюшка ответил без особых иллюзий:

— Или бордель открыть, или ресторан...

Племянник решил открыть ресторан. Тут как раз на улочке Бреа близ перекрестка Вавен продавалось помещение молочной лавки — в ней Аронсон и открыл русскую кулинарию, которую со временем превратил в ресторан: место удачное, рядом и «Дом», и «Ротонда», и «Купель» и еще много чего, в «Селекте» гомонят молодые русские, в уголке «старики» — Ходасевич, Бунин, Адамович — играют в картишки... Все это мне не раз рассказывал сам Доминик, а позднее и его сын Гарий, объясняя, что дело «пошло», однако оставался за всеми этими объяснениями один из главных секретов дела. Видимо, был он в том, что оказался у Доминика талант организаторский и талант общения. Не мешала, а напротив, помогла и его страсть к театру — сперва завлекла она сюда французских театралов, а потом за ними, как на приманку, и прочую международную столичную знать. Это, впрочем, было все после войны, а пока, до войны, были русские, были художники. Конечно, очень скоро и французский театр стал для Доминика не чужим, после войны стал он снова писать театральные обзоры в русское «Возрождение», один из немногих журналов, сохранившихся от довоенного разнообразия. Любопытно, что в основе оценок и принципов стареющего помаленьку петербуржца лежали русские театральные уроки и былые петербургские впечатления, на фоне которых французские спектакли по русским шедеврам казались ему по большей части «любительскими». Позднее Доминик отобрал некоторые из своих многочисленных театральных обзоров и издал их по-французски (мне он эту книжку успел подарить)...

Итак, до войны в боковом зальце его ресторана собирались по четвергам потолковать о родной словесности Алданов, Зайцев, Бунин, Ходасевич, Тэффи, Адамович, а вокруг и монпарнасская «молодежь» из «незамеченного поколения» — Поплавский, Фельзен, Ладинский, Яновский, Гингер, Юрий Мандельштам, Смоленский, Червинская, Кельберин, Присманова, Штейгер... В сущности, Доминик и его управляющий поняли то самое, что за полвека до них понимали, создавая русскую библиотеку, Герман Лопатин с Тургеневым: изгнанникам нужно пристанище вне убогого их жилища, куда и в гости не позовешь... Из французов сперва ходили в «Доминик» (назван он был, конечно, в честь петербургского «Доминика», того, что был на Невском, у Гостиного двора, ах, «Петербург незабываемый», как восклицал Георгий Иванов) те, кто имел русских друзей, это уж потом сюда потянулся весь парижский литературный, театральный, а за ним и политический мир.

После войны Лев Адольфович осуществил давнюю мечту — учредил театральную премию ресторана «Доминик» за лучшую постановку года. Одним из первых (в 1955 году) ее был удостоен за свою «Чайку» Андрей Барсак (родом из Феодосии). Потом великий Жан-Луи Барро, потом дважды Питер Брук (в том числе за «Кармен» и «Вишневый сад»), итальянец Джоржио Стрелер, три французских режиссера — Терзиев, Робер Оссейн и Ариадна Мнушкина (все трое не без русских корней)... Доминик радеет о театре, пишет о театре, и заслуги его не прошли незамеченными — он был награжден орденом Почетного легиона, возведен в звание Командора искусств и словесности... Да и как тут пройдешь незамеченным, если в углу ресторана скромно сидит с дамой (стараясь быть не слишком замеченным) сам неуемный любитель дам и словесности президент республики...

Гарий, сын Доминика (иначе в мое время и не звали уже самого Аронсона), не раз давал мне листать гостевую книгу с записями клиентов и при этом сопровождал наше чтение ностальгическими вздохами. Я листал не торопясь, как листал, бывало, «Чукоккалу» в Переделкине, в гостях у Корнея Ивановича...

— Ого, Ромэн Гари! Дважды лауреат Гонкуровской...
— Ну да. Он у нас, между прочим, по-русски говорил...
— То-то, а скрыл, что родился в Москве, я, говорил, из Вилиса, из Вильнюса... Симона де Бовуар...
— Эта любила наскоро борща похлебать у стойки...
— Красного, полагаю, борща — подруга красного Сартра... А вот Ионеско...
— Этот часто бывал. Он все про русские дела понимал. Далеко ли Румыния?
— Ба, ба! Генри Миллер! Альбер Камю...
— Камю пьесу написал по «Бесам», а подруга его Катрин Соллерс в ней играла. Вдвоем и приходили.
— Франсуаза Саган!
— Она к нам часто заходила. Хлопнуть рюмочку.
— Без Миттерана? Ну, ну... А вот Анри Труайя.

Русская певица из ресторана «Доминик», подружившаяся с Окуджавой уже после того, как тот спел свои «Парижские фантазии».

— Это свой. Лев Тарасов. А кто говорит — он Левон Тарасян. В общем, свой...

— Писателей много. Марсель Эме, Монтерлан, Ануй, Ремизов, Жан Полан...

— Что вы, раз даже старуху Гиппиус кто-то вытащил...

— И актеры, актеры, актеры... Жерар Филип, Мария Казарес, Людмила Питоева, Лиля Кедрова, Марсель Марсо, Ив Робер, Мишель Морган, Сергей Лифарь, Жан Маре, Жанна Моро, Симона Синьоре, Монтан, Жюльет Греко, Шарль Азнавур, Жильбер Беко, Мишель Пикколи, Жан-Луи Барро, Мадлен Рено, Алек Гиннес, Мастроянни, Катрин Денев, Моника Витти... И еще режиссеры, художники — Питер Брук, Макс Оффюльс, Мане-Кати, Александр Бенуа, Михаил Ларионов, Наталья Гончарова, Фужита...

— Старенький Фужита, лет 70 ему было, встретил здесь свою былую натурщицу. И тут же усадил ее в углу — рисовать... А потом вспомнил молодость и вот, записал: «Когда я ходил без гроша по Монпарнасу...»

...В конце пятидесятых дрогнул, заколебался и прохудился «железный занавес», после долгого перерыва стали просачиваться в Париж русские, и с непременностью — к знаменитому Доминику. И их есть записи: Образцов, Тихонов, Савельева, Гердт, Галина Вишневская, Ойстрах, Оборин, Рихтер, мхатовцы, вахтанговцы... А вот новые эмигранты — Максимов, Некрасов, Солженицын... А вот и новые поэты поехали — Ахмадулина, Окуджава... Смотрите, восторги Солоухина:

> В декабре я ел клубнику!
> Лучшую среди клубник.
> Благодарность Доминику!
> О великий Доминик!

А Булат Окуджава однажды записал в книгу слова своей новой песни:

На бульваре Распай, как обычно, господин Доминик у руля.
И в его ресторанчике тесном заправляют полдневные тени,
Петербургскою ветхой салфеткой прикрывая от пятен колени,
Розу красную в лацкан вонзая, скатерть белую
с хрустом стеля.

Тут весь Доминик, в этой песне, — от петербургской салфетки до его не растраченной до девяностолетнего воз-

Новая хозяйка «Доминика» Франсуаза.

раста молодости. С такой записью можно в антологию поэзии, в энциклопедию, в историю...

После смерти Доминика я беседовал несколько раз с сыном его Гарием... А однажды зашел с американской племянницей Наташей — тихо, темно. Покричал из буфета: «Есть кто?» Спускается со второго этажа худенькая блондинка, одетая с изысканной элегантностью — видна бывшая манекенщица. Спросил, где Гарий, где люди, где клиенты.

Сказала, что Гария больше нет, ресторан он продал (оно и видно было, что ему тяжело, да и то сказать — с французскими налогами развлечение небольшое ресторан держать), а она купила. Она давно мечтала, еще когда студенткой приходила сюда с первым мужем, и потом, когда была манекенщицей, и когда со вторым мужем сюда приходила, у которого знаменитый ресторан в провинции. И вот — купила...

Сказала мне, что мечтает увидеть Невский, на котором тот старый «Доминик».

— Ну что ж, поехали, — сказал я. — Мне как раз нужно в издательство «Золотой век».

В Петербурге она жила сперва на проспекте Просвещения, за сто верст от центра, в «хрущобе», где сто дверей выходят в один коридор. Потом сбежала в центр.

Я взял ее в гости к другу-фольклористу Володе Бахтину, и она восхищалась «салатом», которым ей довелось закусить стопку водки:

— Ах, что за салат!

Володя объяснял терпеливо, по-профессорски:

— Это называется «квашеная капуста»...

...Забредете на рю Бреа — непременно напомните хозяйке «Доминика» элегантной Франсуазе про петербургский «салат» у Володи. Она будет рада воспоминанию.

ГЭТЕ-МОНПАРНАС

Историки и знатоки Монпарнаса утверждают, что с тех пор, как в центре квартала Монпарнас разместилось южное, или Монпарнасское, кладбище, веселья на прилегающих улицах убыло. О том же, что тут некогда было весело, свидетельствует самое название прилегающей к кладбищу улицы — Гэте, что значит «веселье». Одно время эту улицу даже называли попросту Радостной, и былое веселье этой улицы имело весьма нехитрое объяснение. Здесь находилась когда-то застава, разделяющая собственно Париж и прилегающую с юга деревню Кламар. Как и близ других парижских застав, к ней льнули с пригородной стороны многочисленные винные ларьки и кабаки. А поскольку вино, не обложенное парижским налогом, в них было дешевле, чем в городе, к ним льнуло пьющее население столицы. Ну а к веселящемуся населению льнули заведения, поставляющие и другие виды веселья, — скажем, танцульки-«генгет», которых тут было множество, театры, кабаре и балаганы. Конечно, кладбище несколько омрачило веселье, хотя бы тем, что приняло на вечное жительство стольких удалых завсегдатаев Монпарнаса, не желавших, подобно Бодлеру, с ним ни за что расставаться (он, в пику любителям странствий, даже намеревался повесить близ дома вывеску: «Отсюда не уходят»). Упокоились на этом кладбище и сам Бодлер, и Мопассан, и Сент-Бев, и Тристан Тцара, и Сартр с Симоной де Бовуар, и Цадкин, и Сутин, и Паскин, и Бранкузи, и Бурдель, и Сен-Санс, и Монтан с другой Симоной, и Серж Гэнзбур, и Пуни, и Алехин, и русский ресторатор Доминик.

Впрочем, улица Гэте и после открытия кладбища не окончательно утратила свое веселье. В те времена, когда железная дорога связала Бретань с Парижем, на здешний вокзал стали приезжать румяные крестьянские девушки в высоких бретонских чепчиках и в кружевах, приезжали продавцы рыбы и устриц, стоял здесь запах жареной картошки. На прилегающих улицах открылись бретонские кабачки и блинные, и по сю пору на улице Монпарнас —

кабаки с бретонскими названиями торгуют блинами-«креп» (старейшая из этих блинных на сегодня — в доме № 55), порой слышна здесь бретонская (но чаще все же ирландская) музыка. Иные из приезжих бретонцев и оседали здесь, на Монпарнасе, придавая космополитическому кварталу некий бретонско-кельтский колорит. Иные из приезжих девиц вносили свою лепту в простенькие гетеросексуальные удовольствия старого Парижа, воспетые Генри Миллером. В наше время кустарный промысел этот потеснили пошловатые, якобы завлекательные секс-шопы и якобы соблазнительные nun-шоу, чьи витрины приводят в ярость коренное население этого уголка Монпарнаса, требующее их изгнания, а иногда даже и преуспевающее в своей борьбе, если не за чистоту, то, во всяком случае, за старомодность нравов.

В самом начале века улицу открывал огромный, многоэтажный ресторан «Ле Ришфе», где предлагалась еда на всякий вкус и бюджет. Сейчас на этом месте — малозаметное «Кафе де ла Либерте», где любил сидеть за столиком в последние годы своей жизни большой ценитель собственной свободы, но сторонник коммунистических порядков для несознательных масс Жан-Поль Сартр, которого одураченные поклонники все еще искали в ту пору на бульваре Сен-Жермен.

Улица Гэте и прилегающие к ней рю Монпарнас и рю дю Мэн богаты были кабаре и театрами, начиная от простоватого «Концерт-Ганглоф» и кончая прославленным театром Гэте-Монпарнас, выжившим до наших дней, знаменитым «Бобино» (где пели Мистенгет, Шарль Трене, Тино Росси, Пиаф, а потом и Монтан, и Лео Ферре, и Жюльет Греко, и, конечно, Брассанс), а также существующими поныне «Комеди Итальен» и «Театром Монпарнас» — целый престижный театральный мирок Парижа.

Русская художница Маревна, живописуя тогдашний, вполне еще сельский Монпарнас, рассказывала, как по улице Гэте взад и вперед расхаживали, беседуя, большеголовый, с огромною бородой Волошин и худенький Эренбург, а мальчишки бежали за ними следом, повторяя хором:

— Две большие обезьяны! Две большие обезьяны!

Максимилиан Волошин поселился в доме № 16 на бульваре Эдгар Кине еще в 1905 году. У него имелось там ате-

«Итальянская комедия» на театральной улице Гэте.

лье, и он усердно занимался живописью. В своих стихах он оставил описание парижского вечера за окнами ателье.

Достопримечательностью бульвара Эдгар Кине и всего Монпарнаса являлся расположенный почти напротив волошинского ателье (в доме № 31) престижный бордель «Сфинкс». До его открытия в 20-е годы Монпарнас довольствовался скромными услугами девушек из бедной Бретани, приезжавших в столицу на заработки. Но открывшийся в «безумные» годы «Сфинкс» не уступал роскошью борделям правобережного Парижа. Его открытие обставили с помпой, разослали приглашения холостякам и семейным парам, шампанское лилось рекой, гостям показывали и будуары с никелированными кроватями, и роскошный бар в стиле «ар-деко», не уступавший знаменитому бару «Куполи», к росписи которого, между прочим, приложили руку и русские живописцы, те самые, что составили гордость Парижской школы, которую с таким же успехом можно было бы назвать и русской, и еврейской, и монпарнасской — и то, и другое, и третье, и четвертое было бы справедливым, хотя сами художники, патриоты Монпарнаса, скорей всего предпочли бы четвертое. Они ведь и сами называли себя «монпарно».

ПАССАЖ МАРИИ ВАСИЛЬЕВОЙ

Кроме целого мира галерей-пассажей, украшенных всеми ухищрениями богатства и роскоши и укрытых от небесного гнева решетчатым стеклянным покрытием, было в Париже в старые, доосмановские времена множество обыкновенных проездов-пассажей, точнее даже, проходов, просто сокращавших расстояния между улицами, потом обжитых людьми, а позднее, в шумные бетонно-асфальтовые времена, ставших гаванью тишины, приютами красоты и спокойствия, уцелевшими в водовороте нового строительства и жилищной спекуляции лишь по счастливой случайности. Ну, скажем, в XIII округе Парижа, где я живу, среди многоэтажных «хрущоб» и башен «чайнатауна» каким-то чудом уцелел крошечный пассаж, заросший виноградными лозами. Здесь собирается толпа окрестных жителей в праздник уборки винограда, и все мы, от мала до велика, стоим и смотрим на это чудо — виноградные гроздья. И на другое чудо — крошечные, одноэтажные домики с садиками среди бетонных, безликих коробок. Таких деревенских улочек, уютных пешеходных пассажей и тупичков осталось не так уж много в городе, где земля дорога, так что предпринимателям и местным властям хочется построить на этой земле что-нибудь вместительное, а потом продать подороже. Однако те горожане, которые любят тот Париж, что есть, а не тот незнакомый, что будет, уже спохватились, пусть даже и с некоторым опозданием. Упорно, с сознанием долга перед будущими поколениями, а порой уже и со знанием дела, эти люди суют палки в колеса администрации, ища управы на разрушителей и торговцев. Думаю, грядущие поколения будут им благодарны, а я так благодарен уже и нынче, так что, если б не российская моя апатия и отсутствие привычки к гражданским выступлениям, я и сам бы писал вместе с ними петиции, ходил на приемы к бюрократам, кричал под окнами в мэрии и давил на слуг народа в тот момент, когда они становятся всего чувствительней к гласу народа — накануне выборов. Конечно, многое уже потеряно, однако не все еще так безнадежно и не все еще упущено.

 Неподалеку от асфальтового моря широченной авеню дю Мэн, бульвара Монпарнас и малоинтересного нового небоскреба, который называют Монпарнасской башней, затерялся между домом № 19 и домом № 23 по авеню Мэн (то есть под номером 21) узкий и не слишком длинный, открытый пассаж, который называют по номеру несуществующего дома — «21». Это особый, иной (как, впрочем, и многие пассажи), весьма симпатичный мирок в окружающем его шумном асфальтово-бетонно-стеклянном мире. Здесь крошечные старые домики, брусчатка непроезжей мостовой, деревца по ее краям, кустики ломоноса, жимолости, сирени, рододендроны, цветы у ступенек, цветы под окнами... кое-где виноградные лозы нависают над мостовой — настоящая деревенская улочка в самой гуще Парижа. И нравы здесь деревенские, не парижские — все знают друг друга, все здороваются, останавливаются поболтать. Забредают сюда туристы, чаще иностранные, случайно, иногда и не случайно (таких меньше). Особенно тут нравится японцам, умеющим ценить каждый клочок зелени и спокойствия. Те, кто забредают сюда не случайно, слышали историю пассажа. Когда-то на этой улочке располагалась почтовая станция. Потом стали селиться люди. Появились художники. Иные тут и жили, иные имели тут скромные мастерские. Главной энтузиасткой этих мест была русская художница Мария Васильева, человек известный на художественном Монпарнасе. На колоннах кафе «Куполь» и нынче можно увидеть ее росписи. В 1909 году русская императрица дала ей (по ее словам, с подачи Григория Распутина) средства на открытие в Париже Художественной академии. Многие молодые художники, ставшие потом знаменитыми, прошли через эту Академию. А уж имена многих друзей Васильевой, бывавших тут, в тихом пассаже близ Монпарнаса, давно вошли в книги по искусству и в энциклопедии всего мира. Каждого из этих имен хватило бы, чтоб сделать знаменитым скромный деревенский пассаж в гуще модернизированного Парижа. В 1915 году, когда не только художникам, но и прочим парижанам приходилось туго, а уж художникам было часто попросту голодно, беспокойная и щедрая Мария Васильева решила открыть тут, в тихом «проезде 21», русскую сто-

На меню нынешнего кафе «Куполь» — рисунки Марии Васильевой.

ловую для друзей. Имена этих друзей любому знакомому с историей французской поэзии и искусства говорят многое — Пабло Пикассо, Жорж Брак, Блэз Сандрар, Макс Жакоб, Амедео Модильяни, Анри Матисс, Хаим Сутин. Французские авторы называют среди других и менее симпатичных персонажей, вроде Ленина и Троцкого, никому не отказывала в тарелке борща щедрая художница Мария Васильева. Впрочем, думаю, что Ленина к тому времени в Париже уже не было, к тому же он вряд ли стал бы рисковать здоровьем в недорогом ресторане, будущий вождь очень берег свое здоровье и был всегда при деньгах. А вот Троцкий действительно обретался в то время на Монпарнасе: сидел в кафе «Ротонда», читал газеты и строчил депеши с полей войны для киевской газеты. Бывал там, вероятно, и Эренбург, оставивший несколько строк об этой столовой в своих воспоминаниях. Он вспоминает, что художники часто собирались там по вечерам — поговорить о бурных тогдашних событиях, выпить или просто пошуметь. На выцветшей фотографии 1926 года — толпа студентов Художественного училища в маскарадных костюмах во всю ширину старенького проезда. Кажется, так и слышишь молодые голоса, шутки, смех. Где они теперь, что сделали с ними немилосердное время, жестокий век? Вышел сейчас список русских художников-парижан, погибших в войну в лагерях, — их там чуть не две тысячи... Фигура слева в веселой толпе срезана наполовину краем фотографии. Это был здешний всеобщий знакомец — водопроводчик. Ему весело было с этими беспутными и работящими художниками, поэтами, с этой трудовой богемой. И поскольку на его труд всегда был спрос и труд водопроводчика, в отличие от труда писателя или художника, всегда оплачивается, работяга-водопроводчик скупил мало-помалу все домишки в пассаже 21 и стал их сдавать под ателье. Он и сам жил тут с семьей. Маленькая его дочка Линка вечно пропадала по мастерским и приносила домой рисунки. Когда отец умер, Линка стала его наследницей, полноправной владелицей рая своего детства. Она блюла его сохранность и по-прежнему сдавала домишки под ателье. Арендную плату она брала символическую — 150 франков, 30 долларов в месяц. Парижские цены давно превышали ее в пять, потом в десять раз, потом в пятнадцать — и до бесконечности. В 1990 году она ушла за кумирами своего детства, в мир, который мы с отчаянной надеждой называем лучшим миром. Старая Линка умирала, беспокоясь за судьбу своего пассажа, и опасения ее были не напрасными. Наследники ее не стали возиться со старой

*Отвоеванная жильцами окрестных домов улочка зовется ныне пассажем Марии Васильевой.
В мастерской художницы открыт музей старого Монпарнаса.*

В музее можно увидеть и автопортрет Васильевой — синеглазая Мария со своей куклой.

рухлядью и продали пассаж мэрии XIV округа за каких-то 22 миллиона франков. И помощник мэра месье Рене Гали-Дежан решил, что он что-то должен делать со своей покупкой, раз уж выложил деньги налогоплательщиков, недаром же он помощник мэра. Нет, речь не шла о том, чтоб выгонять всех этих странных людей, что живут в домиках пассажа, — всех этих художников, фотографов, гранильщиков мрамора, скульпторов, печатников. Речь не шла и о том, чтобы ломать домики. Помощник мэра был интеллигентный преобразователь. Он решил, что у входа в пассаж он построит две элегантных пятиэтажки, где будут жить и работать художники. Он даже объявил конкурс среди архитекторов. И даже выбрал проект — ателье и квартирки с наружными лестницами, как в старом Нью-Йорке. Завезли стройматериалы, и у входа в пассаж вывесили традиционное панно: «Работы ведет фирма...»

Но население пассажа восстало. Оно начало борьбу, которая казалась безнадежной: у мэрии все права, мэрия хочет как лучше для народа. Начальство вообще всегда хочет как лучше. Вопрос только в том, знает ли оно, как лучше. И еще в том, чего хотят другие. Жители пассажа доказывали, что, загородив пассаж бетонными пятиэтажками, строители его убьют. Началось движение сопротивления, во главе которого встал старый художник-фотограф Роже Пик. Старые фотографии пригодились ему в борьбе. К жителям пассажа присоединилась парижская интеллигенция. Под петициями протеста поставили свои подписи знаменитый Ив Кусто, знаменитый актер Мишель Пикколи, знаменитый фотограф Робер Дуано и многие другие. Надавили на депутатов, на мэра... И вот ноябрьской ночью прошлого года пришли работяги и без шума сняли вывеску о строительных работах. Работ не будет. Линка может спать спокойно. Как и Шагал, и Леже, и Брак, и их друзья, все эти гениальные парижские россияне, итальянцы, венгры, вроде Маши Васильевой, Хаима Сутина, Амедео Модильяни, Моше Кислинга, Маревны, Кикоина, Воловика, Цадкина, Грановского...

Обитатели других кварталов поняли, как много ими было упущено. Сколько за последние годы разломали прекрасных дворов и пассажей близ улицы Фобур Сент-Антуан, где работали династии мастеров-краснодеревцев. Так надо хоть сберечь то, что осталось. Надо сберечь душу города. Его память. А сляпать еще одну бетонную коробку в наше время дело нехитрое...

УЛИЦА КАМПАНЬ-ПРЕМЬЕР

Если отправиться по бульвару Распай от площади Данфер-Рошро к бульвару Монпарнас, то, не доходя знаменитого перекрестка Вавен, по правую руку откроется улица Кампань-Премьер. На первый взгляд обычная парижская улица конца прошлого — начала нашего века, застроенная многоквартирными доходными домами, — улица, каких немало в Петербурге, Будапеште, Риге... Разве только название ее может озадачить — улица Первой Кампании. Названием этим улица обязана батальным воспоминаниям храброго генерала Тапонье, которому выпала честь открыть эту улицу и который назвал ее в честь своей первой военной кампании в Виссембурге, на Нижнем Рейне, которую он возглавлял в 1793 году.

Еще в начале нашего века на улице слышались стук копыт и конское ржание: здесь было множество извозчичьих станций, конюшен, ангаров для экипажей транспортных компаний, а на месте дома № 17 даже размещалась школа верховой езды. Неказистые харчевни, лавчонки и кабаки обслуживали кучеров, публика тут была совсем простая. Однако с начала нашего века здесь стала появляться и иная публика — художники, скульпторы, поэты, которых потеснил с Монмартра на левый берег Сены, к Монпарнасу, наплыв туристов. Конечно, и раньше тут попадались иногда не вполне обычные персонажи. Так, в неказистом одноэтажном доме с мансардами под номером 14, где весь первый этаж оккупировали лавчонки, одну из мансард снимал поэт Поль Верлен, который однажды уступил свое жилье на два месяца поэту Рембо, отличавшемуся весьма буйным нравом. Впрочем, нельзя сказать, чтобы сам Верлен был человеком уравновешенным. Однажды он с такой яростью набросился на своего буйного постояльца Рембо, что был препровожден в тюрьму, где в конце концов пришел в чувство и воспел в таких ностальгических стихах свое скудное жилище — мансарду на Кампань-Премьер:

> О ты, жилье, где призраки смешные,
> И грязно-серый свет, и шорох пауков...

Улица Кампань-Премьер

С появлением художников публика на улице Кампань-Премьер стала еще разношерстнее. Наряду с щегольски одетым Кислингом, с обтрепанным, пьяным, похожим на клошара Сутиным можно было встретить знаменитую аристократку-поэтессу Анну де Ноай. Она любила тереться среди монпарнасской богемы и даже позировала японцу-художнику Фужите, который, впрочем, находил, что она слишком беспокойна и вертлява для натурщицы.

Если пройти по узкому, мощенному булыжником проходу во двор дома № 9, то можно увидеть здание, построенное из камней, оставшихся после Всемирной выставки 1899 года, и разделенное на сотню отдельных студий-квартирок. Одну из них некогда занимал тогдашний секретарь Огюста Родена поэт Райнер Мария Рильке, другую — предтеча сюрреализма художник де Кирико, третью — художник Амедео Модильяни, четвертую... Список знаменитостей, живших тут, а также знаменитостей, бывавших у них в гостях (вроде Пикассо, Аполлинера, Шагала, Сутина, Гончаровой, Жакоба, Леже и прочих), занял бы слишком много места и времени... Так что лучше просто постоять минуту молча в укромном дворе. Нынче здесь тихо. Не слышно ни конского ржания, ни голосов. Лишь издали доносится ровный гул машин да порою — звон колокола... По ком он звонит?

В полуподвале дома № 3, в самом начале улицы, раньше размещалась молочная лавочка — по вечерам она превращалась в ресторанчик, как часто бывало в Париже в ту пору, под вывеской «У Розали». Синьора Розали Тобиа, или, как ее звали на Монпарнасе, мамаша Розали, была, как говорят, женщина с прошлым. В толпе моделей-итальянок, собиравшихся по понедельникам на углу бульвара Монпарнас и улицы Гранд Шомьер, ее средиземноморская красота тянула иногда на самые высокие роли, скажем на Афродиту или Венеру. Именно в этой роли она позировала вполне престижному «академику» Бугеро, не абы как, а по 5 франков за сеанс. Потом годы и болезни потеснили красоту, и она ушла в «сферу общепита». К бедолагам художникам мамаша Розали сохранила материнскую нежность и по вечерам готовила для них сытные блюда доброй итальянской кухни — минестроне, «паста», «паста» и еще раз «паста» (спагетти, тольятелли и все прочее). У нее можно было насытиться за два франка, но тот, у кого не было и двух,

Это не отель, а летопись тайн и любовных историй.

мог взять полпорции или тарелку супа. Картинами она в отличие от других кабатчиков не брала, впрочем, скульптор Осип Цадкин рассказывает, что крысы иногда появлялись из подвала с обрывками рисунков Модильяни в зубах: слишком живописная сцена, чтоб быть написанной с натуры. Рассказывают, что здесь пели иногда итальянские песни. Цадкин часто бывал здесь с пьяным Модильяни, которого синьора Розали увещевала по-матерински, уговаривая пить меньше и съесть хоть что-нибудь, даже отказывала ему в вине, пока не поест. «Такой красивый парень, гордость Италии, — говорила она. — И совсем себя не жалеешь...» На длинных простых скамьях заведения мамаши Розали сидели по вечерам Кислинг, Сутин, Архипенко, Андре Сальмон, Макс Жакоб, манекенщица Кики... Через несколько лет рядом с заведением мамаши Розали (35-летний Модильяни к тому времени уже умер и был пышно похоронен всем Монпарнасом) открылся русский Интимный театр Дины Кировой, бывшей актрисы петербургского Малого (позднее ставшей княгиней Касаткиной-Ростовской), так что на Кампань-Премьер можно было увидеть драму Островского «Волки и овцы». Впрочем, свои собственные драмы ежевечерне разыгрывались под крышами Кампань-Премьер, в студиях и ателье, в кабаках и в тесных комнатках отеля «Истрия».

Гостиницу «Истрия» от бульвара Распай отделяет дом № 31, украшенный керамическим декором, который принес ему в свое время парижскую премию года. В начале 20-х годов, когда знаменитый фотограф, художник и кинематографист Мэн Рэй и его друг, не менее знаменитый художник-дадаист Марсель Дюшан (тот самый, что подрисовал усики Джиоконде и выставил унитаз с подписью «Фонтан») вернулись из США, чтоб поддержать в Париже движение новых бунтарей-сюрреалистов, Мэн Рэй устроил в этом премированном доме свою фотостудию. А чтоб далеко не ходить на работу, он и Дюшан поселились в доме по соседству, где размещалась небольшая гостиница «Истрия». Впрочем, почему размещалась? Она и сегодня здесь, и всякий, кого волнуют призраки творцов сюрреализма, отзвуки странного романа самой номенклатурной пары французской литературы (Арагон—Триоле) или прославленного голоса «горлана-главаря» Маяковского, может снять себе за каких-нибудь полсотни-сто долларов комнату с привидениями, может, даже тот самый номер, теснота которого ославлена Маяковским в стихах о Верлене и Сезанне.

Если верить рассказу Эльзы Триоле, именно здесь, в тесном номере «Истрии», у Маяковского украли в 1925 году все деньги и документы. Впрочем, сообщения Эльзы и Маяковского, а также разные телеграммы и показания Маяковского так странно противоречат друг другу, что думается, уж не проиграл ли азартный поэт в карты всю эту кучу денег. Так или иначе, и в отеле «Истрия», и на советской выставке поэт собирал в те дни деньги на американскую поездку...

Маяковский селился здесь, чтоб быть поближе к сестре своей бывшей возлюбленной и вечной своей повелительницы Лили Брик. К тому же Эльза была известна ему с незапамятных времен, еще как Эллочка Каган с Маросейки. Футурист и будущий соцреалист Маяковский жил здесь один, однако новые сюрреалисты Дюшан и Мэн Рэй не терпели одиночества. Первый из них поселился здесь со своей Терезой, а второй — с моделью Алис Прин по кличке Кики. Кики была едва ли не более знаменита на Монпарнасе, чем сам прославленный Мэн Рэй, тоже, конечно, приложивший руку к ее прославлению, ибо кадр из его первого сюрреалистического фильма «Звезда моря» (Кики держала на этой фотографии розу в зубах) разошелся тиражом чуть ли не в треть миллиона (по тем временам огромным).

Кики была существом легендарным, так что отделить в ее биографии мифы от действительности трудно, и в воспоминаниях о ней встречается немало противоречий. Рассказывают, что она четырнадцати лет от роду была отдана ученицей в бакалейную лавочку, но сбежала, а потом объявилась на Монпарнасе и стала позировать художникам, причем обнаженной, что привело в ужас ее матушку. Рисовали ее многие, и у многих возникали с нею более или менее бурные романы. Она была дерзкой, непосредственной, искренней, неуловимой, загадочной. Кокаин и вино только усугубляли романтические черты ее характера. Она была свободная, современная женщина, истинная «королева» монпарнасской богемы (а «принцем богемы» слыл Модильяни, которому она тоже позировала). Рассказывают, как однажды зимой иззябшая, бездомная Кики с подружкой вторглись в убогую келью художника Сутина в знаменитом «Улье». Было уже два часа ночи, и бедняга Сутин сжег в своей железной печурке все, что попало под руку, чтобы обогреть несчастных (памятник высоко почитаемому ныне Хаиму Сутину из белорусского местечка Смиловичи стоит ныне неподалеку от этих мест, и французские искусствоведы, говоря о нем, употребляют лишь превосходную степень).

С Мэном Рэем Кики сблизилась во время съемок, и у них завязался долгий и бурный роман. Они расходились, сходились, ссорились, палили в воздух из огнестрельного оружия — все в духе «горячих деньков» Монпарнаса.

К тому времени, когда о Кики начали слагать легенды, она была еще жива, но уже всеми забыта. Истощенная алкоголем и наркотиками, она умерла пятидесяти лет от роду, и из старых ее поклонников, ставших к тому времени и богатыми и знаменитыми, на бедняцкое загородное кладбище ее провожал один только Фужита. Впрочем, как рассказывают, на могиле ее лежали венки с названием монпарнасских кабаков, где она царила когда-то: «Ротонда», «Дом», «Куполь», «Селект», «Динго»...

Кроме художников, в «Истрии» бывали и поэты-сюрреалисты — Супо, Превер, Бретон, Арагон, Деснос. Все они искали откровения во Фрейде, в подсознательном, в снах, восхищались Десносом, которого и после сеанса невозможно было вывести из состояния сна. Рассказывают, что перед самым Освобождением, умирая в нацистском лагере Терезин, Деснос признался лукаво, что он их все-таки немного дурачил...

Жили в «Истрии» и одинокие женщины, например Жанна, первая жена Фернана Леже. Когда Эльза Триоле по-

Улица Кампань-Премьер

Мемориальная доска на отеле «Истрия».

жаловалась Леже, что хозяйка ее пансиона на авеню Терн докучает ей нравоучениями, Леже перевез ее в «Истрию», где никто никому не докучал, а нравы были свободными еще и за полвека до «сексуальной революции». Монпарнас вообще жил по своим правилам и был особым миром свободы, что нравилось обитавшим здесь иностранцам. И Эльза, которая жаловалась Маяковскому на одиночество, неустроенность, отсутствие дела, любовные неудачи (а соседям по отелю рассказывала, как великолепно живут в Москве), кончала всегда заявлением, что все-таки жить можно только на Монпарнасе...

Сегодня на стене отеля «Истрия» повешена доска, где упомянуты некоторые (далеко не все) былые клиенты, как бы удостоенные бессмертия. Однажды поздно вечером, когда я привычно беседовал в вестибюле «Истрии» с молодым дежурным, он сказал мне, что у них есть свободная комната и я могу в ней заночевать, хоть и задарма. Задумавшись, я понял, что встреча с призраками тех, кто обитали здесь больше полвека назад, меня никак не вдохновляет, а свой былой интерес к выдумкам сюрреализма я мало-помалу растратил на дорогах жизни... Я поблагодарил, простился и вышел на затихшую улицу Кампань-Премьер.

В ТИХОЙ ГАВАНИ МОНПАРНАСА

Из трех главных парижских кладбищ Монпарнасское, пожалуй, самое маленькое (всего 18 гектаров), однако память о многих былых любимцах Парижа с неизменностью привлекает сюда меланхолических паломников...

Старинная, чуть не XIV века деревенская мельница в западной части кладбища напоминает о трех крестьянских фермах и былых здешних лугах, по которым любил гулять Вольтер. Первые же захоронения произвели у края поля монахи городского монастыря Святого Иоанна, и только в 1824 году префект Парижа купил здесь 10 гектаров для загородного кладбища, предназначавшегося поначалу для окрестных обитателей. Однако в середине, а потом и в самом конце прошлого века территория кладбища была расширена. Ни своим рельефом (довольно плоским), ни архитектурой оно не может соперничать с Пер-Лашез, однако и здесь есть примечательные могилы, всем памятные имена и незаурядные скульптуры. Взять хотя бы знаменитую скульптуру кубиста Константина Бранкузи «Поцелуй», о которой лишь мельком сообщают французские путеводители. Русский же паломник разглядит на камне русскую надпись «Танюша» и сразу ощутит витающий над этой могилой горький аромат любовной трагедии. Она и впрямь случилась на романтическом довоенном Монпарнасе. Юная русская студентка Таня Рашевская безоглядно и безответно влюбилась в молодого врача-румына и покончила жизнь самоубийством. Растроганный этой драмой земляк доктора румын-скульптор Константин Бранкузи отдал для установки на могиле свою только что завершенную статую. Кстати, здесь же, неподалеку от старинной мельницы, можно увидеть куда более традиционную, но тоже очень трогательную скульптурную группу «Разлучение влюбленных». Раньше группа эта стояла в Люксембургском саду, но потом парижская мэрия сочла ее (без особых, как нам кажется, оснований) «нескромной», и скульптура была перенесена в кладбищенские заросли, подальше от глаз. Сам упомянутый выше скульптор Бранкузи, большой друг Модильяни, тоже похоронен на этом кладбище — напротив композитора Камиля Сен-Санса и погибшей при таинственных обстоятельствах молодой актрисы Джин Себерг («На последнем дыхании» Годара), жены писателя Ромэна Гари. Из знаменитых скульпторов на кладбище похоронен не один Бранкузи — здесь и Гудон, и Рюд («Марсельеза»), и Бартольди (нью-йоркская статуя Свободы и «Бельфорский лев»), и Антуан Бурдель, и Осип Цадкин. Близ могилы Бартольди можно увидеть могилу полковника (в пору ареста еще капитана) Альфреда Дрейфуса, чей вполне антисемитский процесс по сфабрикованному в верхах ложному обвине-

В своей скульптуре «Поцелуй» кубист Константин Бранкузи увековечил любовную трагедию, каких много бывало на Монпарнасе.

нию когда-то всколыхнул всю Францию и впервые поделил французское общество на левый и правый лагери (ныне понятия эти способны скорее запутать, чем объяснить что-либо). Вообще, человек, которого волнуют французская история и политика, прочтет на камнях этого кладбища немало имен, наводящих на размышления и воспоминания. Вот могила Пьера Лаваля. Он был главой коллаборационистского правительства Виши с 1942 по 1944 год, при Петене, в 1945 был осужден, а затем расстрелян в тюрьме Френь. Судя по недавним процессам коллаборационистов и страстям, которые то и дело вспыхивают во Франции в связи с этим периодом истории, эпизод этот до сих пор

На этом людном перекрестке средь бела дня был убит украинский национальный лидер Симон Петлюра.

травмирует национальное самосознание. А вот, скажем, сравнительно недавняя могила одного из видных лидеров расистского «Национального фронта» (г. Стирбуа). По иронии судьбы лидер попал посмертно во внушительную компанию парижских евреев (тоже, впрочем, вполне упокоившихся).

Неподалеку покоится в компании жены-писательницы (Симоны де Бовуар) известнейший философ и писатель Жан-Поль Сартр, который часто ездил в гости к Хрущеву. И тот принимал его с почестями. По возвращении Сартр сообщал друзьям кое-какие вполне реалистические подробности о «реальном социализме» и жизни на госдачах, но зато в прессе и в публичных выступлениях считал своим долгом самым бессовестным образом искажать действительность. Поклонники Сартра говорят, что у знаменитого философа были для этого уважительные причины: у страхолюдного Сартра был в России жестокий роман с его привлекательной русской переводчицей (об этом извещает поклонников Сартра, в частности, новая книга бывшего работника русского посольства в Париже), и философ не желал портить отношения с советскими властями неуместной откровенностью и недостаточно пылкой левизной. Причина действительно уважительная, а вся эта история доказывает, что ничто человеческое не чуждо философам, а в корне их нефилософских блужданий тоже «ищи женщину» (cherchez la femme), как издавна рекомендовали французы. На Монпарнасском кладбище погребен и социальный философ-анархист Прудон, заявивший, что собственность — это кража. Усвоив эту истину, французы, большие поклонники частной собственности, с разумным фатализмом принимают широкое распространение воровства во всех эшелонах власти.

На могиле Симона Петлюры всегда много живых цветов.

Из сочинителей на здешнем кладбище упокоились Ги де Мопассан и Шарль Бодлер, сюрреалисты Робер Деснос и Тристан Тцара. Из дельцов — создатель универмага «Бон марше» Букико и основатель русского ресторана «Доминик» Аронсон (более известный в Париже как месье Доминик).

Монпарнасское кладбище помнит шумные похоронные процессии и прячет в своей тиши популярные могилы. Такой остается до сих пор могила любимого парижанами певца, поэта и компо-

«Шахматный гений России и Франции» — написано на надгробии Александра Алехина.

зитора Сержа Гэнсбура (псевдоним Люсьена Гинзбурга). Вспоминают и шумные похороны русского революционера-террориста Григория Гершуни в 1908 году. Он был осужден на смерть в 1904, помилован, бежал из Сибири в Париж и умер два года спустя, 38 лет от роду. Не уверен, что ныне, когда террористы разбрелись по всему свету во множестве, смерть террориста могла бы вызвать такую скорбь. Неподалеку от Гершуни покоится и другой русский революционер — один из членов организация «Земля и воля» знаменитый Петр Лавров. Он бежал из вологодской ссылки в Париж, где принял участие в боях Парижской Коммуны. С 1878 года он был парижским представителем «Народной воли» и скончался в Париже в 1900.

Большое стечение украинцев и русских видело Монпарнасское кладбище в 1926 году, когда здесь хоронили украинского национального лидера, бывшего главу украинского демократического правительства и национальной армии Симона Петлюру. Петлюра был убит средь бела дня таинственным террористом (скорее всего, это был засланный из Москвы агент Коминтерна и ГПУ). Искусно оркестрованный французской «секцией Коминтерна» (позднее ее стали называть Компартией Франции) суд над убийцей оправдал его, после чего он мгновенно сгинул без следа.

На том же 27-м участке кладбища можно увидеть и другие русские могилы. Скажем, могилу князя Ивана Гагарина. Он был секретарем русского посольства в Париже, в 1842 году обратился в католичество и вступил в орден иезуитов. Следы его деятельности были многочисленны и вполне благотворны: он явился основателем Славянской библиотеки в Париже и богословского журнала, первым издал «Философические письма» Петра Чаадаева, первым сумел оценить замечательные стихи своего друга Федора Тютчева и способствовал их публикации. Сравнительно недавно его собственная библиотека поступила в русское собрание центра Святого Георгия в Медоне, куда приезжают работать многие русские.

На Монпарнасском кладбище стоит памятник умершему после войны в Португалии Александру Алехину, русскому шахматному гению. Именно такие слова начертаны на его памятнике, установленном Международной шахматной федерацией: «Шахматный гений России и Франции».

Под православным крестом из красного гранита покоится художник Иван Пуни. Он родился близ Петербурга, где и учился живописи, вместе с Малевичем подписал знаменитый «Манифест супрематизма», потом больше тридцати лет прожил в Париже. Любитель живописи будет искать здесь же неподалеку и могилу очень известного во Франции (его иногда называют здесь «французским Рембрандтом») выходца из Белоруссии (он родился в одном местечке с моей бабушкой — в нищих Смиловичах) Хаима Сутина. Этот странный, несчастный человек перед самой войной вдруг стал богат и известен (его близкий друг Модильяни никогда не сомневался в его гениальности). В войну он прятался в Париже, боялся выходить на улицу (Симона Синьоре вспоминает, что покупала ему краски в ту пору) и умер в больнице в 1943 году, по счастью избежав Освенцима.

Конечно, эти выходцы из России составляют лишь ничтожную часть населяющих это кладбище местных знаменитостей, среди которых и математик Анри Пуанкаре, и физик Румкорф, и политик Поль Рейно, и музыкант Цезарь Франк, и архитектор парижской Оперы Шарль Гарнье... С камней к нам взывают более или менее жалобные эпитафии, получившие особенно широкое распространение в первой половине прошлого века. Изобретением и продажей эпитафий занимались сами гранильщики камней, и не будем иметь к ним претензий, если тексты так часто повторяют друг друга. Все сочинители повторяются — и поэты, и политики, а наша прогулка и без всяких эпитафий может настроить на грустно-оптимистический лад: не спеши, друг, все тут будем...

КАТАКОМБЫ

Близ левобережной парижской площади Данфер-Рошро, под улицами Реми-Дюмонсель, Рене Коти, Алле и рю д'Аламбер, размещается доступный всеобщему обозрению участок парижских катакомб, площадью в 11 000 квадратных метров. Хотя истинная площадь катакомб во много раз больше, а протяженность подземных коридоров превышает 160 километров, все же парижские катакомбы не идут ни в какое сравнение с римскими, великим памятником религии и культуры. Однако и они представляют интерес, хотя бы как напоминание (во Франции, как мне показалось, его считают почти непристойным) о том, что все мы смертны. Или, как говорил русский поэт, «мы все умрем, а если не умрем, то на могилку к вам придем».

Возникли эти катакомбы еще во времена римской Лютеции, и причиной их возникновения было прежде всего высокое качество местных стройматериалов. В здешних подземных отложениях породы есть и грубый известняк, и гипс, и песок, и глина, и галька — все это шло на постройку дворцов, церквей и более скромных зданий. К 1792 году в Париже было зарегистрировано 18 каменных, гипсовых и песчаных карьеров, а поверхность над ними составляла 850 гектаров, десятую часть города. При Людовике XVI в целях правильной их эксплуатации была создана Генеральная инспекция карьеров. Конечно, никакой вакуум не может оставаться незаполненным. Кое-какие людишки тут спали. Контрабандисты пытались устроить тут подземные дороги под таможенными барьерами. А к 1785 году, устав от раздававшихся по меньшей мере 60 лет жалоб добрых обывателей, живущих вокруг перенаселенного, десятивековой древности кладбища Праведников, что близ Чрева Парижа (нынче там остался лишь Фонтан Праведников), неторопливый Государственный Совет принял наконец решение кладбище это закрыть, а покойников перевезти в катакомбы. Вскоре после этого грянула Французская революция с ее августовской резней 1788 года, апрельской 1789, августовской 1792-го, убийствами в тюрьмах и страшным сентябрем 1792-го. В конечном счете многие

Вход в катакомбы выглядит вполне идиллически.

трупы, произведенные в революционном порыве, тоже поступили в катакомбы — в общей куче оказались неопознанные косточки и Лавуазье, и Демулена, и таких страстных мясников революции, как Дантон и Робеспьер. Перевезли сюда и обитателей закрывшихся парижских кладбищ, вроде кладбища Сен-Лоран, Сен-Жак-дю-От-Па, Сен-Жан-де-ла-Трините, Сен-Ландри, Сен-Никола-де-Шан и других. До самого 1950 года свозили в катакомбы косточки, найденные в земле Парижа. А между тем до 1813 в парижских карьерах еще добывали стройматериалы. Впрочем, катакомбы уже зажили тогда собственной, мрачноватой, надо признать, жизнью. В 1848 году войска Кавеньяка перебили в карьерах повстанцев, во время Коммуны катакомбы служили для связи между фортами Ванв, Монруж и Иври, во время Второй мировой войны катакомбы сперва использовали немцы, а потом французские участники движения Сопротивления. Отсюда 19 августа 1944 года полковник Роль-Танги дал приказ войскам Свободной Франции начать захват учреждений и государственных зданий. С начала прошлого века катакомбы уже были открыты для экскурсантов, которым выдавали при входе свечу и «фосфорную зажигалку». Толстая черная линия, которая видна и сегодня, указывала организованным туристам направление подземного маршрута. Единственный случай не организованного властями, так сказать, стихийного и притом высокохудожественного использования парижских катакомб имел место 2 апреля 1897 года от полуночи до двух часов утра. В ту ночь молодые парижские музыканты, дав полтинник привратникам, проникли в круглый подземный зал, имеющий великолепную акустику, — в так называемую Ротонду Берцовых Костей. Многие журналисты получили заранее пригласительное письмо следующего содержания: «Вы приглашаетесь присутствовать на концерте духовной и светской музыки, который состоится в пятницу 2 апреля 1897 года в усыпальнице парижских катакомб с участием видных музыкантов.

Важное примечание. Вход с улицы Даре, 92, близ улицы Алле с 11 часов вечера. Чтобы избежать помех от любопытных, просьба не останавливать экипажи у самого входа...»

Сотня эстетов и просто любопытных собрались к 11 часам вечера в Ротонде Берцовых Костей. В половине первого зажглись свечи, и 45 музыкантов в течение двух часов исполняли произведения, соответствующие обстановке, — «Похоронный марш» Шопена, «Пляску смерти» Сен-Санса, похоронный марш из «Героической симфонии» и прочие невеселые, но прекрасные творения...

Попасть на такой же концерт, какой тайно проходил под землей столетие назад, у нас, видимо, нет шансов, но посетить катакомбы может всякий. Поскольку в наши бурные времена в Париже развелось много всякого экзотического, преступного или просто нищего люда, приток которого встревожил полицию, власти решили упорядочить визиты и оставили открытым лишь один вход близ площади Данфер-Рошро. На этой бывшей парижской заставе (как видите, Париж кончался еще и в конце XVIII века в каком-нибудь километре к югу от бульвара Монпарнас!) Никола Леду воздвиг столь же изящные павильоны, как и у других застав. Вот через один из этих павильонов на Данфер-Рошро и входят нынче в катакомбы. Спустившись по ступенькам на двадцатиметровую глубину, публика попадает в подземные галереи. Где-то под улицей Алле мы вдруг уклоняемся вправо и видим вытесанное в камне изображение крепости Мак-Магон, что на Балеарских островах. Герцог Ришелье взял эту крепость в 1757 году, и один из освобожденных им из крепости узников, бывший солдат армии Людовика XIV по имени Декюр и по кличке Босежур, поступивший служить в здешний карьер и привыкший, видимо, за годы заключения к жизни в подземелье, начал вытесывать здесь из камня подобие своей крепости-тюрьмы, а увлекшись этой художественной самодеятельностью, просидел под землей еще пять лет, уже добровольно — как видите, охота пуше неволи. Здесь он и погиб, был задавлен обвалом, когда решил прорубить лестницу. Из этого помещения, называемого Ателье, экскурсант попадает на кладбище костей, в так называемый «оссуарий». Над дверью, вырубленной в скале, — строка из Делиля: «Остановись, ты входишь в Царство мертвых». Ну, а дальше — кости, кости, кости, обрамленные вдоль галереи орнаментом из устрашающе скрещенных берцовых костей, увенчанных черепами. Такие скопища костей можно встретить при многих старых церквах на Западе. Мне доводилось видеть их в Эльзасе, в Чехословакии, в Германии — этакие напоминания о том, что никто, даже богачи и власть имущие не бессмертны. «Помни, что мы были вчера такими, как ты, а ты будешь подобен нам завтра», — говорят от имени скелетов бодрые надписи, все эти, так сказать, «мементо мори», напоминания о смерти. Настоятель Печорского монастыря отец Алипий объяснял мне когда-то, в годы моей пилигримской молодости, что мысль эта весьма полезная: помня о смерти, не станешь строить рядом с первой вторую дачу и хапать новый миллион. Может, напротив, дашь рубль нищему. От прочих виденных мной собраний человечьих костей здешнее, парижское, отличают масштабы — здесь, видимо, миллионов шесть парижан, в три раза больше, чем в нынешнем «собственно Париже». На некоторых из подпорных столбов в галереях есть указания, с какого кладбища поступили сюда кости, на других можно прочитать всякие философские высказывания. Есть тут и пустой саркофаг поэта де Жильбера, и какой-то подземный источник, и кое-какие указания на неопознанные скелеты знаменитых некогда людей... В общем, весьма назидательная прогулка, после которой вас ожидают 84 ступеньки, выводящие наверх через тот самый колодец, в который и спускали некогда все эти кости. Выйдя на свет Божий близ дома 36 по улице Реми-Дюмонсель, вы с облегчением убеждаетесь, что жизнь прекрасна и что ваш час еще не пробил.

ОТ ПЛОЩАДИ ДАНФЕР-РОШРО

На площади Данфер-Рошро, название которой, по мнению русского писателя Савицкого, живущего в Париже, русскому выговорить не так-то легко, мне приходится бывать часто. Здесь расположены ближайшая к моему дому остановка прямого автобуса до аэропорта Орли (Орлибюс) и остановка прямого автобуса до русского кладбища в Сен-Женевьев де Буа, что в двадцати километрах от Парижа. Площадь эта довольно велика и, на мой взгляд, бестолкова. Пересечь ее трудно, машины мчатся во всех направлениях, нужно преодолеть множество переходов, чтобы добраться до метро, до стоянки такси или до остановки автобуса. В разных углах площади разбиты скверы, тоже отделенные друг от друга потоками машин, а на скверах стоят так же трудно достижимые памятники всяким более или менее известным людям. Ну, скажем, химику по фамилии Распай, который умер 120 лет назад, или политику по фамилии Трарие, который сто лет тому назад выступал за пересмотр дела Дрейфуса, или, скажем, умершему полтора века назад граверу по фамилии Шарле, который всю жизнь увековечивал наполеоновскую эпопею. Но главный памятник стоит, конечно, в центре площади — огромный бронзовый лев, уменьшенная бронзовая копия знаменитого Бельфорского льва, установленного в городе Бельфоре, что лежит между Вогезами и Юрскими горами по пути на север и к сердцу Европы. Мне доводилось проезжать автостопом этот странный город, посреди которого — глубоченная пропасть. Вот там-то у входа в цитадель Ворота Бургундии, построенную Вобаном, и стоит огромный Бельфорский лев, замечательная скульптура эльзасского скульптора Бартольди, который во всем мире прославился своей статуей Свободы, стоящей в нью-йоркской гавани, но французам знаком и другими творениями. В Бельфоре огромный Бельфорский лев был установлен к десятилетию обороны города, которому в жестоком бою удалось устоять против пруссаков во время франко-прусской войны 1870—1871 годов. Вот во время этой обороны

Бельфорский лев, копия скульптуры знаменитого Бартольди, на площади Данфер-Рошро напоминает о том, что жители Бельфора дрались как львы во время франко-прусской войны 1870—1871 годов.

и отличился сорокавосьмилетний полковник Пьер-Филип Данфер-Рошро, в честь которого были переименованы и парижская площадь на левом берегу Сены, и прилегающая к ней улица (ныне даже авеню) Данфер-Рошро. Срочное переименование улиц в городах и весях при смене власти, будь то Франция, Таджикистан, Белоруссия или Индонезия, — дело обычное. Политики используют эту акцию в своих политических целях. В наше время это первое, что делает новая власть, водворившись во дворце, мэрии или хотя бы сельсовете. По названиям улиц или поселков можно изучать историю разных эпох, что, конечно, не всегда легко, а также новейшую историю, что гораздо проще. Ну, скажем, бродя по парижским предместьям, вы встретите улицы, названные именами мелких функционеров французской и даже советской компартии и членов их политбюро — какого-нибудь забытого у нас Жданова или отца ГПУ Дзержинского. И вы сразу догадаетесь, что власть в здешней мэрии находилась в руках коммунистов. Это просто. Но вот переименование в 1879 году площади или улицы д'Анфер, то есть Адской, в площадь и улицу полковника Данфер выдает незаурядное остроумие местных властей (и там и тут «данфер») и их приверженность к исторической традиции. А вот откуда взялось первоначальное название д'Анфер — это уже сложнее и оттого интереснее. Скорее всего, это все те же вариации по сходству звучания, только более древние. Во времена римской колонии улица эта, загородное продолжение нынешней улицы Сен-Жак, называлась виа Инферьор. Вполне естественно от латинского Инферьор (французского Анферьор) прийти к французскому Анфер. Но легенда настаивает на том, что название это восходит к замку Вовер и «дьяволам Вовер», от которых осталось во французском языке это раздраженно-наивное «шел бы ты к дьяволу Вовер». Легендарный замок Вовер стоял тут неподалеку, в унылой низине, между склонами горы Святой Женевьевы и горы Парнас (мон Парнас). Он был построен в конце X века Робером Благочестивым, но скоро был им заброшен и служил приютом разбойникам и бродягам. Поговаривали, что тут водятся черти, в общем, настоящая преисподняя (анфер). Рассказывали даже, что в замке проживал и король Филипп I, тот самый, что в конце XI века ни за что ни про что бросил свою прекрасную жену Берту Голландскую и женился на Бертраде де Монфор, за что три года спустя, в 1095 году, был отлучен от церкви. Вот тут я хотел бы, если будет позволено дилетанту, вступиться за короля Филиппа, потому что, на мой взгляд, ни с какой чертовщиной его семейная жизнь не была связана, даже если и вправду живал он в замке Вовер и даже был отлучен от церкви. Заступничество свое считаю уместным не только потому, что все эти подозрения навеяны средневековыми предрассудками и не выдерживают солидной проверки, но и потому еще, что король Филипп I был нам почти что земляк, так как был он первенцем дочери киевского князя Ярослава Мудрого Анны Ярославны и ее мужа, французского короля Карла I. Конечно, Филипп I допускал в жизни ошибки и унаследовал — скорей всего, по материнской линии — недюжинный любовный темперамент (кстати, у матери его были с Ватиканом сложности совершенно по такому же поводу). Однако, как и отчим его Рауль, Филипп с церковью вскоре помирился (уже в 1104 году) и, более того, помирился с единоутробным братом, сыном Рауля. Отчим надолго оставил его малолетним сиротой на троне, умыкнув его мать-регентшу. Правил Филипп Францией непривычно долго и жил долго, а за такой срок чего с человеком не случится. Что же касается замка Вовер, то позднее король Филипп-Август, строя укрепленную стену вокруг Парижа, предпочел даже оставить дурной репутации замок за чертой города. А позднее поселились в этих местах благочестивые братья ордена Святого Бруно и ордена Святого Людовика, и жили там мирно, и процветали до самого 1792 года, ну, а в 1792 году сами знаете, что случилось. Еще больше святых братьев и сестер селилось (да и нынче живут и трудятся) на улице Данфер-Рошро, в монастырях, аббатствах, богадельнях этой таинственной улицы, которая идет на северо-восток от площади Данфер-Рошро к бульвару Пор-Рояль и к бульвару Монпарнас.

От площади Данфер-Рошро, как от площади Звезды (но поскромней, конечно, поскромней, и Триумфальной арки нет, хотя все же есть бронзовый Бельфорский лев), расходятся лучами семь бульваров, авеню и улиц. Каждый «луч» представляет интерес для прогулок, но я хотел бы отправиться к северо-востоку, по авеню Данфер-Рошро. У меня есть на то личные причины, и я в свое время их непременно раскрою. Прогулку предлагаю начать на нечетной стороне улицы, а обратно пойдем по четной. Итак, дом № 83 — дом, как все другие, но за фасадом его скрывается (да, именно скрывается, ибо она вся такая потаенная, эта улица, за заборами ее и фасадами — другая, то провинциальная, то монастырская, то больничная жизнь) — так вот, за фасадом скрывается целый, вполне укромный аристократически-провинциальный городок. По сторонам аллеи тут идут особнячки и мастерские художников, иные из них, скажем особняк Фонтен, представляют интерес как первые образцы модерна начала века.

В доме № 79 в 1925 году открылся русский «Союз молодых писателей и поэтов», который в эмигрантских газетах иногда попросту называли «русским клубом». В эмиграции часто повторяли шутку популярной юмористки Надежды Тэффи: «Что означает это сборище старых евреев на улице Данфер-Рошро? Это собрался на заседание "Союз молодых русских поэтов"». Конечно, это шутка — поэты «незамеченного поколения» в ту пору все-таки были молоды, да и кто отличит в Париже русского еврея от грека, алжирца, француза или итальянца? Но русские евреи среди этих поэтов, конечно, были, и полтора десятка лет спустя они сгорели в печах нацистских крематориев: Юрий Мандельштам, Миша Горлин, Юрий Фельзен, Раиса Блох...

Культурная жизнь эмиграции была в ту пору очень напряженной, и в этом можно убедиться по старым афишам «русского клуба» на улице Данфер-Рошро. Здесь читали свои новые произведения Ходасевич, Зайцев, Тэффи, Шестов, Шмелев, Берберова, Георгий Иванов, Терапиано... Бальмонт председательствовал здесь на конференции о творчестве Фета, Цветаева целый вечер читала стихи о Белой армии (и успех был шумным). Позднее редакция журнала «Версты» провела здесь диспут на тему «Культура смерти в русской революционной литературе». В дискуссии приняли участие Бунин, Бальмонт, Адамович, Зинаида Гиппиус, Мережковский, Алданов, Цветаева, ее муж Эфрон, Ходасевич, Зайцев. А председательствовал литературовед князь Святополк-Мирский. Позднее он стал просоветским, уехал в Москву и был там, конечно, убит. То же случилось с Эфроном, да, собственно, и с Цветаевой тоже, впрочем, лучше не вспоминать, что было с этими людьми позднее. На дворе апрель 1926 года, остановим стрелки часов — и пойдем дальше...

За фасадом дома № 7 по Данфер-Рошро также скрывается поселок художников — четырнадцать мастерских в перестроенной старинной конюшне почтовой станции заставы д'Анфер. За стенами дома № 71 находится монастырь «Девушек Доброго Пастыря». Раньше тут была община падших женщин, ставших на путь исправления и искупления, потом монахини ордена Святого Фомы из Вильнева стали продолжать ту же работу возвращения падших женщин на истинный путь. В последние десятилетия здесь занимаются и помощью умственно отсталым детям. За стенами Данфер-Рошро, в тиши — дела милосердия, братской любви, сострадания... Во дворе этого дома можно, кстати, полюбоваться водонапорной башней, принимавшей воду из Ранжиса с 1624 года...

Перейдя на четную сторону авеню, в доме № 68 можно увидеть еще один монастырь, основанный в 1620 году Святым Франсиском Сальским и Святой Жанной де Шанталь. Здесь же находится магазин «Монастырские промыслы», где продаются изделия, изготовленные руками монахинь. В соседнем особняке XVIII века, принадлежавшем маркизу Лотреку, располагается «приемный дом» католической ассоциации помощи молодым девушкам. В домах №№ 70—76 раньше находилась основанная еще в 1650 году семинария для подготовки священников. Сохранилась тут построенная в 1655 году часовня Святой Троицы и Младенца Иисуса. В доме № 88 работает религиозный орден помощи слепым девушкам. Когда-то в поместье, которому принадлежали все эти дома, жили Шатобриан и его жена: мадам де Шатобриан, умершая в 1847 году, похоронена под алтарем здешней часовни. Больница, основанная мадам де Шатобриан, и дом для престарелых священников тоже размещаются в зданиях бывшего поместья. Но, конечно, самая большая больница занимает помещение бывшей семинарии, в домах №№ 70—76. Это детская больница Сен-Венсан де Поль. Для меня это одно из самых памятных зданий Парижа, ибо именно здесь в солнечный майский денек 82 года родилась моя дочка. Пожалуй, это и был самый счастливый день моей парижской жизни, как мне забыть это старинное здание, этот двор с телефоном-автоматом, по которому я сообщил счастливую весть в Москву. Помню, я уже снимал халат в коридоре после посещения жены, и тут в коридор вышел покурить молодой дежурный врач, который неожиданно заявил мне, что мне не следует, пожалуй, уходить, потому что роды уже начинаются.

— А вы? — спросил я удивленно, потому что сам-то я, собственно, не собирался присутствовать при родах.

— Мне там делать нечего, — сказал он. — Я пойду читать. Там опытные акушерки. Если у них возникнут проблемы, они меня позовут, а вы идите, папаша.

Он оглядел бюллетени на дверях палат и пошел читать. А я вернулся в палату. И не жалею. Это было замечательно. Сперва мы давали жене наркоз и помогали ей разродиться. А потом я увидел дочку, которая только-только появилась на свет. Я слышал ее первый крик. Потом акушерка мыла ее при мне и, приговаривая «давай покажем папе, что мы умеем», вдруг поставила ее на стол, держа за ручки. И я увидел чудо: она стала перебирать ножками. Как все новорожденные, она умела «ходить» сразу после рождения. Да все в этой больнице было чудом. И свободный доступ к матери и ребенку. И отдельная палата с телефоном у постели роженицы. Конечно, день стоит в больнице дорого, но все ведь было оплачено страховкой.

Я много с тех пор всякого видел в Париже, но ничего лучшего, чем родильное отделение на улице Данфер-Рошро, я здесь не видел. Я забыл за эти годы имена многих любимых авторов, актеров, забыл стихотворные строчки и названия пройденных городов. Но я помню имя молодой красивой акушерки с улицы Данфер-Рошро: Кристина Изола. Кстати, если забуду, нет беды, имена акушерок и всего дежурившего в тот день персонала перечислены в свидетельстве о рождении дочки, которое выдала нам мэрия XIV округа, где находятся и больница Сен-Венсан де Поль, и авеню Данфер-Рошро.

К югу от Монпарнаса

ПАРИЖ ЖОРЖА БРАССАНСА

Уроженец старинного средиземноморского города Сета, французский Окуджава (или, скорее, французский Высоцкий) — Жорж Брассанс до девятнадцати лет прожил в родном городе. Правда, ему доводилось в детстве бывать в Париже, в гостях у материнской сестры, тетушки Антуанетты, жившей на улице Алезиа в XIV округе Парижа (именно здесь он впервые потрогал клавиши пианино), но его настоящей родиной до 19 лет оставался веселый приморский Сет. В шальные годы беспутной юности школьник Жорж оказался замешанным в каких-то грабежах, так что 19 лет от роду ему пришлось бежать в Париж от своей «дурной репутации». (Если помните, именно так называется его знаменитая песня — «Мовез репютасьон».) Приехав в Париж надолго, вернее даже, насовсем, Жорж поселился сперва у тетушки, в доме № 173 на очень длинной улице XIV округа, улице Алезиа, в той ее части, что неподалеку от метро «Плезанс». В этом уголке левобережного Парижа и провел Брассанс всю свою дальнейшую жизнь, здесь он познал радость творчества, любовь и дружбу, исходил вдоль и поперек эти кварталы простонародного Парижа и вдобавок к прежним друзьям завел новых.

Эти кварталы, так мало похожие на бульвар Сен-Жермен, на Шоссе д'Антен, на Большие Бульвары, на острова Сен-Луи или Маре, стали микрокосмом Брассанса, а

В новом парке имени Жоржа Брассанса можно увидеть его бюст...

он стал их певцом. Если Шарль Трене, приехав в Париж из родного Нарбонна в середине 30-х, начал посещать знаменитые кафе и кабаре, вроде «Быка на крыше» или «Куполи», встречался со знаменитым Максом Жакобом или прославленным Жаном Кокто, если Лео Ферре принялся сразу ходить на юридический факультет и слушать лекции, если провинциал Ив Монтан очень скоро узнал в столице кучу знаменитостей, то миром Брассанса надолго остались эти улицы, тупики, переулки, что лежат между вокзалом Монпарнас, улицей Алезиа и метро «Плезанс». Естественно, что и встретил он здесь не интеллектуалку Симону Синьоре, а простоватую, немолодую бретонку Жанну, жившую с мужем-овернцем в крошечном домике в тупике Флоримон, по соседству с тетушкой Брассанса. Близ вокзала Монпарнас селилось до войны множество выходцев из бретонской деревни (как позднее, скажем, магрибинцы селились в Бельвиле, а еще позднее камбоджийцы, вьетнамцы и китайцы — между авеню Иври и Шуази в XIII округе). Когда Жорж встретил Жанну ле Боньек, ему было 22 года, а Жанне лет на тридцать побольше, но, как выяснилось, разница в возрасте любви не помеха, и даже когда минула эпоха их физической близости, еще на десятилетия остались былая привязанность, ревность, душевная близость, дружба. А когда все минуло — и сама Жанна и сам Жорж минули, ушли насовсем, — осталась легенда, остался миф о Жанне Брассанса, той самой, у которой была утка и у которой якобы всегда гостеприимно раскрыты были двери хибарки в тупике Флоримон.

Поселившись поначалу у тетушки, Брассанс стал работать на заводе «Рено», но вскоре началась война, немцы разбомби-

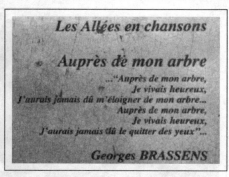

...отрывки из его песен...

ли цех завода, и больше Брассанс во Франции, пожалуй, уже никогда добровольно и не работал, точнее, не ходил на работу. Чем же он занимался? Он много читал, писал стихи, сочинял песни, бренчал на пианино. Короче говоря, надолго стал вольным художником, нищим художником.

Весной 1943 правительство Виши под давлением немцев стало угонять молодых французов на принудительные работы в Германию. Брассанса отправили работать на завод БМВ и поселили вместе с другими рабочими в лагере Басдорф, стоявшем в сосновом лесу под Берлином. В ла-

...или их персонажей.

А можно просто предаться воспоминаниям о нем и о его любимых кварталах Парижа.

гере Брассанс приобрел новых друзей, друзей на всю жизнь. Самыми близкими из них были два парижских банковских служащих Рене Искен и Пьер Онтаньянт, которого позднее за нерушимую гранитную надежность и верность Брассанс прозвал Гибралтаром. Брассанс вообще, несмотря на застенчивость, некоторую скрытность и стыдливость, лучше всего чувствовал себя в компании друзей. В лагере друзья-парижане отыскали старенькое пианино, и Брассанс принялся сочинять новые песни. И еще он очень много читал. Видно, лагерь был все же не из самых страшных. В 44 году его отпустили в отпуск в Париж, и он почел за лучшее не возвращаться в лагерь. Он прятался в домишке Жанны и ее мужа-овернца, в доме № 7 в тупике Флоримон, неподалеку от дома тетушки Антуанетты,

Жанниной подруги. Этот вошедший в легенду двухэтажный домишко из песен не имел электричества, водопровода, а «удобства» находились во дворике. Во дворе чаще всего спал в сараюшке и овернец Марсель, муж Жанны. Шли годы. Брассанс много читал, даже ухитрялся покупать книги на развалах, много писал стихов и прозы, сочинял песни. Жанна предоставляла ему кров бесплатно, даже кормила его изредка, но чаще все же он ходил обедать к друзьям — к друзьям по Сету, друзьям по лагерю Басдорф, своим новым друзьям.

Иногда у молодого поэта случались любовные увлечения. Близ метро «Данфер-Рошро» он встретил как-то юную фантазерку Жо. Потом ее приняла парижская панель. А близ тупика Флоримон, в своем квартале (кстати, довольно «русском» в те времена квартале), он однажды повстречал маленькую блондинку-эстонку, которую прозвал Куколкой, Пупхен. Им приходилось встречаться тайком, прячась и от ревнивой Жанны, и от мужа Пупхен. Они бродили по улочкам своего округа, сидели в бистро, посещали друзей. Их близость и дружба сохранялись до самой смерти Брассанса. Пупхен сопровождала Жоржа в его гастрольных поездках, вела его дом в городе и в деревне. Ей посвящены многие его песни, в том числе и один из его

В тупике Флоримон стоял домишко «той самой Жанны», прославленной Брассансом...

шедевров «Имею честь не предлагать себя в супруги». Они ведь так и не сочетались браком.

Один из друзей с улицы Алезиа привел как-то Брассанса к друзьям-анархистам, в редакцию анархистской газеты «Ла Либертэр». Анархизм пришелся Брассансу по душе, он и сам был в душе анархист. Он стал писать в эту газету под разными псевдонимами, смеялся не только над полицейскими и чиновниками, но и над французскими восторженными сталинистами той поры: в голосе Луи Арагона, исступленно кричавшего «Ура, Урал!», чуткому музыкальному уху Брассанса чудились фальшивые нотки.

Год за годом Брассанс писал стихи и песни, даже издал за свой (или за чей уж там) счет сборник стихов и повесть, пел песни друзьям, но за пределы дружеского круга популярность его не выходила. Да ведь и не так-то легко выйти в Париже за пределы своего круга. К тому же в те годы на эстраде выступало много довоенных певцов — пели Пиаф и Тино Росси, Шарль Трене и Мирей, Морис Шевалье и еще не меньше десятка знаменитостей. Пели Монтан и Сарду, Лин Рено и Жорж Гетри, Франсис Лемарк, Рош и Азнавур. Брассанс пытался заинтересовать других певцов своими песнями, но в конце концов от них отказались и «Братья Жаки», и Монтан, и другие. А ведь Брассансом уже были написаны многие из лучших его песен. Когда же друзьям удавалось устроить прослушивание самого Брассанса, он тушевался перед чужими и портил все дело. Ко всему прочему Брассанс и не очень спешил, не суетился. Может, он верил, что в свое время успех придет сам собой, а пока... Так хорошо петь среди своих, для тех, кто тебя любит...

Первая удача пришла к Брассансу весной 1952 года. Все случилось на Монмартре. В сердце Монмартра, на площади Тертр певица Паташу (она же Анриет Рагон) открыла кабаре-ресторан «У Паташу». Она пела там сама и приглашала новичков. Друзья-земляки уговорили ее послушать Брассанса. По окончании своего выступления она объявила, что у них в гостях новичок. Брассанс отказался выйти на эстраду, остался среди друзей, за столиком. И, осмелев, спел два десятка песен. С первых же строк контрабасист оркестра Пьер Никола потянулся за своим инструментом и стал подыгрывать Брассансу, «наращивать мясо». Знал ли он в тот вечер, что станет другом «усача-гориллы» и будет подыгрывать ему на сцене еще 30 лет, до самой смерти Брассанса.

На следующий день Паташу объявила, что она будет петь песни Брассанса. И стала его уговаривать, чтоб он пел сам, объясняя, что некоторые песни женщина петь не может. Позднее Брассанс не уставал повторять, что он всем обязан Паташу.

С Монмартра пришла и вторая удача. Пение Брассанса услышал Жак Канетти. Он лишь незадолго перед тем открыл на улице Кусту близ бульвара Клиши свой театр «Три осла». Жака Канетти знали на радио, он был художественным руководителем на фирмах грампластинок «Полидор» и «Филипс». В 1952 Канетти открыл для широкой публики Жюльет Греко. И вот, услышав Брассанса, он решил запустить новую звезду на парижский небосклон. Для начала он выпустил его грампластинку. А в сентябре Брассанс вышел на сцену «Трех ослов». Вскоре состоялась его первая запись на телевидении, в ту пору еще не слишком популярном (на всю Францию насчитывалось всего 24 000 телевизоров). В ту пору Брассанс пришел в банк к другу Гибралтару, принес первый в своей жизни чек и спросил, как по нему получают деньги. У него никогда не было счета в банке. И денег тоже, что его, впрочем, никогда и не беспокоило.

Теперь пришла слава, пришли деньги. Газеты писали о нем взахлеб — о мрачном усаче с тупика Флоримон. Будущий друг Фале так писал о первом своем впечатлении от Брассанса в «Канар Аншене»: «Он похож одновременно на покойного Сталина, на Орсона Уэллса, на калабрийского лесоруба и попросту на пару усов».

Брассанс пел теперь по два-три раза в день. И всюду таскал за собой друзей. Жил он по-прежнему в клетушке, в тупике Флоримон, у Марселя и Жанны, которая сделалась вздорной, старой, невыносимой. Он прожил там двадцать лет, выплатил за домик и никуда не собирался переезжать. Но в 1965 году умер Марсель-овернец, а 75-летняя Жанна влюбилась в 37-летнего алкоголика-клошара, который вообразил, что если у старушки есть домик, значит, могут быть и сбережения, так что на ней можно жениться. По ночам в домике теперь стояли крики скандалов и звон разбиваемой посуды. Брассансу пришлось перебраться на улицу Эмиля Дюбуа, тут же в XIV округе. У него была теперь просторная двухэтажная квартира, и соседями его стали художник Пене и Жак Брель. Это Брель отвез его в больницу на операцию, когда у него случился приступ нефрита. У Брассанса появилась просторная кухня, и именно на этой кухне он записал одну из своих знаменитых пластинок в пору, когда на студии грамзаписи началась забастовка. Теперь у него всегда было место и для верной его возлюбленной, эстонки Пупхен.

В 1967 году в театр «Шайо» пришел Жан Вилар, земляк из Сета. Знаменитый, всеми обожаемый Брассанс мог теперь петь в «Шайо», когда хотел. Он пел также в «Бобино» и в «Олимпии», без конца разъезжал с концертами по Франции и Марокко. В 1967 его чествовали под куполом Академии. Французская Академия присудила ему Большую Премию Поэзии. Премий за песни у Академии не было. Во Франции уже много было понаписано о том, что Брассанс открыл новый путь французской песне, о том, что он обновил лексику поэзии, нарушив многие языковые запреты и смело сочетая архаическую лексику с разговорной. На церемонии в театре «Шайо» один из ораторов даже заявил, что, по мнению подавляющего большинства французов, имя Брассанса следовало бы внести в знаменитый словарь «Ларусс».

После смерти Жанны («Монд» объяснил в тот день читателям, что умерла «та самая Жанна», о которой поет вся Франция) Брассанс сдал домик швейцарскому актеру, но в октябре 1971 года он пришел туда с друзьями отметить свое 50-летие. Летом он регулярно ездил в Бретань, на родину Жанны, гулял там по берегу с ее племянником и в конце концов купил себе дом в этих местах. Но ему и в Париже хотелось жить в отдельном домике, и он купил себе дом № 42 на улице Сантос-Дюмон (бывший бульвар Шовело, переименованный в честь бразильского авиатора), тихой деревенской улице посреди Парижа. На ней стоят небольшие домики с черепичными и шиферными крышами, с садиками. На эту улицу вскоре перебрался и земляк Брассанса, его друг-повар Пьер Ведель. Теперь у Брассанса был рядом ресторан, где он мог собирать друзей. Сам он не был гурманом и мог жить на одних бутербродах, но он обожал дружеские застолья и собирал друзей из Сета, друзей по лагерю и парижских друзей, среди которых был актер Лино Вентура, итальянец, любивший готовить макароны на всю компанию. Это были мужские застолья — до глубокой ночи или до утра мужчины говорили об искусстве, о женщинах, о жизни и смерти. Смерть пришла, как всегда, слишком рано — в 60. Смерть от рака.

В XIV округе Парижа, где Брассанс прожил три четверти своей жизни, неподалеку от последнего его дома, на семи гектарах любимого им уголка Парижа разбит нынче парк имени Жоржа Брассанса. Там стоит бронзовый бюст усача. Но зачем бюст, если голос его у нас в доме, у всех в памяти, или, как говорят, на слуху. Ну, а словечки его на языке у всякого парижанина...

ПАРК МОНСУРИ

Этот прелестный парк на южной окраине Парижа дорог мне личными воспоминаниями. В нем мы часто гуляли с доченькой, когда она была маленькая. Он не такой уж большой, этот парк, но в нем есть и озеро, и холмы, и прекрасные тенистые уголки... Конечно, по своим размерам здешние парки не могут тягаться с каким-нибудь московским Измайловом или Сокольниками. Но их и нельзя сравнивать с московскими, ибо они лежат в черте города, то есть в каких-нибудь двух-трех километрах от центра Парижа, а за чертой города Парижа (которая, как вы помните, проходит в четырех километрах от собора Парижской Богоматери) тоже найдутся и большие леса и парки.

Парк Монсури, как и многие другие парижские парки, разбит был в последней четверти прошлого века, при великих урбанистах императоре Наполеоне III, бароне Османе и парижском директоре работ инженере Альфанде. Здесь среди холмов проходила железная дорога, и планировщик гениально вышел из положения. Дорога теперь спрятана и почти не мешает, а холмы только украшают парк. Как украшает его и озеро с утками — очень романтическое озеро. В нем не топилась бедная Лиза, но печальная история с этим озером все же связана — скорей уж в чеховском, чем в карамзинском духе. Когда парк был готов к открытию, на которое собирался прийти сам великий паркоустроитель император Наполеон III, вода вдруг за ночь куда-то вся ушла из озера и бедняга-подрядчик, не в силах снести позора, кончил утром жизнь самоубийством. Над тихими водами этого озера играют детишки, судачат нянюшки, целуются студенты, пенсионеры читают газеты. А чуть выше глядится в воды старый деревянный ресторанчик, в котором, по слухам, любили сиживать Ленин с Троцким. С Лениным в парке и его окрестностях вообще связано много воспоминаний, потому что гениальный автор октябрьского переворота парк этот любил и считал его полезным для своего здоровья. Он и селился из-за парка тут, рядышком, на прилегающих улицах, сперва на

Парк Монсури

улице Бонье, потом на улице Мари-Роз. Последняя его квартира была даже позднее куплена компартией для устройства в ней музея. В этом музее и рассказывают, что вот такой великий человек жил здесь в большой скромности с женой и тещей, с утра пил чай и съедал сдобный круассан и гулял для здоровья по парку, катался на велосипеде, а потом садился за стол и боролся с различными врагами — всякими оборонцами, отзовистами и ликвидаторами наизнанку. Чаще всего врагами его становились бывшие друзья, которые стали или могли бы стать его конкурентами в борьбе за власть. В борьбе Ильич был беспощаден, демократии не терпел вообще и так объяснял свою методику любимой женщине, поселившейся для удобства общения в соседнем доме на той же улице Мари-Роз: «Дать "равенство" поросятам и глупцам — никогда!.. я вам набью морду и ошельмую вас как дурачков перед всем светом. Так, только так надо действовать». Как мы теперь знаем, так Ильич и действовал. Что касается знаменитой его скромности, то все относительно. Он ведь в ту пору еще не занимал никаких постов, да и на службу не ходил. С другой стороны, жить где-нибудь в рабочем XX округе Парижа или в пригороде, как жили потом изгнанные им из России интеллигенты, он не хотел. Здесь, у парка, жилье уже тогда стоило дорого, но Ильич считал, что ничего нельзя покупать или снимать по дешевке. Сняв квартиру, он с гордостью сообщал в письме: «Нашли очень хорошую квартиру, и дорогую... по-здешнему дорого, зато будет поместительно. Вчера купили мебель». Хотя городскую квартиру Ильич снял возле парка, он не забывал ездить на курорты, а врачей для наблюдения за здоровьем посещал только самых лучших, тут он проявлял большую принципиальность и писал в письме Горькому: «Уверяю Вас, что лечиться надо... только у первоклассных знаменитостей... упаси боже от врачей товарищей, вообще, врачей-большевиков, в частности...» Твердое соблюдение этих разумных принципов, конечно, требовало денег, а Ильич не работал. Так что жить ему приходилось на партийные деньги. Конечно, на всех членов партии партийных денег не могло хватить, и Ильич предлагал их тратить на тех людей, кого он сам называл «ценным партийным имуществом», то есть на него и на его жену. Вероятно, в эту категорию входили также его теща и любимая женщина, которую звали Инесса Арманд и которая жила по соседству. Деньги в партийную кассу поступали от пожертвований. Жертвовали богатые и щедрые русские капиталисты, собирали партийцы деньги и среди тех, кто сам не был «ценным партийным имуществом», но в партии состояли в качестве массы. Иные из капиталистов просто давали всем, кто умел просить, другие надеялись, что, придя к власти, политические партии не забудут их благодеяний. Конечно, деньги не поступали в партийную кассу без хлопот, но Ильич умел хлопотать. Его письма, написанные в академической атмосфере, за солидным рабочим столом, показывают, что Ильич был человек настойчивый и умелый. Вот он пишет: «Собирайте деньги, мы доведены почти до нищенства...» Нищенства, конечно, не было, но письма должны были расшевелить благодетелей. Пусть раскошелятся рабочие, настаивает Ильич в письмах, английские рабочие, русские рабочие... А уж на заводчиков и миллионеров Ильич и его соратники умели нажать. Савва Морозов давал многие тысячи. Давал и молодой богач Николай Шмит. Но случались трагические срывы. Вот молодой Шмит, который много давал, был арестован и покончил с собой в тюрьме. Тут большевикам и Ленину пришлось принять срочные меры, потому что деньги покойного Шмита достались его совсем юным сестрам, а не Ленину, который не приходился этому Шмиту родственником. И тогда были срочно выписаны с Кавказа два твердокаменных ленинца, чтобы соблазнить юных сестричек Шмита, жениться на них и отдать деньги партии. Были выписаны товарищ Таратута и товарищ Андриканис, которые с заданием партии справились. Правда, у товарища Андриканиса после приезда с невестой в Париж появились колебания. Ему не хотелось отдавать все деньги, а хотелось оставить кое-что на жизнь, но товарищ Таратута сказал, что он его убьет, этого Андриканиса, и ленинский ЦК поддержал Таратуту. Ленин презирал этого Таратуту за то, что он женился без любви, но уважал его за преданность делу партии. Он так и говорил, что этот Виктор подлец, но полезный человек. Меньшевики потребовали, чтобы большевики поделились с ними добычей, но Ленин им ничего не дал, а положил деньги на свой счет в банке «Лионский кредит» возле Орлеанской заставы, Порт д'Орлеан. Это было недалеко от дома, и Ленин ходил туда пешком, так как это было полезно для здоровья. Он брал деньги в банке, и это давало ему возможность жить в Париже безбедно. Но, конечно, надо было думать и о будущем, так что Ленин встретился тут, на улице Мари-Роз, с товарищем Сталиным. Сталин осуществлял связь Ленина с бандитами, которые совершали «эксы», то есть экспроприации, просто говоря, вооруженные налеты и грабежи. Они нападали в Грузии на банки и почтовые поезда, убивали охрану, забирали деньги и отсылали их Ленину. Меньшевики заявили на партийном съезде, что партии не пристало наживаться на грабежах. Ленин их высмеял, но при голосовании он остался в меньшинстве, так что пришлось ему согласиться на словах с этими чистоплюями, но на деле он очень славно обо всем договорился наедине с товарищем Сталиным, и разбой продолжался. Главный грабитель по кличке Камо тоже приезжал на улицу Мари-Роз совещаться с Лениным и от него отправился «на дело». Конечно, не все мокрые дела были удачными. Например, иногда банковские билеты были нумерованные, и большевикам приходилось, рискуя свободой, ездить по всей Европе и «отмывать» грязные деньги (у жены Ленина Крупской есть об этом трогательные воспоминания). Как видите, Ленин жил здесь очень активной личной и общественной жизнью, и, гуляя по дорожкам прекрасного парка Монсури, он придумал немало такого, от чего Россия и по сю пору не может очухаться.

ДВЕ УЛИЦЫ XV ОКРУГА

Эти две длинные улицы левого берега Парижа — Вожирар и Лекурб — редко поминают путеводители и редко навещают туристы. Тем больше у нас с вами оснований прогуляться по ним, тем больше надежды набрести на уголки повседневной парижской жизни, не затронутой туристической лихорадкой, исконно парижские улочки, рыночки, магазины. Несмотря на беспардонное наступление новостроя, многое еще уцелело в XV округе, ибо он велик, один из самых больших округов Парижа. К тому же у нас с вами свои, особые причины посетить эти места: XV округ между двумя великими войнами века считался едва ли не самым русским округом Парижа, в не меньшей, а пожалуй что, и в большей степени, чем правобережный XVI. И хотя поредела в военные и послевоенные годы русская колония Парижа, распалась русская инфраструктура, вполне офранцузились эмигрантские внуки — поди отличи от французов! — а все же набредаешь иногда в XV на уголки, напоминающие о великих днях той эмиграции (эмиграции поистине уникальной, какой Франция и не упомнит, ибо, незначительная по численности, она создала в чужом городе особый русский мир и высокого накала духовную жизнь, оставила в культуре приютившей ее страны благие, повсеместно ощущаемые следы).

Упоминания о тогдашнем XV округе попадаются и в эмигрантских (увы, не слишком многочисленных) мемуарах, и на страницах старых русских газет и журналов — иной раз просто в рекламе здешних магазинов, вроде знаменитого гастронома Стамбули, обувного магазина «Орел», русской сапожной мастерской, русского кинематографа, русского магазина готовой одежды. Все рекламные объявления обещают обслужить «за умеренную цену и в рассрочку», да еще гарантируют качество с непременною присказкой — «как бывало когда-то в России». Клиент тогдашний еще помнил, как бывало. Именно на эти две улицы, на рю Лекурб и рю Вожирар, зазывают с пожелтевших газетных листов объявления русских адвокатов, русских врачей и русских церквей, ибо здесь, на Вожирар, на Лекурб, в примыкающих к ним переулочках, близ станций метро «Конвансьон», «Волонтер», «Севр-Лекурб» или «Коммерс» кучно жили некогда русские изгнанники. Открываешь мемуары какого-нибудь Гуля — и вот она здесь, рю Лекурб:

«Как-то, дойдя до своего дома № 253 на рю Лекурб, я как обычно стал подниматься по лестнице на свой пятый этаж. Без лифта — упражнение не из приятных. Кружишь-кружишь — и на каждом повороте украшение — две турецкие уборные. Вообще, дрянная у нас была квартира. Одна комната с кухней».

Это было написано уже в Америке. Уехав потом в США, чуть ли не все эмигранты на американском-то просторе (набоковский Пнин в том числе) с ужасом или снисходительностью вспоминали свое тесное европейское жилье... Недавно забрел я из любопытства на пятый этаж дома № 253 — там все по-старому, живут счастливые парижане, благословляют судьбу, только квартплата выросла раз в десять, да ведь и раньше квартиру могли снять только счастливцы, у кого было чем расплатиться...

В этой части улица Лекурб подходит близко к кладбищу Вожирар и заставе Исси-ле-Мулино, где кончается город. Кстати, за городской заставой, в ближних юго-западных пригородах, где жилье было еще дешевле, и селились по большей части русские эмигранты — в Исси-ле-Мулино, Ванве, в тихом Кламаре или Медоне (Цветаева в них сменила несколько квартир). Впрочем, и улицы Лекурб и Вожирар были в ту пору тихие, окраинные (от собора Нотр-Дам целых три километра). В начале века на этой окраине начали строить дешевые дома для тех, кто победней. В них как раз и угодили русские беглецы. Однако за последние полвека рабочего люда на этих двух улицах поубавилось — тут нынче живет небогатая буржуазия, рантье и вполне состоятельные пенсионеры. И хотя кое-где построили довольно дорогие многоэтажные дома, сохранились еще в переулках и тихие, почти сельские уголки, остались старые живописные магазинчики и даже интересные дома, вроде какой-нибудь Грушевой виллы близ дома № 90 на Лекурб или домов от № 118-го до 140-го по той же улице. Мой же любимый уголок в этой части улицы Лекурб — двор дома № 91. Заходишь во двор, и встречает тебя звоном колоколов маленькая православная церквушка

В глубине двора на улице Лекурб в бараке близ общежития прихожане устроили одну из уютнейших православных церквей Парижа.

Серафима Саровского, построенная сравнительно недавно, зато уютная, деревянная, с хорошими иконами, принесенными в дар прихожанами. Сами прихожане тут люди на редкость симпатичные, второе, а чаще третье и четвертое поколения старой эмиграции, охотно вступают в разговоры с незнакомыми. Внутри, от пола к потолку церкви, поднимают свои стволы два старых дерева. Когда церковь строили, их не стали валить, а обстроили наверху, у кроны, стеклянным колпаком: иной раз поднимешь голову и только тогда поймешь, что это шелест листьев вплетается в хор голосов, читающих или поющих молитву. Я несколько раз приводил в эту церковь друзей, приезжавших из России, и после службы у нас завязывалась беседа с прихожанами. Когда же дочка моя была еще маленькая, я иногда брал ее сюда с собой на воскресное богослужение, и она повторяла за мной со смешным, уже невытравимым французским акцентом: «Госпади, памилюй!»...

Между улицами Вожирар и Лекурб проходит с севера на юг улица Бломе, которую парижане издавна ценили за тишину и спокойствие. Здесь еще и сегодня простирается монастырская лечебница с обширным садом. В доме, который стоял раньше на маленькой площади Бломе, некогда размещались мастерские художников Андре Массона и Хуана Миро. Позднее в этом доме поселился и поэт Робер Деснос. Его навещали здесь другие поэты-сюрреалисты и друзья — Жакоб, Бретон... В память о тех счастливых временах Хуан Миро подарил этой площади одну из самых больших своих скульптур — «Лунную птицу». Тут ее и поставили, на маленькой площади Бломе...

На улицу Бломе выходит короткая улочка Петель. На ней, в доме № 5, в странном одноэтажном выступе этого многоэтажного дома, размещается русская православная Трехсвятительская церковь, принадлежащая к Московской Патриархии. В 1931 году, когда митрополит Евлогий порвал с Москвой, часть прихожан осталась верной Московской Патриархии (таким образом, православных церквей за границей стало уже три, а после войны ведь тот же митрополит Евлогий снова ушел с частью прихожан под руку Москвы). Так вот, в тридцатые годы в подвале дома № 5 по рю Петель и был устроен православный храм Московской Патриархии. А в 1958 году, когда дом перестраивали, к дому сделали странную одноэтажную пристройку, в которую и перевели церковь. Помню, как-то, лет 20 тому назад, после воскресной службы один старый, чуть ли не столетний казак остановился рассказать мне о загадочной судьбе этой церкви. Когда надумали перестраивать невзрачный дом № 5, сама Богородица явилась во сне французскому архитектору и просила его порадеть о русских прихожанах. Пробудившись, он начал хлопотать о нынешней странной пристройке кубиком. В первые мои парижские годы не раз слушал я в этой церкви проповеди старенького эмигрантского священника отца Владимира. Он очень ругал французские обычаи, похваливал советскую власть, и видно было, что замучила его тоска по забытой родине, наподобие того, как мучила она в конце жизни самого владыку Евлогия. После ухода отца Владимира на пенсию прислали молодого специалиста из Москвы. Он был плечистый, острый, приметливый — из того поколения, что вырастили в послевоенном Загорске для загранработы. Тут-то я и стал ездить на рю Лекурб, где такого хора, как на Петель или на Крымской улице, все же не было.

Тут же, в XV округе, на улице Летелье размещался до

войны Союз русских шоферов, объединявший 1200 русских таксистов, из которых хотя и не все были князья (как гласила парижская легенда), а все же многие служили раньше офицерами императорской российской армии. Ну, а если не извозом, то чем было заработать на хлеб отставному военному без пенсии? Всего русских шоферов насчитывалось до войны в Париже три тысячи, но уже к концу войны не осталось и половины. В 1932 году тут же в XV, неподалеку от рю Летелье, на улице Сен-Шарль помещалась Ассоциация русских шоферов и автозаводских рабочих (как вы могли отметить, общественная жизнь в русской эмиграции была вообще весьма активной). Раз в год Ассоциация проводила в Париже День русского шофера, позволявший собирать средства для помощи собратьям-шоферам, которых одолела нужда.

В том же 1932 году неподалеку от рю Лекурб, на улице Мадемуазель, помещался Союз галлиполийцев, дававший курс высшей военной подготовки под руководством генерал-лейтенанта Головина и бывшего профессора Императорской Военной Академии Николаевского. Здесь русские работяги и официанты снова чувствовали себя в строю. Здесь они находились среди боевых друзей, спутников по дальним странствиям и мытарствам, по галлиполийскому стоянию.

Близ улицы Вожирар, на улице Оливье де Сер, открыта и нынче православная церковь студенческого христианского движения (имеющего и свой журнал в Париже, и свое издательство, и свой книжный магазин). Здесь же размещается бюро движения.

Улицу Оливье де Сер соединяет с улицей Вожирар коротенькая улица Лакретель. В 1936 году в доме № 26 по улице Лакретель жил человек, которого звали Лев Седов. Это был сын Троцкого и его жены Натальи Седовой. Лев Седов погиб (и как легко догадаться, не случайно) в 1938 году. После его гибели адвокат Троцкого сообщал французскому следователю:

«Установлено, что ГПУ поселило в середине 1936 года по соседству с домом Льва Седова, в доме № 28 по улице Лакретель (а он жил в № 26), бригаду своих агентов: Сергея Эфрона, Смиренского, Дюкоме, Штайнер... которые следили за ним, следуя за ним по пятам, пока некоторые из них не были арестованы в сентябре 1937 в связи с уби-

Чтобы убить молодого сына Троцкого, целая группа «патриотов»-убийц снимала квартиру в соседнем доме.

ством Игнатия Рейса... Эта бригада устроила Седову преступную западню в январе 1937 года в Мюлузе... Лев Седов избежал ее лишь благодаря тому, что его переезд был отложен».

Известно, что в связи с убийством Рейса агент ГПУ Сергей Эфрон, злосчастный муж поэтессы Марины Цветаевой, был отозван в Москву и поспешно бежал из Франции. Жену и сына он оставил на попечение коллег из ГПУ и посольства. Они и «пасли» Марину Ивановну — до самого ее отъезда в Союз, а скорей всего, и до смертельной петли в татарском городке Елабуге. Они переселили ее в Париж, в гостиницу «Иннова» на бульваре Пастера (близ станции метро, той самой, где за пять лет до этого попал под поезд молодой поэт Николай Гронский, в которого была влюблена Цветаева), давали ей деньги на жизнь, а потом отправили из Парижа в Москву с «конспиративностью», которую им завещал еще великий конспиратор В. И. Ленин. По последним предположениям цветаеведов, именно их настойчивое внимание и толкнуло ее позднее в петлю (такое внимание не всякий выдержит)...

НА МЕТРО — В ПОРЯДКЕ ИСКЛЮЧЕНИЯ

Приезжему человеку по городу Парижу надо, конечно, ходить пешком. Но иногда и приезжему приходится проехать километра два-три на автобусе или в метро (на этот случай билеты следует покупать с запасом — десятками, на две зоны (*carnets deux zones*, по одному выходит дороже)). Ну, а парижанин, еще и безлошадный, вроде меня, пользуется услугами метро постоянно. У трудовых парижан есть грустная шутка об их веселой столичной жизни: «було, метро, додо». Она нуждается в переводе, так как в этой формуле использовано парижское арго: то есть жизнь наша вся — «работа, метро да на боковую». Как вы заметили, слово «метро» звучит совсем по-русски, точнее, в русский пришло из французского, а не из немецкого и не из английского, хотя и лондонское, и нью-йоркское, и даже берлинское метро старше парижского. Ну а московское, оно намного моложе и французского тоже. О почти вековой истории парижского метро я еще расскажу, а пока проедемся хоть полчасика в поезде метро. Понятное дело, что путешествие по темным туннелям с остановками на здешних утилитарно-скромных станциях не Бог весть какое развлечение, однако есть две линии метро (в общей сложности всего километров десять, но, на мою удачу, обе проходят по левому берегу, близ моего дома), где поезд идет по поверхности, над улицами, бульварами, площадями, над Сеной... Во-первых, это 6-я линия, «Насьон» — «Шарль де Голль» через «Данфер-Рошро», а во-вторых, 5-я, «Площадь Италии» — «Пантен». Подъезжая к «Площади Италии» с востока, поезд 5-й линии проходит мимо изумрудного травяного склона спортивно-театрального комплекса Берси, мимо нового фараоновского министерства финансов, пересекает по мосту Берси Сену (а справа — все мосты, мосты, до самого собора Нотр-Дам), и вот тут не пропустить, слева — главное, старинный комплекс больницы Сальпетриер с часовней Святого Людовика (я вот так же, бывало, в Москве смотрел в окно метро, чтобы не пропустить на повороте чудную Филевскую церковь). Ну а из поезда 6-й линии, если едешь от «Площади Италии» до «Площади Звезды» («Шарль де Голль» — «Этуаль»), тоже многое можно увидеть: и былой русский XV округ, и окаймленную большими деревьями авеню де Бретей, а в конце ее — золоченый купол Дома Инвалидов, а после станции «Бир-Акем», на мосту через Сену вдруг окажутся рядышком и Эйфелева башня, и баржи, и мосты, и Дом Радио («*Guardi!* — кричат туристы. — *Look, look! Patrz! Unmöglich!*»).

Конечно, при строительстве парижского метро не сооружали подземных дворцов, да и на строительстве в Париже было занято в сто раз меньше народу, чем в Москве, так что здешнее метро на московское не похоже (но московское — это вообще особая, и очень, кстати, интересная, история), однако есть несколько довольно элегантных станций с украшениями и тематическими выставками: скажем, на станции «Монпарнас-Бьенвеню» — экспозиция, рассказывающая об истории парижского метро и его отце — Бьенвеню, на станции «Варенн» — копии скульптур Родена, на станции «Клюни-Сорбонна» — новые мозаики... Но главное украшение парижского метро, на мой взгляд, навесы и павильончики, спроектированные Эктором Гимаром (станции «Абесс», «Порт Дофин»...) — взгляните на них непременно.

Метро в Париже довольно удобное, станций много, расстояния между ними невелики (часто — метров пятьсот, так что станций здесь намного больше, чем в Москве), идут поезда быстро и почти бесшумно — колеса в них на пневматических шинах, поток пассажиров и частота движения регулируются автоматически с централизованного поста при помощи современной техники. Народу в часы пик много, но давка пожиже московской или питерской. За день парижское метро перевозит миллион пассажиров. Протяженность линий давно, еще до войны, превысила полторы сотни километров, а количество станций подошло к трем сотням. Очень удобна скоростная пригородная линия — **RER**, — из далеких пригородов поезда доходят до центра, пересекают город...

Одно из главных неудобств — частые забастовки: все свои проблемы служащие государственного транспорта решают в ущерб пассажирам, за их счет. Торговля в метро не слишком навязчива, но нищих много: одни поют,

К югу от Монпарнаса

другие произносят стандартные тексты, прося два франка или купон в столовую (я, например, таких купонов никогда и не видел), третьи подыгрывают и подпевают звукозаписям. Поют в метро и иностранцы — цыгане, румыны, чилийцы, чехи, раза два слышал русских. В холодную пору бродяг-«клошаров» («клодо») в метро становится больше. Они здесь и ночуют. Раньше спали на лавках. Нынче сделали лавки с перегородками, чтоб сохранить их чистоту; спят на полу...

В истории создания парижского метро, как и во многих других «историях», французы «ищут женщину». Рассказывают, что была у бельгийского короля Леопольда II прелестная подруга-танцовщица Клео де Мерод. И что искал в ту пору король способа отблагодарить Францию, уступившую ему часть конголезской территории. И что как раз в ту пору бились парижане над решением проблемы транспорта: передвигаться по городу становилось трудно. В 1893 году инженер-бретонец Фюльжанс Бьенвеню выдвинул идею подземных поездов. Идею эту многие высмеивали: нелепым казалось загонять живых людей под землю — туда, где лишь крысы, канализация да катакомбы. Высмеивали странную идею и отцы города, но упрямый бретонец стоял на своем, хотя появлялись взамен его «крысиному» метро другие заманчивые проекты, скажем тележки на канатах, подвешенных к столбам вдоль тротуаров, или, к примеру, сухопутные уличные корабли. Но так случилось, что танцовщица Клео де Мерод поддержала проект упрямого бретонского инженера и шепнула в его защиту несколько слов в чувствительное ухо бельгийского короля. А королевский банкир барон Ампэн взялся проект субсидировать. Узнав об этом, французские политики тоже нашли в проекте возвышенные стороны. Они решили принять его в память об услугах, которые оказал когда-то Франции бельгийский двор, приютивший беглых деятелей французской республики. Так что 30 марта 1898 года принято было историческое решение о строительстве, а 19 июля 1900 года была сдана в эксплуатацию первая, десятикилометровая линия, и французы помчались под землей, забыв в вечной своей суете и спешке поставить свечечку за короля Бельгии, за барона Ампэна, за упрямца Бьенвеню и прелестную танцовщицу Клео де Мерод...

«УЛЕЙ»

Не всякий турист потащится в Данцигский проезд и на Данцигскую улицу, что лежат, впрочем, всего в десяти минутах ходьбы от метро «Конвансьон» или от Версальской заставы (**Porte de Versaille**). И зря не потащится. Мой читатель, однако, не «всякий турист», так что он туда непременно отправится, чтобы увидеть это необычное строение, овеянное легендами, — знаменитый «Улей». Чудесным образом уцелело это круглое здание старинного винного павильона со Всемирной выставки 1900 года (Шагал, проживший на свете 98 лет и всех почти переживший, тоже помогал ему уцелеть). В нем за столетие прожило уже несколько поколений художников — живут и нынче, я там бываю время от времени и, обманув бдительность привратника, всласть брожу по этажам, по мастерским... Здесь родилась целая школа живописи — Парижская школа. Но не только в историю искусства Парижа вписан неразрывно этот странный уголок. Он вписан в судьбу Монпарнаса, в судьбу города. В судьбы людей. В судьбу целого поколения. В общем, знаменитый «Улей» заслуживает того, чтобы рассказать чуть подробнее и об его истории, и о некоторых из первых его обитателей (чтобы рассказать обо всех, многим добросовестным авторам не хватило и целой книги, а у нас ведь что — просто прогулки).

В конце века, если верить мемуарным легендам, разбогатевший за счет престижных заказных работ (он ваял, в частности, бюсты прославленной румынской королевы-писательницы) скульптор Альфред Буше прогуливался однажды с приятелем на юго-западной, вовсе еще не обжитой окраине французской столицы и, увидев одинокий кабачок, ощутил непреодолимую жажду (никогда, надо сказать, надолго не покидающую любого француза). Он вышел из коляски на пустынной улице, которая называлась отчего-то Данцигской, но вела (по причине удаленности северного Данцига) в никуда. На улице, изрытой канавами и заросшей бурьяном, паслись коровы и козы.

— Ого, настоящая деревня здесь у вас, — сказал скульптор, устраиваясь за стойкой. — И земля у вас тут небось недорогая...

К югу от Монпарнаса

Знаменитый «Улей», не все обитатели которого успели прославиться при жизни.

— Земля... — усмехнулся кабатчик. — Кому она нужна? Отдаю свою по 20 сантимов за квадратный метр, только берите...

Тороватый скульптор вытащил бумажник, и сделка состоялась. Что ему делать с этой землей, Буше пока не думал. Еще лет через пять он увидел, как после закрытия парижской Всемирной выставки 1900 года начали ломать элегантные павильоны, и душа его взбунтовалась. Буше попросил своего энергичного племянника купить для него по дешевке забавную ротонду винного павильона, железные ворота женского павильона и еще кое-что. Все это племянник перевез на пустырь близ Данцигской, и в голове у добродушного скульптора окончательно оформилась благородная филантропическая идея (какие приходили в том веке в голову не только русским, но и французам): он разделит винную ротонду на маленькие студии, окружит ее другими бараками с множеством крошечных жилых комнат и будет их сдавать за ничтожную, символическую плату собратьям скульпторам, художникам, артистам, которые со всего света устремились в ту пору в новую художественную Мекку — Париж и маялись в нем без пристанища. Так в 1902 году родился «Улей», вписавший удивительную страницу в историю так называемой Парижской школы живописи, да и в историю искусства вообще.

Как сказал позднее один из тогдашних обитателей «Улья» (Марк Шагал), здесь или помирали с голоду, или становились знаменитыми. Понятно, что имена последних лучше запомнились миру, чем имена первых. Среди тех, кто остались в памяти, — и сам Шагал, и Леже, и Модильяни, и Сутин, и Кремень, и Липшиц, и Кикоин, и Орлова, и Архипенко, и Альтман, и Цадкин, и Кислинг, и ставший впоследствии знаменитым актером Алэн Кюни, а также несколько поэтов и художественных критиков. Тогда, в предвоенные годы, еще неясно было, впрочем, кто из них гений, а кто нет: все они притязали на гениальность, все голодали, бедствовали, искали свой собственный путь к славе, к истине, к художественному открытию. В узких комнатках, получивших заслуженное прозвище «гробы», не было электричества, а зачастую и никакого отопления, зато водились крысы, клопы и блохи (неудивительно, что марсельская тетка Модильяни пришла в такой ужас от того, что она увидела). Зато здесь царила атмосфера исступленного творчества...

Буше не приставал к своим постояльцам со счетами за квартиру, а добросердечная консьержка мадам Сегондэ подкармливала тех, кто казались уж совсем оголодавшими. В бараках и клетушках «Улья» жили надеждой, жили исступленным поиском, и часто среди бела дня, а то и посреди ночи вдруг распахивалась дверь крошечной мастерской и раздавался, например, отчаянный крик «ковбоя» Грановского: «Я гений...» Ночью с бойни доносились крики животных, долетал запах крови. По вечерам бренчала гитара, звучали испанские или русские песни, а по воспоминаниям Фернана Леже, у живших здесь русских анархистов даже ночью можно было раздобыть стакан водки. Отзвуки этого ночного перезвона стаканов найдешь и в стихах Блэза Сандрара об «Улье»:

> Безумные творенья
> Рисунки, эскизы,
> Картины...
> Пустые бутылки....
> ...Казаки Христа и разложенный солнечный свет
> ...Бутылки
> Зина
> (О ней мы уже говорили)
> Шагал
> Шагал

Читатель отметил, конечно, явный российский привкус этих французских воспоминаний об «Улье». О, это была удивительная история: наряду с французами, итальянцами, испанцами, венграми, в «Улье» в большом количестве селились русские пришельцы, среди которых львиную долю составляли евреи с российских окраин, из польских и белорусских местечек, где не токмо что традиций живописи никаких не было, но и картин-то никто сроду не видел. У «тосканского принца» Модильяни здесь появилось немало друзей, чьи имена то и дело мелькают в его биографии: один, как сообщают, познакомил его с Беатрис, другой представил ему будущего друга и благодетеля Зборовского, третья познакомила его с Жанной (уверен, что и Анне Ахматовой его тоже представили русские друзья). Всем казалось странным, что интеллектуал и элегантный красавец Модильяни ближе всех сошелся в «Улье» с немытым, косноязычным, малограмотным, расхаживавшим всегда в одной и той же странной и грязной робе Хаимом Сутиным. Одиннадцатый сын в семье нищего портного из польско-белорусско-еврейского местечка Смиловичи, что неподалеку от Минска, Сутин и по-русски-то заговорил лишь тринадцати лет от роду, а уж по-французски... Полагают, что рафинированного Модильяни влекло к неумытому, губастому, краснолицему «калмыку» (так называет его в своих мемуарах вряд ли видевший много настоящих калмыков Жак Шапиро) ощущение сутинской природной талантливости, сутинские отчаянные поиски художественной правды и собственного пути. Сутин, как и Модильяни, неистово бился головой о «предел мира завершенного», достучался, как и Модильяни, до успеха, но, увы, как и Модильяни, — без особой радости и незадолго до смерти. Слава, это «не греющее солнце мертвых», чаще всего приходит слишком поздно. По обрывкам воспоминаний, собранных нами там и сям (часто в русских свидетельствах, загадочно-недоступных для французских исследователей), могло их сближать и то, что этот полуграмотный Сутин обожал стихи, чаще всего ему даже и малопонятные (ибо стихов на хорошо знакомом ему идише он не знал). Подвыпив, он начинал декламировать нежно им любимого Пушкина, расцвечивая чудные строки милого нам арапа всеми красотами местечкового (польско-белорусско-еврейского) акцента: «Еще ты дремлешь, друг прелестный...» Модильяни, трезвый или пьяный, испытывал потребность в слушателях, а стихи он и сам читал погонными метрами, пристроившись у кого-нибудь в тесной клетушке... Далеко ли уже за полночь, его мало беспокоило. Нетрудно представить себе эти чтения в ночном «Улье» с его тоненькими перегородками (в них барабанили разбуженные соседи), с его скученными каморками-«гробами», с ночными запахами недалекой скотобойни и ревом обреченных коров. Услышать пьяное, горестное чтение тосканца, потревожившего своей неурочной декламацией и голодных людей, и сытых клопов, которых там было великое множество. Что он читал, «тосканский Христос» (как звали его иногда манекенщицы в «Ротонде») в дорогом красном шарфе? В стихотворении Эренбурга он читает «страшного Данта». Кому он читал?.. Конечно, он предпочел бы читать замарашке Хаиму, который так благоговейно слушает стихи. Но Хаим уже, наверно, вырубился (ведь пили-то вместе)... Кроме того, у Сутина и комнатки своей чаще всего не было, так что неизвестно даже, у кого-то он нынче пристроился дрыхнуть, пьяный, кто пустил его из милости. Скорей всего, друг его и земляк Пинхус Кремень, вместе с которым он приехал сюда из Вильны. Кременя послали родители, а нищему Сутину никогда было бы не добраться в обетованную землю художников, кабы не подвернулся меценат-благодетель. Французы и все прочие нерусские обитатели «Улья» не уставали удивляться рассказам об этой сказочной породе — о русско-еврейских меценатах. Вот и этот адвокат, давший деньги Шагалу (Винавер), услышав рассказ про странного грязнулю Сутина, решил, что еще сотня в месяц его не разорит, а Господу добрые дела угодны... Впрочем, он ведь, скорей всего, и не верил в Господа, знаменитый Винавер, а приход всеобщего Добра надеялся ускорить насилием. Однако, в отличие от какого-нибудь Ульянова-Ленина, Добро и Доброту считал смежными понятиями, а вовсе не антиподами. И вот теперь он искал тут «настоящую» живопись, этот странный клошар Сутин в этом странном Париже на скотобойно-космополитической окраине близ Версальских ворот. Пока он открыл, впрочем, лишь этот (давно уже известный миру) недорогой и гениальный способ отключаться от мучительных, разъедающих душу поисков и сомнений — винцо... Оставалось только, чтоб кто-нибудь угостил. А принц Модильяни, не видящий смысла ни в своих, ни в чужих деньгах, разве он откажет? А если еще накушаться с ним вместе... Позднее озлобленный, разбогатевший и по-прежнему несчастный Сутин жаловался, что это Моди научил его пить вино. Может, так оно и было. Ну а кто научил Моди? Он-то отчего пил, этот искушенный, высокообразованный тосканский сефард? — спросите вы.

Задайте вопрос попроще, чем этот — отчего люди пьют? Я не знаю ответа. Тем более что сам я не пью. Зато меня необъяснимо волнуют всякие другие глупости. Например, то, как взглянула на меня, старого страшилу, молодая пассажирка в метро. Или то, как понравилось другу мое новое стихотворение. Или то, как сбегают (или, наоборот, карабкаются) по склону старые виллы на севере Ниццы. Казалось бы, чего волноваться, сколько уже видел я этих горных поселений — на Корсике, в Марокко, в Дагестане, в Италии, на Майорке, да и в Ницце довелось побывать не один раз, — а снова волнует... Или вот еще — «Улей»... Но вы все же съездите в Данцигский проезд в Париже. Может, и вас взволнует...

По склону горы Св. Женевьевы

НА ВЕСЁЛОЙ УЛИЦЕ МУФТАР

Даже трудно объяснить, отчего она так знаменита, эта весёлая узкая улица левого берега, что сбегает вниз от площади Контрэскарп по склону горы Святой Женевьевы навстречу авеню Гоблен? Может, просто вечным оживлением своим, и греческими ресторанами, и старыми домами, и старыми вывесками, и необычными магазинами, и странным названием (в местном интимном обиходе просто Муф, а при написании, как водится у французов, букв в три раза больше — **Mouffetard**). А может, добавил ей славы своим романом про парижский вечный (портативный, как уокмен) праздник живший в молодости у самой Контрэскарп американец Хемингуэй, приманил к ней толпы американцев. А может, она и до него была такой... Во всяком случае, есть что-то особое и привлекательное во всём её облике, в самой её атмосфере. Взять хотя бы нижнюю её часть, ближнюю к церкви Сен-Медар: старинные дома с рисованными вывесками на стенах, изобильные, красочные витрины, набитые снедью, живописнейший базар и умилительная в своей подлинности старинная церквушка со сквером. Вдобавок в ней есть что-то негородское, в этой улице, что-то нестоличное, деревенское, во всяком случае, особое. И она про это знает, улица Муфтар, и особость свою бережно хранит, ибо особость эта привлекает туристов, а туристы приносят доход, чего

Веселый квартал Муфтар, как и в годы хемингуэевской юности, обожают как парижане, так и иностранцы.

греха таить... Но дается она ей, эта особость, на первый взгляд, с большой легкостью, так что даже забываешь среди ее деревенского веселья (непохожего на бьющий в глаза городской шик Елисейских полей) о подлинной древности этих мест. А ведь Фобур Сен-Медар (то есть слобода Сен-Медар), как и соседняя с ней слобода Сен-Марсель, принадлежит к числу самых старых парижских слобод. Тут, у самой переправы через речку Бьевр, еще в IX веке стояла часовня — на дороге, что вела из Лютеции в Рим, в Италию: от горы Святой Женевьевы вниз до переправы, по дороге, что проходила вдоль нынешней авеню Гоблен к нынешней площади Италии (близ которой — как раз на полпути от родной Москвы до милой Италии — я теперь и живу). Утверждают, что с 1350 года аж до самого 1953 был у этой переправы рынок, позднее толкучка (или «вшивый», а по здешнему «блошиный», рынок). В XV веке была построена нынешняя церковь Сен-Медар, а в XVI она перешла в ведение монастыря Святой Женевьевы, что был на горе (на его территории нынче находится лицей моей дочки — лицей Генриха IV), и слободы Святой Женевьевы (ныне, почитай, почти центр Парижа). Церковь эта — один из замечательных образцов «пламенеющей готики», последующие века щедро украшали ее, обогащали ее интерьер замечательными произведениями архитектуры,

живописи и ваяния. Близ церкви Сен-Медар разворачивались памятные события французской истории. Известно, что на соседней площади Патриархов (она и нынче носит это старинное название) стоял некогда дворец, в котором и правда жили какое-то время видные католические священнослужители, но в XVI веке уже обитал некий приверженец протестантов-кальвинистов, уступивший им часть своего дома для богослужений. Надо сказать, что королева Мария Медичи смотрела сквозь пальцы на наличие разных течений в христианстве, в ту пору у нее хватало на это терпимости. Однако близкое соседство на пятачке близ переправы католического прихода Сен-Медар и воинственной кальвинистской общины добром не кончилось. В конце концов они вступили в драку, и в знаменитой этой «потасовке» полегло немало народу с обеих сторон, после чего кальвинисты разгромили церковь, а католики подожгли молельный дом кальвинистов. Случилось это осенью 1561 года, а несколько месяцев спустя произошла резня в Васси, и политике религиозной терпимости пришел конец. Во Франции потянулись долгие и жестокие религиозные войны, а начиналось все, как вы поняли, здесь, на тихой, прелестной площади у церкви Сен-Медар.

Позднее в церкви Сен-Медар нашли приют гонимые янсенисты. Из их числа особенно популярен был среди паствы дьякон Франсуа Пари, человек воистину святой жизни. Он похоронен был на крошечном погосте близ церкви, и очень скоро его могила стала местом паломничества. Верующие валили сюда валом, несли за собой носилки с

По склону горы Св. Женевьевы

увечными, и говорят, что кое-кто из них и впрямь исцелялся на святой могиле, однако еще большее число паломников приходили здесь в экстаз и неистовство, бились на земле в истерике, дергались в конвульсиях. В конце концов (это было уже в 1732 году) на ограде погоста появился королевский рескрипт, временно запрещавший все сборища, исцеления и прочие чудеса на могиле. Долгое время ажиотаж еще не унимался, но мало-помалу про могилу дьякона было забыто, так что нынче в сквернке, на месте былого погоста, тихо. Няни и мамы прогуливают деток, пенсионеры — собачек, клошары пьют вино из дешевых пластмассовых литровок, служащие и студенты жуют бутерброды в обеденный перерыв. Я и сам не раз, выйдя из русской библиотеки, жевал здесь на скамеечке батон-багет или (что еще дешевле) банан.

Если оставалось время до выхода дочки из ее колледжа на Сен-Марсель, я отправлялся еще погулять по рю Муфтар. У первого (снизу) дома всегда любовался стенописной вывеской старой итальянской лавки. Красивых вывесок на рю Муфтар вообще немало — и «Сосновая шишка», и «Кабаре», и «У веселого негра». Старые уличные вывески меня никогда не оставляют равнодушным (особливо если подлинные, а не поддельные). На парижских домах вывески появились впервые на рубеже XII и XIII века, и они, надо сказать, полезны были не только торговцам и ремесленникам, их вешавшим, но и всякому, кто пытался что-либо отыскать в тогдашнем Париже. Ведь нумерация домов стала внедряться в Париже лишь в начале прошлого века, а если уж говорить совсем точно, в 1805 году, при Наполеоне I, ну а до того во всех поисках в городе могли помочь только вывески. Вывески были самые разнообразные: деревянные резные, из фигурного или прорезного железа, из камня. Были вывески-барельефы, вывески-скульптуры, керамические вывески. Разнообразием отличались и их сюжеты. Нередко они были почерпнуты из Ветхого или Нового Завета, скажем Три Волхва. Встречались сюжеты растительные и животные — Лев в короне, Дуб, Красное яблоко, Овца... Состязаясь в борьбе за клиента, хозяева изготовляли порой вывески такие внушительные, что они, нависая над тротуаром, представляли угрозу для жизни прохожего, так что в конце концов парижской префектуре пришлось запретить самые громоздкие из них. Что до меня, то я больше всего люблю живописные вывески. Среди них есть в Париже замечательные, а одна так и вовсе принадлежит кисти божественного Ватто.

Рестораны на улице Муфтар ныне по большей части греческие. Они, может, не так живописны, как те, что в Латинском квартале (а порой и не так дешевы), но, по мнению знатоков, кормят здесь лучше. Не могу поручиться, редко хожу по столовкам. Но зато в греческом ресторане (в окошечке или у прилавка) всегда можно купить отличный бутерброд: крутится на вертеле мясо, повар срезает ломтики, кладет в разрезанный батон маслины, салат, прочие овощи, специи — объедение.

Лавок на улице Муфтар тоже много — и одежда, и ювелирные изделия, и диски, и какой-то «африканский базар» на месте двух старинных женских монастырей. Монастырей тут в старину было великое множество...

Монастыри исчезли, но на улочках, прилегающих к «Муф», и ныне еще много старинных домов. В одном из них, где прежде располагался Шотландский коллеж, нынче находится общежитие семинаристов-доминиканцев. Выше по склону горы Святой Женевьевы старинных аббатств и монастырей было еще больше. На пути встретятся вам дома, где жили Декарт, Золя, Проспер Мериме, Хемингуэй, Сен-Пьер (написавший здесь свой прославленный роман «Поль и Виргиния»), герой Бальзака отец Горио, Паскаль (здесь он умер), Дидро (здесь он был арестован). Чуть ли не каждый дом связан с каким-нибудь событием истории. Иногда, впрочем, с событиями так называемой «малой истории». Скажем, в доме № 53 по улице Муфтар во время ремонта нашли мешок с золотыми луидорами (по нынешнему курсу — много миллионов). Деньги поделили между наследниками бережливого адвоката парламента, который спрятал эти денежки про запас еще в XVIII веке. Конечно, получили свою долю и рабочие, которые нашли мешок, и парижская мэрия, которой ныне принадлежит дом.

Верхним своим концом улица Муфтар упирается в живописную площадь Контрэскарп, самое название которой напоминает об укрепленной стене времен Филиппа-Августа. Давно минули войны, осады, нет и следа былых укреплений. Мирно плещет фонтан на площади, под ним безмятежно спит клошар (всегда тот же), туристы попивают кофе за столиками, любуясь на старинную вывеску «У веселого негра»...

ПО ПАРИЖУ С ХЕМИНГУЭЕМ

Хемингуэй назвал Париж вечным и как бы неразлучным со всяким, кто побывал здесь хоть раз, праздником, праздником, который сопровождает тебя по жизни, как портативный телефон или транзистор, твой «мувэбл фист» или, как перевели когда-то это название книги Хемингуэя, посвященной Парижу, «праздник, который всегда с тобой».

Если такие названия парижских улиц, как Лепик или Шерш-Миди, многие русские читатели впервые услышали от Эренбурга, то названия Муфтар, Контрэскарп или «Клозери де Лила» многие запомнили по книгам Хемингуэя, который после войны, а точнее, в 60-е и 70-е годы, был исключительно популярен среди русской читающей публики. Недаром ведь писал о нем петербургский поэт:

> Он в свитерке по всем квартирам
> Висел с подтекстом в кулаке...

И правда — редко в каком доме, притязающем на интеллигентность, не висела или не стояла тогда на книжной полке фотография бородатого, красивого Хэма в грубом свитере. И хемингуэевскую книжку о Париже, этот «Мувэбл фист», знали все. Так что у многих русских книгочеев засел в памяти не только какой-нибудь прустовский, или бальзаковский, или сименоновский Париж, но и Париж хемингуэевский. Хемингуэя и сегодня читают во всем мире (хотя, как отметил тот же поэт, у русских снобов он «уже другим кумиром сменен, с Лолитой в драмкружке»). Сняв с полки «Мувэбл фист» на английском у себя в районной парижской библиотеке близ дома, я отметил, что книжку берут и на английском тоже — несколько раз в год. А недавно парижские гиды начали водить по городу, так сказать, «писательские» экскурсии, и среди них — хемингуэевская, которую начинают, как правило, в V округе Парижа на улице Кардинала Лемуана, что спускается от прелестной площади Контрэскарп до самой Сены. Первая парижская квартира Хемингуэя находилась на рю Кардиналь Лемуан в доме № 74. Это было время его счастливой молодости: ему 22, он хоть и ранен, но уцелел на войне, здоров, пишет рассказы и его уже печатают. Он еще не стал знаменитым, не стал богатым, но он верит в грядущий успех, у него много сил, у него молодой и словно бы неутолимый аппетит, он влюблен в этот город и любит свою жену Хэдли, а она любит его, им хорошо вдвоем — разве это не праздник жизни? Конечно, особенно праздничным все это кажется издали, через сорок лет, когда, похоже, все уже не в радость — никакие почести, никакие яства, никакие вина, никакая рыбалка, никакая Куба и никакие деньги. И надвигаются болезни, и ушедшее вспоминается с ностальгической нежностью. Именно в эту ностальгическую пору Хемингуэй и написал свой мемуарный роман о Париже, где он бывал, конечно, и после двадцатых годов много-много раз — на протяжении сорока лет. Но эти первые пять лет — особенные...

В доме, где жили Хемингуэй с женой, на первом этаже располагались бальная зала и бар. Утром по улице пастух еще прогонял в ту пору коз и продавал местным жителям козье молоко. И лошадей было тогда больше, чем автомобилей. Нижняя часть улицы (та, где жил Хемингуэй) называлась в старину Фос Сен-Виктор — Ров Святого Виктора, ибо шла она к Сене вдоль городской стены на месте засыпанного рва. На улице этой стояли прекрасные старинные дома, проход от дома № 75 вел к зданию старинного религиозного ордена, в доме № 65 находился некогда средневековый Шотландский коллеж (здания его и ныне принадлежат английской церкви), чуть выше по улице стоит построенный в 1700 году Жерменом Бофраном дворец Ле Брэн, в котором прожил последние годы своей жизни великий Ватто и жил еще полвека спустя великий Бюффон. Неподалеку от Хемингуэя жил в те же 20-е годы французский писатель Валери Ларбо (чуть позднее он стал критиком и занялся творчеством Джойса и Уитмена — недаром же в романе Хемингуэя имя Ларбо называет именно Сильвия Бич, близкая к обоим). Но молодого американца, похоже, не слишком занимала тогда французская старина. Париж позволял всякому жить в рамках своей, американской колонии, Париж никому не навязывался и предоставлял человеку максимум независимости. У Хемингуэя были парижские знакомые-американцы (Гертруда Стайн, Эзра Паунд, Скотт Фицджеральд, Уолш, Сильвия), и были у него свои парижские маршруты. Он спускался к

По склону горы св. Женевьевы

Сене, сидел на солнышке у воды, наблюдая за рыболовами, которые добывали рыбу к домашнему столу или прирабатывали к скудной пенсии. Он был знаток рыбной ловли, а кроме того, ценитель жареной рыбы и знал, в каких ресторанах ее искать. Он вообще был гурман, и помню, что именно это привлекало в его романе не изощренного кулинарно москвича послевоенных лет — профессиональные и со вкусом поданные описания того, что ел молодой американец в бесчисленных французских кафе и ресторанах — и в дорогом «Мишо», и в «Липпе», и в «Динго», и так далее, и так далее. Хемингуэй рисует аппетитные, искушавшие его парижские витрины булочной, кулинарии, без конца и с разных сторон описывает свой молодой голод и бедность, когда невозможно позволить себе и то и это, рассказывает о скромных ресторанных завтраках, во время которых он поглощает устриц, мясо, ест сыр, запивая все это добрыми винами, большим знатоком и неутомимым потребителем которых предстает его лирический герой (точней, все его герои). Мало-помалу читатель, особенно русский (да и нынешний европейский), преодолевая недоумение, начинает догадываться, что все эти бесконечные описания голода — это выражение ностальгии по былому аппетиту и по былой свежести чувств. Но, может, старому писателю и впрямь казалось в годы богатой старости, что он был страшно беден тогда, в юности — снимая двухкомнатную квартиру в Париже и вдобавок комнату в гостинице, без конца путешествуя, играя на скачках, покупая картины, отправляясь время от времени на рыбную ловлю и корриду в Испанию, живя повсюду в гостиницах... «В то время в Европе можно было неплохо прожить вдвоем на пять долларов в день и даже путешествовать», — сообщает писатель (теперь-то нужно в 20 и в 40 раз больше, а гонорары, кстати сказать, не выросли).

Так, может, бесконечные рассказы о голоде («живот подтянуло от голода», «на выучке у голода») — это все символика, образ — как в той главке, где ничто (ни хороший ресторан, ни ночь любви) не утоляет голод героя и он делает поэтический вывод: «...Париж очень старый город, а мы были молоды, и все там было непросто — и бедность, и неожиданное богатство, и лунный свет, и справедливость или зло, и дыхание той, что лежала рядом с тобой в лунном свете».

В этом доме в годы «голодной юности» жил Эрнест Хемингуэй.

И все же молодой американец с берегов Мичигана ощущает, что этот «очень старый» чужой город — это его город. С моста над Сеной они с женой видят «свою реку, свой город и остров своего города».

Пешие маршруты этого молодого американца хорошо знакомы любому парижанину (или туристу, ищущему сегодня в Париже следы Хемингуэя)... Вот он «прошел мимо лицея Генриха IV, мимо старинной церкви Сент-Этьен-дю-Мон, пересек открытую всем ветрам площадь Пантеона, ища укрытия, свернул направо, вышел на подветренную сторону бульвара Сен-Мишель и, пройдя мимо Клюни и бульвара Сен-Жермен, добрался до... славного кафе на площади Сен-Мишель». Там он работает. Потом заходит в библиотеку и книжную лавку Сильвии Бич (лавка «Шекспир и К°» жива и процветает сегодня, только не на ул. Дантона, 12, а напротив собора Нотр-Дам, на рю Бюшери). Это у Сильвии он смог прочитать в переводах — «всего Тургенева, все вещи Гоголя», Толстого, Достоевского, Чехова. В знаменитом ныне кафе «Клозери де Лила» он спорит с Ивеном Шипменом о Достоевском («Как может человек писать так плохо, так невероятно плохо и так сильно на тебя воздействовать...» Шипмен беспощаден к Ф.М.: «Лучше всего у него получаются сукины дети и святые...»). О французах ни слова. Но такое возможно в Париже. Позднее Хемингуэй открыл для себя и роскошный «Риц», и прочие царственные заведения. Еще позднее стал богат и славен и был вхож всюду и мог купить все — и тосковал (до самого самоубийства, до которого, впрочем, уже оставалось недолго) о времени, «когда мы были очень бедны и очень счастливы».

САД РАСТЕНИЙ

Знаменитый парижский Сад растений (**Jardin des Plantes**) раскинулся на площади 28 гектаров между набережной Сены (Сен-Бернар), Аустерлицким вокзалом, большой парижской мечетью и университетом Жюсье. Это не просто еще один городской сад, это сад-музей («музеум»), это памятник науки. И, конечно, популярное место прогулок, куда мамы и няни водят детишек, чтобы они смогли нагулять аппетит, где влюбленные целуются или «выясняют отношения», где пенсионеры и безработные убивают время, в общем, это городской сад. Ну и вдобавок, это один из любопытнейших уголков французской столицы.

Сад расположен недалеко от моего парижского дома, но мне бывает неловко и несколько странно отправляться туда одному, без привычной моей спутницы, без моей доченьки, которую я по этому саду годами «прогуливал». Но делать нечего, она на занятиях в лицее, учит нелегкий французский и вовсе уж непостижимый, зубодробительный русский язык, а я, перейдя через бульвары Опиталь и Сен-Марсель, вхожу в сад со стороны улиц Бюффона и Сент-Илера, минуя у входа симпатичный домик Бюффона. Прославленный французский натуралист Жорж-Луи Леклерк граф де Бюффон купил этот дом в 1772 году, когда ему было уже 65 лет, и успел прожить тут еще 12 лет, благополучно завершив свои дни до начала кровавой революции (не щадившей ни ученых, ни графов). В 1793 году сверх головы заваленный делами революционный Конвент нашел время специальным декретом переименовать тогдашний Королевский сад в Национальный музей естественной истории. Переименования (как вы, наверное, замечали сами) из-за своей сравнительной дешевизны и абсолютной доступности — одно из любимых «революционных» мероприятий всякой новой власти. Конечно же, старинный этот сад имел полное право сохранять свое «королевское» название, ибо создан был по проекту короля Генриха IV в подражание королевскому саду в Монпелье, а создание его должно было увенчать новые крупные достижения ботаников в XVI веке. А осуществлен проект Генриха IV был уже при Людовике XIII королевскими медиками Жаном Эроардом и Ги де ла Броссом. Последнему выпала честь стать первым интендантом этого сада, а то, что медики занимались садоводством, объяснить нетрудно: здешний сад (как и сад в Монпелье) являлся садом лекарственных растений. Он так и назывался — Королевский сад медицинских растений. Позднее при поддержке Кольбера и Гастона Орлеанского здесь также были созданы кафедры ботаники, химии и естественной истории. Позднее медик Людовика XI Фагон и ботаник Турнефор, неустанно рыскавший по свету в поисках новых растений, немало усовершенствовали это уникальное учреждение. Еще позднее тут трудились Добантон, Жюсье, Жоффруа де Сент-Илер и другие славные французские естествоиспытатели, но теснее прочих имен связано с этим садом прославленное имя графа де Бюффона, создавшего теорию эволюции видов под влиянием среды и одомашнивания животных, которую он развил в своей сорокачетырехтомной «Естественной истории». Это был знаменитейший ученый, чьей дружбой гордились император «Священной Римской империи» Иосиф II и русская императрица Екатерина Великая. Хотя слава его давно перешагнула границы Франции, сам граф де Бюффон слыл домоседом. Тут вот он и сидел — в этом прелестном домике и этом волшебном саду. Устроил у себя кузню и, отдыхая от своего неустанного труда натуралиста, работал в кузнице, создавая кованые изделия, которыми архитектор Вернике украсил «Лабиринт» здешнего сада-музея (или даже «музеума», как предпочитает называть сад его нынешний директор, знаменитый палеонтолог профессор Анри де Люмле). Как вы уже поняли, этот сад — старинный Музей естественной истории, возглавляемый крупным ученым, то есть в первую очередь учреждение научное. В нем трудится полторы тысячи исследователей, старших и младших научных сотрудников, лаборантов, садовников и просто работяг. В нем есть галереи, лаборатории, музеи... И все же, прежде чем углубиться в дебри естественных наук, предлагаю просто погулять по самому саду, сверкающему мозаикой цветников, а по осени пылающему вдобавок пожаром листвы.

Начнем с упомянутого выше «Лабиринта». Это название носят два холма, которые появились в 1640 году и засажены ароматическими растениями, призванными навевать романтические воспоминания. В этом благоухающем «Лабиринте» Шатобриан повстречал Гортензию Аллэ, а сам Бюффон принимал Марию-Антуанетту... Гуляя здесь, я не раз вспоминал рассказ о сером дне 1777 года, когда по этому саду гуляли начинающий поэт, юный Николай Львов (позднее он станет и переводчиком, и архитектором, и художником-иллюстратором, и фольклористом, и ученым-изобретателем) и друг его, русский немец, восторженный поэт Иван Хемницер (оба без памяти были влюблены в юную Машу Дьякову). Николай принялся тут же срисовывать удивительную здешнюю оранжерею, а Иван, чувствительная душа, вступил в беседу с обольстительной мошенницей-парижанкой, которая, ничтоже сумняшеся, выдала себя за графиню... А ведь уже и тогда на склоне этого холма росли редкостные деревья, посаженные в 1702 году Турнефором, шелестели широколистые клены, завезенные с острова Крит, красовался посаженный в 1736 году Бернаром де Жюссье первый во Франции ливанский кедр...

Давно нет на свете всех этих людей, названных мной, а кедр вот он, все здесь, на холме!

На подходе к вершине холма видна могила земляка и сотрудника Бюффона — Добантона, а чуть выше павильон, построенный Вернике, так называемый «глориет Бюффон», старейшая такого рода металлическая конструкция в мире, датированная 1786 годом. Вообще надо отметить, что Сад растений не только прославленное ботаническое, минералогическое, зоологическое и палеонтологическое научное учреждение, но и памятник архитектурного новаторства, ибо там ведь и кроме «глориет Бюффон» можно обнаружить такой архитектурный шедевр, как оранжерея архитектора Шарля Роо де Флери. Архитектор «музеума» создал первое сооружение такого рода — из железного каркаса и больших (до 30 сантиметров) квадратов стекла. Это был великолепный, особый сорт французского стекла, но прусская бомбардировка 1871 года его, увы, не пощадила. А до того публика валом валила подивиться на залитую солнечным светом оранжерею. Ходят туда и нынче. Мы не раз там гуляли с дочкой. А в 1994 году после долгих реставрационных работ открылась Большая галерея в саду, и уже за первые три месяца ее посетило 300 000 экскурсантов.

По склону горы Св. Женевьевы

— Развивается культурный туризм, развивается... — с удовлетворением сказал мне директор Сада профессор Люмле. — Прошлое, как видите, вызывает интерес у публики, которая ищет не только переживаний, но и понимания. Да, понимания...

Я почтительно кивнул и сказал по-русски:

— Вашими бы устами да мед пить...

Несколько раз доводилось мне бывать в замечательной библиотеке здешнего «музеума», оборудованной в старинном Королевском кабинете естественной истории. В этой библиотеке насчитывается 750 000 книг по естествоведению, 4000 геологических и географических карт, 4000 эстампов и фотографий, а также 3000 рукописей, среди которых рукописи Бюффона, предтечи Дарвина Ламарка, Кювье, де Жюсье, Турнефора... В особом фонде библиотеки иллюстрированные издания по ботанике и зоологии из личного собрания Кювье, книги по алхимии и химии из собрания де Шевреля, книги по ихтиологии и орнитологии из собрания принца Шарля-Люсьена Бонапарта, вдобавок бесценная коллекция королевских пергаментов и шеститысячное собрание рисунков и акварелей с изображением растений и животных. Собрание это было начато в 1630 году Никола Робером по заказу Гастона Орлеанского, но оно расширяется и по сей день... Нетрудно догадаться, что любитель в этих священных стенах, покрытых фресками Рауля Дюфи, может засесть надолго...

КВАРТАЛ СЕН-МАРСЕЛЬ
И БОЛЬНИЦА САЛЬПЕТРИЕР

Когда доченька моя еще не считала себя взрослой, я совершал ежедневную прогулку на бульвар Сен-Марсель, чтобы забрать ее после занятий из коллежа (нечто вроде неполной средней школы). Квартал Сен-Марсель — один из тех кварталов Парижа, что изменили и облик свой, и характер лишь за последнее столетие — по парижским понятиям, совсем недавно. До прошлого века тут начиная с самых Средних веков селились богатые буржуа, искавшие тишины и покоя. Хотя до центра Парижа, до собора Нотр-Дам или до горы Святой Женевьевы, отсюда каких-нибудь два-три километра, это был, можно сказать, тихий пригород на берегах речки Бьевр и неподалеку от Сены. Чтоб докопаться до более древней истории этих мест, надо копать вглубь, что и делают тут с регулярностью то газовщики, то водопроводчики, то электрики. Газовщики в начале двадцатых годов попутно с укладкой труб вырыли из земли двенадцать каменных саркофагов. Да и раньше здесь не раз находили захоронения, следы большого старинного, III—VI веков, кладбища, наверно, самого большого в тогдашнем Париже — оно тянулось до самой нынешней мануфактуры гобеленов и до улицы Паскаля, что выходит к русской Тургеневской библиотеке, стоящей на былом берегу Бьевра. Но речки Бьевр нынче не видать, ее забрали в трубу, остались только дощечки кое-где: вы, мол, стоите в прежнем русле Бьевра. Речки нет, ну а названия остались старинные. Сен-Марсель (Святой Марсель), как и Сен-Дени, Сен-Мартэн, Сен-Жак, — это все знаки былой парижской набожности. Святой Марсель был парижским епископом в V веке.

Как и многие другие старинные уголки Парижа, квартал Сен-Мартэн был преображен во второй половине прошлого века благодаря деятельности энергичного парижского префекта барона Османа, прорубившего в гуще квартала два широких бульвара — бульвар де л'Опиталь, то есть Больничный бульвар, и бульвар Сен-Марсель. Последний

По склону горы Св. Женевьевы

идёт от авеню де Гоблен до слияния с бульваром де л'Опиталь уже в двух шагах от больницы Сальпетриер, Аустерлицкого вокзала и Сены. За последние десятилетия квартал совершенно изменил свой облик. Крупнейшая в Париже, связанная с университетом больничная группа Питье-Сальпетриер привлекает медиков и студентов всех уровней — от юных медсестричек до ординаторов. На рю де Сантей разместился филологический факультет, на улице Пиранделло — Высшая школа химических наук, на бульваре де л'Опиталь — Высшая Школа Искусств и Ремесел, в общем, возник здесь новый Латинский квартал, только без ресторанчиков и туристов и, конечно, без Сорбонны, без призраков Вийона, Абеляра, Сарбона. И студенческие писчебумажные магазины, и столовки, и факультетские здания тут поновей, поскучней и построже. Даже церкви тут теперь модерные, вроде церкви Сен-Марсель, которую знатоки считают высоким достижением современной архитектуры. Конечно, люди попроще, глядя на модерные витражи Изабель Руо и скат шиферной крыши, лишь пожимают плечами. Впрочем, и самые пылкие поклонники модерна затрудняются сказать что-либо в защиту новостроек, вкрапленных в великолепный старинный ансамбль больницы Сальпетриер, что вместе с университетским комплексом Питье, площадью Мари Кюри и Аустерлицким вокзалом завершают бульвар де л'Опиталь у выхода его к набережной Сены. Больница эта заслуживает особого рассказа. Когда-то здесь был Арсенал, делали порох, отсюда и селитряно-пороховое название больницы, которая была учреждена на месте Арсенала в 1654 году по указу короля Людовика XIV как лечебное заведение для бедных. Если учесть, что тогда в Париже на полмиллиона жителей насчитывалось всего около сотни врачей (по одному на пять тысяч жителей), то событием это было немалым. Свозили сюда по большей части женщин и девушек (для мужчин существовал Бисетр), свозили и больных, и здоровых, по большей части одиноких и бездомных, и, наконец, тех, от кого хотели избавиться их мужья или родители, а также тех, кто занимался древнейшей профессией и толокся на грязной тогдашней панели, и тех, кого просто квалифицировали как «скандалисток». Кольбер готовил их тут к высылке из Франции для заселения французских колоний в Луизиане, в Канаде, на Мадагаскаре... Через четверть века после открытия больницы в ней было четыре тысячи женщин и девушек, а к началу революции уже восемь. Вместе с персоналом население этого больнично-тюремного комплекса составляло свой особый мир, город в городе, подобно расположенной неподалеку мануфактуре гобеленов. Конечно, как успехи в лечении болезней, так и прогресс в исправлении нравов были здесь весьма сомнительными. В книге Мерсье «Картина Парижа», вышедшей в конце XVIII века, перед самой революцией, говорится, что, напротив, в подобной атмосфере девушка могла потерять последние остатки добронравия. Условия содержания пациенток и арестанток тут были ужасные, и Мерсье с удивлением рассказывает о поразительной форме протеста, которую позволяли себе иногда пациентки и узницы: в глухой час ночи они вдруг издавали одновременно, по тайному сговору, пронзительно-жалобный, нечеловеческий вопль, который повторялся потом с равными интервалами несколько раз в течение суток. Революция распахнула двери этого вместилища страданий, и женские души устремились навстречу воздуху свободы. Увы, бедные узницы были мало знакомы с нравами великих революций. В распахнувшиеся двери вошли комиссары со списками и стали оглашать имена, а также состав преступления против порядка (старого еще порядка). После чего женщин уводили во двор и там расстреливали. Крики их были ужасны, ибо перед смертью разрешалось любое над ними насилие и любое глумление. Революция есть революция, что с нее взять. Не менее ужасной была участь тех, кто не совершил никаких преступлений, а просто был болен или беден. Толпа подонков, грабителей и развратников, как правило, с неизменностью следующая за безжалостными революционными лидерами, врывалась в палаты и гнусно расправлялась с девушками, которые вызывали интерес у этих скотов, особое внимание уделяя надругательству над девственницами. Подробное описание этих славных деньков вы можете найти в написанных по горячим следам «Революционных ночах» Ретиф де ла Бретонна.

С 1796 года в Сальпетриер стали помещать душевнобольных. С ними по старой традиции (подхваченной в наше время советскими органами порядка) тоже обращались как с заключенными. Их тесные, пятиметровые каменные карцеры можно увидеть в старом здании еще и сегодня.

Однако честь заведения спасли такие психиатры, как Пинель и Шарко. Памятник Филиппу Пинелю у входа в Сальпетриер и сегодня напоминает прохожему о человеке, который потребовал, чтобы с душевнобольных сняли железные кандалы.

У контрреволюции, посетившей после победы над революцией и узурпатором эту обитель страданий, лицо было более человеческое, чем у революции. ...Весной 1814 года больницу посетил победитель Парижа император Александр I. Его красота и обходительность, а если держаться ближе к свидетельству авторов вышедшей тогда в Париже «Александрианы», «его слова, исполненные доброты», произвели на пациенток и персонал столь благоприятное впечатление, что одна из медсестричек, совершенно потеряв голову от любви к русскому императору (именно так объясняет автор вышеупомянутого собрания утрату патриотизма представительницей медперсонала), — одна из медсестричек воскликнула: «Насколько лучше было для Франции, Ваше Величество, если бы Вы здесь и остались». То объяснение, что медсестричке за 15 лет обрыдли уже и войны, и кровавые революции, и отечественный террор, автору упомянутого издания в голову просто не пришло...

Мне часто приходится видеть больничный комплекс Сальпетриер из вагона метро, когда поезд Пятой линии, отойдя от станции «Аустерлицкий вокзал», вдруг выползает на свет Божий прямо над Сальпетриер, и каждый раз я не устаю удивляться красоте этих зданий, строгому их архитектурному облику, их величию и простоте, к которой и стремились все эти замечательные архитекторы — и Ле Во, и Ла Мюэ, и Либераль Брюан. Над зданиями высится восьмиугольный купол оригинальнейшего создания Брюана — часовни Сен-Луи-де-ла-Сальпетриер, где некогда читал проповеди сам Боссюэ...

Рядом с часовней виднеется здание XVII века, где томилась в заключении мадам де Ламот, замешанная в деле с ожерельем королевы, и откуда она бежала, переодевшись в мужское платье, в 1786 году. Впрочем, это уже история другого жанра, и таких тут припомнишь немало, в таинственных закоулках старинного квартала Сен-Марсель.

ПАРИЖ МАНСАРД И КОМНАТУШЕК

Перебираясь перед минувшей войной или уже в войну из Парижа на американские просторы, небогатые русские эмигранты часто с удивлением вспоминали парижское свое жилье и удивлялись, в какой тесноте им довелось жить. Американское жилье, хотя тоже не дешевое, было, конечно, не в пример просторнее. Оно и неудивительно — Америка велика, и размах там другой, а Париж город старый и давно уж перенаселенный.

О лачугах и мансардах парижских гениев последнего столетия немало слышал (и читал) всякий образованный русский. Что ж, таким оно и было, бедняцкое жилье, тут нет преувеличений. Да и за такое многим платить было нечем — жильцы часто сбегали, не уплатив.

А что нынче? Нынче то же самое. Только жилье стало в десятки раз дороже, даже такое. Конечно, коммунальных квартир на Западе почти не встретишь, но былые крошечные «комнаты домработницы» за кухней (так называемые «шамбр де бонн») домовладельцы и даже квартиросъемщики ухитряются ныне отделить от былых хором и выделить для отдельной сдачи. Иные из них выделены, вычленены давным-давно, их сдают, продают, скупают. Таких комнатенок в Париже тысячи, в одном XVI округе Парижа их больше трех с половиной тысяч. Чуть поменьше их в XV и XVII округах. Совсем мало в некогда рабочем XIX, в XII, XIII и XIV — может, домработниц там и раньше не нанимали.

Площадью эти комнатки от восьми или десяти до пятнадцати квадратных метров, чаще всего в них нет ни своего туалета, ни душа, ни кухни, зато есть кран и маленькая раковина, есть своя дверь — с лестничной площадки или из коридора, есть четыре стены и крыша над головой. Туалет общий, на этаже...

Хозяину за такое аскетическое жилье приходится нынче платить от двухсот до пятисот долларов в месяц, а ведь те, кто снимают такое, как правило, и зарабатывают не больше тысячи долларов в месяц, так что на

По склону горы св. Женевьевы

нормальное жилье они ни восемьсот, ни тысячу, ни тем более две тысячи долларов в месяц выложить не могут. Конечно, снимая конурку, все эти люди надеются в скором времени встать на ноги, разбогатеть и выехать. Но в конце концов многие из них остаются: разбогатеть не удалось, привыкли так жить, решили откладывать деньги до пенсии или до возвращения на родину, за границу или просто в родные места. Потому что живут тут по большей части приезжие и молодые. Иные, впрочем, тут успели состариться.

Парижская мэрия, заботясь о гражданах, пытается регламентировать состояние этого жилья — установить низший уровень, хуже чего сдавать нельзя. Скажем, в части комнаты чтобы был потолок не ниже двух метров, а под скатом не меньше метра восьмидесяти. Чтобы комнатка была не меньше 9 метров квадратных. (А если будет только 8? Ну, значит, будет 8, кто пойдет проверять?) Чтоб был водопроводный кран. Чтоб была хоть одна уборная на 10 человек. Чтоб было не слишком грязно...

Помню, самое первое мое парижское жилье было как раз такое. Друг Лева уступил мне свою мансарду. Он жил с женой в хорошей дорогой квартире, в том же доме, близ Монпарнаса, в бельэтаже, а мансарду милая его жена купила ему просто так, для удовольствия. Впрочем, он был один такой счастливчик на этом седьмом этаже, под раскаленной крышей. Остальные жили там давно и всерьез — по большей части бедные старики и старухи. Поднимаясь по винтовой лестнице на наш седьмой, я иногда предлагал им помочь — втащить сумку. Они удивлялись и пугались даже — тут такое не принято. В благодарность они рассказывали мне, что какие-то родственники у них живут за городом и они у них бывают в гостях, а там ведь за городом, там, знаете, месье, — там воздух. Наверно, они думали, что я век маялся по мансардам и свежего воздуха не нюхал...

На этом седьмом этаже на рю Вано, в доме, принадлежавшем то ли самой миллионерше Брижит Бардо, то ли ее семейству, старики были по большей части коренные французы. Но у друга моего, жившего в XVII, соседи были португальцы, антильцы, магрибинцы. Они рассказывали моему другу, как там замечательно — в Португалии, на Антильских островах или в Марокко. Только вот платили там совсем мало, да и работы не найти. Так что они решили потерпеть еще немного тут, где большие (по сравнению с тамошними большие) деньги, накопить и уехать. Иные и уехали, а большинство все же осталось, заработав на пенсию. Глупо уезжать в родную деревню, если вся деревня тебе завидует, что ты живешь в самом что ни на есть Париже и получаешь франки... Да ведь и нелегко было зацепиться в Париже, получить вид на жительство, карт де сежур, карт д'идантите, найти работу, приспособиться и стать мало-помалу парижанином — жаль все терять.

Когда-то такие мансарды стоили в Париже совсем дешево — 20—30 долларов в месяц. Это было не так давно. Потом цены на площадь в Париже стали стремительно расти. А чтоб купить такую вот клетушку, нужно и вовсе иметь полсотни тысяч долларов. А когда-то сюда сбегали из отчего дома для обретения самостоятельности и жизненного опыта десятиклассники, выпускники лицеев, студенты. Теперь они остаются по большей части в родительском доме, несмотря на все неудобства вынужденного преодоления детской зависимости. Дорого...

Студентам размеры такой комнатушки не в тягость. В ней проходят лучшие годы их юности, первые романы, первые открытия, здесь познают они первые радости и первые горести. Собственно, и я был вполне счастлив в Левиной мансарде. Я жил как парижанин, но знал, что всегда могу вернуться в свое просторное московское жилье, где тополя и березы шелестят под окном, куда едва долетает рокот машин на Октябрьском поле. А здесь я набирался опыта жизни среди чужих. И писал роман. Так что я, положа руку на сердце, даже не мог сказать, хорошо жить в парижской мансарде под крышей с окнами, выходящими в сад старинной больницы, или не хорошо. Мне было хорошо. Я был влюблен в Париж. И я был молод. А хорошо ли было моим малоимущим старикам-соседям, сказать не берусь. Скорей всего, не очень...

ПАРИЖ, ВЕРЯЩИЙ СЛЕЗАМ

Жестокость, равнодушие к чужой судьбе и бесчеловечность большого города давно вошли в пословицу и стали как бы «общим местом». Если уж о Москве говорят, что она «слезам не верит», то что сказать о чужом, непонятном, огромном, богатом городе Париже, который кто только не изобличал — и писатели, и богословы, и политики, и социологи: говорили об ужесточении нравов, ожесточении сердца и эмоциональной скудости алчного общества потребления. Все правда. Однако не вся правда...

Конечно, когда ты приезжаешь вот так, в чужой город не погулять, а попробовать в нем выжить, это ощущение его безразличия к чужой судьбе, его жестокости бывает особенно болезненным. Так было и со мной. Но, не поддаваясь полностью своим эмоциям, я попытался воздать должное чужому городу и заметил кое-что... Ну вот, скажем, телевизионные знаменитости, звезды, «ведетты», как говорили когда-то иные русские эмигранты на своем полуфранцузском. Конечно, нетрудно заметить, что это по большей части какие-то бездумные, белозубые (и, как правило, длинноносые) джентльмены с приятной улыбкой, что с них взять? Что вдобавок это самые разговорчивые или самые беззастенчивые из политиков, и, конечно, актеры, и, конечно, миллионеры, и какие-то не очень страшные дамы... Однако, глянь, не только они... Вон какой-то затрапезный старик в берете — мелькает на экране без конца, как самая главная звезда. Выясняю, что это просто аббат Пьер, старенький священнослужитель в заношенной рясе. Ему уже за 80, и всю вторую половину жизни он отдал делам благотворительности. Зима 1953/54 года во Франции выдалась трудная, замерзших и голодных попадалось на улице больше, чем всегда, и вот аббат Пьер воззвал к совести сытых, он просто возопил — и разбудил совесть Франции, во всяком случае — части Франции (как когда-то де Голль). Он создал организацию помощи обездоленным — «Эммаюс», в ней уже в ту пору было больше ста отделений во Франции, а три с половиной сотни отделений за границей. Так вот именно этот не слишком с виду симпатичный старик и стал в ту пору главной телезвездой Франции. И те, кто изучает здешнее общество, давно заметили, что в душе даже самого с виду эгоистичного человека, к примеру парижанина в большой машине, жива все же мечта о каком-то более справедливом и благородном устройстве общества. Оттого французы и жертвуют в год миллиарда полтора долларов на благотворительные цели. И даже из тех, кто собирает денежки на добрые дела, не все в заключение торжества сбегают с выручкой или выставляют свою кандидатуру в парламент. Потому что есть еще другие сотни тысяч французов (и из них многие тысячи парижан), которые все свое свободное время, все силы (а не только деньги) отдают для бескорыстной помощи тем, кто попал в нужду, кто оказался на улице, кому холодно, кому позарез нужна тарелка горячего супа, чашка кофе. Многие из этих погибающих уличных бродяг пьяницы, многие, без сомнения, грешники, сами виновны и в том и в этом, но воспитывать будешь потом, сперва накорми, обогрей, не дай погибнуть грешному телу, потом, может, спасешь и душу. Аббат Пьер свидетельствовал однажды, что его подопечные бродяги, те, кто выбрался с его помощью из беды, стали благополучными гражданами, пожертвовали 30 миллионов франков на тех, кому все еще худо...

Обжившись в XIII округе Парижа, я обнаружил рядом с домом бесплатную столовую для приблудных, чуть дальше огромный склад-магазин и ночлежку Армии спасения. В этот магазин люди жертвуют старые вещи, а добровольцы Армии спасения их продают, потом кормят и обогревают на вырученные деньги бездомных: кров-то ведь в городе дорог, в любой гостинице гони 20—30 долларов за ночь... Этой зимой я обнаружил близ дома «Ресторан сердца». Эти рестораны придумал уже на моей памяти актер-комик Колюш. Был такой всеми любимый актер — Колюш, он и придумал: бесплатные рестораны для бродяг в тяжкую зимнюю пору. Тысячи людей жертвуют деньги на эти рестораны, иные — и продукты. Тысячи людей отдают этим ресторанам время и силы. Зато тысячи голодных получают сотни тысяч обедов. Подобные акции требуют совместных усилий многих людей. Объединить их и организовать для бесплатной и бескорыстной работы помогают ассоциации. Сколько в Париже и во Франции благотворительных организаций, никто даже не знает. По одним подсчетам, 10 000, по другим — 15 000. Ассоциации самые разнообразные по характеру, их объединяет одно — они благотворительные, творят добро. Есть взрослые организации, есть детские, есть религиозные. Католическая организация помощи «Секур католик» за два десятка лет расширила ряды своих помощников-добровольцев с 25 до 75 тысяч. На левом берегу Сены, в XIV округе, есть «Маленькие братья бедняков». Есть «Лечащий смех» — группа комедиантов, которая развлекает больных детей, бродит со спектаклями по детским больницам. Есть «Красный крест», есть десятки и сотни бригад помощи больницам, помощи увечным, помощи старикам... На рю дю Бак, там же, где «Секур католик», есть еще один знаменитый Центр добровольцев. Он тоже собирает деньги на рестораны для бедных. Раз в год он проводит по телевидению передачу «Телетон» и по ходу передачи собирает среди французских телезрителей до 60 миллионов долларов — это пожертвования на бедных.

Ну а кто эти добровольцы, отдающие время тяжкому труду благотворительности? Это не сентиментальная «скучающая героиня», как изображал русскую читательницу Толстого и Достоевского остроумный Ленин. Это, как правило, люди работающие и высоко свое время оценивающие — это врачи, адвокаты, ремесленники, инженеры, учителя... Сотни тысяч часов бесплатного труда в этих десяти, а может, и пятнадцати тысячах добровольных ассоциаций... Одни из них предпочитают мыть посуду и выносить мусор. Другие — давать бесплатно дорогостоящие врачебные и юридические консультации неимущим...

Теперь, увидев двери «Ресторана сердца» (а в нем, как правило, над лотком раздачи на портрете смешную и милую физиономию парижского итальянца Колюша, который несколько лет тому назад разбился на мотоцикле), я думаю, что Париж все-таки верит слезам. Что это город сердца...

Близ купола
Дома Инвалидов

ДОМ ИНВАЛИДОВ

Великолепный золоченый купол Дома Инвалидов виден с любого парижского холма, он открывается в перспективе многих парижских проспектов, и его без труда узнают даже туристы и иногородние. А у знатных иностранцев еще и с конца XVII века вошло в привычку посещать этот приют израненных героев как одну из главных достопримечательностей французской столицы. Похвальная идея создать особую богадельню для солдат, потерявших здоровье в боях за короля, а если придерживаться старинной формулы, то и «за отечество» (хотя большинство наемников бились за чужие отечества), родилась давно, она приходила в голову уже и Генриху IV, и Людовику XIII, но осуществить ее собрался только Людовик XIV, который 24 мая 1670 года подписал эдикт о сооружении «священного приюта для славных ветеранов» (раньше эти увечные воины доживали свой век при монастырях). Прикидывали поначалу иметь под присмотром примерно тысяч пять-семь ветеранов, искалеченных во славу короля (по нынешним-то «гуманным временам» размах весьма скромный: нынче и в так называемых «конфликтах местного значения» удается порой искалечить во много раз больше). Постройка приюта была поручена архитектору Либералю Брюану, который уже отличился в Париже при постройке

Близ купола Дома Инвалидов

больницы Сальпетриер (надо сказать, одно из замечательных парижских сооружений).

Строили новую богадельню с размахом: комплекс Дома Инвалидов имеет чуть ли не полкилометра в длину и четыреста метров в ширину. Управлять этим важным учреждением было поручено особому губернатору, в ведении которого находилось со всеми постройками 13 гектаров городской площади. И строения, и крепостные рвы, и пушки над ними еще и сегодня впечатляют посетителей, неравнодушных к воинской славе. Особенно внушительно выглядят трофейные пушки, захваченные доблестными французскими войсками не только в победоносных, но и в проигранных войнах. Особенно популярны среди публики 18 пушек Батареи Триумфа, ибо 8 из них принадлежат к знаменитой серии «Двенадцать апостолов», отлитых для короля Фридриха I и взятых Наполеоном под Веной, потом вывезенных немцами, а потом снова перетащенных сюда французами, которые не без сомнений и споров, а все же были причислены к числу победителей в последней мировой войне.

Все строения комплекса, даже церковь, даже собор с куполом носят военный характер. В огромной, семидесятиметровой церкви Святого Людовика Инвалидного, Сен-Лу-дез-Энвалид, чаще называемой Солдатской церковью, и галерея и балюстрада украшены трофейными знаменами. Их было бы значительно больше, этих знамен, если бы не отчаянная «патриотическая» акция губернатора Дома Инвалидов маршала Серюрье, который в ночь на 20 мая 1814 года, в связи со вступлением союзных войск в Париж принялся жечь трофейные знамена, которых он и сжег общим числом 1400. Может, подобный патриотический жест как раз и выражает то, что во Франции обозначают звукоподражательным словом «кукареку».

В Солдатской церкви немало и прочих военных сувениров — всевозможных предметов, которые называют «реликвиями боевой славы». Например, медный саркофаг и бархатный лоточек, в котором прах Наполеона доставили с острова Святой Елены в Париж в 1840 году, надгробные плиты со Святой Елены, посмертная маска Наполеона, могилы маршалов, в том числе и самого Серюрье, а также автора «Марсельезы» Руже де Лилля...

Что касается мирных достопримечательностей, надо непременно упомянуть великолепный орган конца XVII века, сооруженный Тьери, как полагают, по чертежу Ардуэн-Мансара — в нем 4800 труб...

Сам собор славится прежде всего своим куполом: это самый великолепный купол во Франции, к тому же золоченый. Мне доводилось читать в одном весьма солидном труде, что зрелище золотых московских куполов навеяло Наполеону желание непременно позолотить купол Дома Инвалидов, однако сообщение это несколько меня смущает, ибо еще до русской кампании, в 1807 году, операция эта была осуществлена по приказу того же Наполеона. Впервые же купол позолотили в 1706 году по завершении строительства собора. Затем куполу пришлось ждать правления Наполеона III и 1869 года, чтоб быть позлащенным заново, позднее — ждать Всемирной выставки 1937 года и, наконец, — пышного празднования 200-летней годовщины революции в самый расцвет строительных амбиций покойного монарха-строителя Франсуа Миттерана. Для придания знаменитому куполу золотого блеска его покрывают тоненькими, в две десятых микрона толщиной золотыми листиками, какие мне и самому довелось как-то из любопытства ковать на севере Ярославской области в золотобойной артели городка Пошехонье-Володарск (для этого пришлось бесконечно долго бить молотком по листочку, уложенному на пышное надгробье местного купца Крундышева, завезенное горсоветом с кладбища). Парижское сусальное золото изготовляют, впрочем, химическим путем, электролизным, а все равно на покрытие купола уходит больше двенадцати с половиной килограммов золота, так что часто золотить купол не станешь. Разве что в целях предвыборной кампании...

Если сообщение о планах Наполеона снова золотить купол после войны может вызвать сомнение, то безумное желание императора водрузить на шпиль купола золоченый крест с кремлевской колокольни Ивана Великого представляется вполне соответствующим наполеоновскому нраву. Ведь и лев из Венеции был, как известно, украден императором и установлен на эспланаде Инвалидов. Кремлевский крест был уже снят с колокольни, погружен в коляску и двинулся за отступающей наполеоновской армией, но в пути коляска перевернулась, крест упал в снег и был отбит русскими. Итак, православный наш крест вернулся

Близ купола Дома Инвалидов

в Кремль, а похититель его — Наполеон вернулся еще через 30 лет со Святой Елены под купол Инвалидов, где нынче находится его гробница. Нам же с вами пора вернуться в те далекие дни, когда в Доме Инвалидов впервые поселили изувеченных солдат и заведение это стало привлекать иностранных паломников, среди которых постараемся упомянуть если не всех, то хотя бы российских.

Одним из первых россиян посетил Дом Инвалидов Петр I. Произошло это 16 мая 1717 года. Как рассказывает французский военачальник и политик Сен-Симон, царь обошел все строения, побывал в столовой, испробовал солдатский суп, выпил чарочку вина, спросил у солдат, как здоровье, похлопал всякого по плечу. Почти полвека спустя побывал здесь будущий император Павел I, путешествовавший с молодой супругой инкогнито, а еще через десяток лет — Николай Карамзин, который написал в своих путевых заметках, что для человека чувствительного зрелище это представляется весьма трогательным: одни инвалиды сами ходить не могут, а другим и ложку ко рту поднести нечем, так что Карамзин с готовностью обнажил голову перед седовласым воином, «покрытым этими знаками боевой славы».

Весной 1814 года (на следующий день после сожжения знамен во дворе Дома Инвалидов) союзники вступили в Париж, и теперь уж сам царь-победитель император Александр I посетил Дом Инвалидов, где, по описанию Шатобриана, он увидел угрюмых и молчаливых своих победителей при Аустерлице. В тишине слышался только стук заменявших им ноги деревяшек в пустынном дворе и в церкви. Этот боевой стук растрогал Александра, и он, как сообщает тот же Шатобриан, приказал привезти сюда в утешение увечным 12 русских пушек.

В декабре 1840 года корабль доставил со Святой Елены в Гавр прах Наполеона, который в сопровождении «театральной», по словам Гюго, процессии проследовал под Триумфальной Аркой в Дом Инвалидов, где и был установлен для прощания. В 1848 году, несмотря на далеко не лучшие в ту пору русско-французские отношения, из Петербурга во Францию был отгружен с согласия императора Николая I карельский порфир для новой гробницы Наполеона. В 1857 году гробницу посетил Лев Николаевич Толстой, который записал в дневнике: «Обожествление злодея ужасно». Думаю, что и у всякого русского, воспитанного на Толстом, посещение этой могилы вызовет те же чувства. Помню, как во время первой моей туристской поездки в Париж нашу писательскую группу привели к гробнице, и гид, старая русская эмигрантка, объяснила нам, что тот, кто хочет взглянуть вниз, на надгробье, тем самым как бы и поклонится великому императору или, если угодно, великому злодею. Чувство, помнится, было у меня отвратительное. И, отойдя от гроба Наполеона, мы с ходу начали спорить. Да и где ж спорить об этом Самом Великом Французе и Великом Императоре, как не в Доме, который он так усердно заполнял инвалидами. Спорили о том, был ли он французом, этот узурпатор-корсиканец, и был ли он великим. Так что и русские спорят об этом, и французы. И где ж поспорить, как не в городе, в котором на каждом шагу встречаются памятники и названия, призванные увековечить его славу, — Каир, Абукир, Маренго, Ульм, Фридланд, Эйлау, Аустерлиц... Спор старинный.

Помню, лет тридцать тому назад мне довелось работать переводчиком-синхронистом на совместных съемках кинофильма «Ватерлоо» — средь зеленых холмов Закарпатья. И вот в обеденный перерыв, после съемок какого-нибудь особенно кровопролитного эпизода, наша космополитическая киногруппа собиралась у грузовика жуликоватого неаполитанца Джованни, продававшего нам мукачевскую минеральную воду по цене старого виски, — собиралась и спорила. Французы и итальянцы восхищенно говорили, что все-таки он был великий человек, Бонапарт, это ж надо такую кашу заварить, нынче сто банок сурика ушло — мазали кровью многогектарное поле битвы. Мы, русские, еще не отдохнувшие тогда от гнета «великого гения» палачества, говорили, что все-таки он был жалкий комедиант, создавший настоящий, как тогда выражались, «культ личности», это ж надо — погубить императорскую гвардию ни за понюх табаку.

Прошло с тех пор 30 лет (вдобавок к тем 170, что истекли ранее), и что же я услышал минувшим летом на пляжах Лазурного Берега: опять Наполеон! Мол, подошло двухсотлетие... Выходят новые многотомные монографии, новые многосерийные фильмы. И пришла пора новых споров? А как же!

«Вы обратили внимание? Ведь именно он создал единую Европу, наш Наполеон!» «Да бросьте вы, просто он был мастером пропаганды и саморекламы. Вспомните все эти байки — солдаты, четыреста веков глядят на вас с пирамид... и так далее. Он сам говорил, что миллион чужих жизней для него — раз плюнуть». — «Ну, нет, не скажи, все же семейство Богарнэ он любил... Евгению любил, Гортензию. И сестру Полину любил... И брата Жерома...»

Чтоб поднять научный уровень дискуссии, одна из ведущих парижских газет выпустила недавно на ринг, то бишь на свои полосы, двух видных французских историков, одного постарше, посолиднее — Жана Тюлара, другого — чуть помоложе и позадиристей, с бойцовской фамилией Каратини, тоже знаменитость, тоже автор многих книг. Жан Тюлар заявил для зачина, что Наполеон все же был, так сказать, бастионом революционных завоеваний, оплотом Франции. «Бросьте вы, — отмахнулся Роже Каратини, — да этот сын генуэзского мелкого буржуа, он и французов-то ненавидел. Во время битв при Вальми и Аргоне он уходил в оплаченный отпуск и сидел дома, в Аяччо. 32 месяца оплаченных отпусков за это время. А уж вояка-то был не ахти какой. Он выиграл, конечно, кое-какие сражения, но он же проиграл все свои войны, до одной. В Египте бросил свою армию на произвол судьбы. В Россию привел 800 000 солдат, а вернулся с 30 000». «Но была в нем все-таки человечность, не надо делать из него холодного монстра, он не Гитлер, не Сталин, — увещевал оппонента Жан Тюлар. — Жозефину он любил, например... Да и вообще великий человек». «Ничего в нем нет великого, — парировал Каратини. — Вся его забота — казаться, а не быть. Тщеславие, эгоизм и психология мелкого лавочника». Все чужие заслуги были ему приписаны в эпоху Луи-Филиппа. Все чужие победы. Стратег он никакой, а на море — вообще нуль. Что до знаменитого Кодекса Наполеона, так там было всего 36 статей, и все это французский юрист Потье разработал уже в 1760 году, а Кондорсе в 1793 доложил Конвенту». «Нет, все-таки он добыл славу, и ее отблеск падает на Францию, — упорствовал положительный Жан Тюлар. — И во всем мире его уважают — в США, на острове Ява, например. Сам Маркс считал его разрушителем феодализма. А если он чего слишком много награбил и вывез из других стран, то он это оформлял документами...» «Чудовище он и людоед, — решительно возражал коллеге пылкий Роже Каратини. — Такое кровопускание устроить Франции — миллион убитыми, деревня разорена, экономика разрушена, средний рост призывников-французов упал на два сантиметра, всех крупных французов перебили под его командованием, а с 1815 до 1854 года, на сорок лет, Франция была вообще исключена по его вине из семьи наций. В общем, я вам скажу, дорогой профессор, что этот незаконный сын повесы Карло и потаскушки Летиции был тиран и оголтелый агрессор, угнетавший свою страну, и для Франции его правление явилось поистине национальным бедствием. У него не было мировоззрения, идеологии, никаких идей, кроме культа собственной личности, и в этом смысле он очень похож на всех крупных главарей мафии, на больших мафиози».

Что вы на это скажете? Я скажу: браво, профессор Каратини! Помнится, что-то в этом духе я и говорил западным киношникам на поле Ватерлоо, попивая дорогостоящую минералку друга Де Лаурентисов, жуликоватого неаполитанца Джованни. Не то что я смолоду был так сильно умен и образован, не буду преувеличивать, просто мы с вами уже про все это читали у нашего Льва Николаевича Толстого. Впрочем, вы ведь знаете, что и всемирно известный Толстой не всем указ. Владимир Ильич, например, по кличке Ленин считал, что он в тысячу раз умней Толстого. А всякого, кто с этим не соглашался, велел тащить в кутузку. Тоже великий человек, не хуже Наполеона...

Впрочем, нынешний Дом Инвалидов — это не только гробница, и собор с куполом, и церковь, и пушки. Это и дом отдыха для раненых ветеранов, и старинная аптека, где трудился некогда прославленный Пармантье, и современный госпиталь с лечебным бассейном. А главное — это еще и знаменитые музеи и обширная эспланада Инвалидов: для знатоков искусства и для тех, кого просто интересует история французской архитектуры, скульптуры, живописи, Дом Инвалидов — великолепный музей искусства, где представлены плоды творчества Ардуэн-Мансара и Висконти, Прадье и Койпеля, и многих-многих других. Но еще больший интерес представляет этот комплекс для того, кого интересует история Франции, ее войны, ее армия. Самым крупным из музеев комплекса является Музей армии, у истоков которого лежит королевская коллекция оружия, собранная еще в 1685 году в Арсенале, позднее переведен-

Близ купола Дома Инвалидов

ная в монастырь Святого Фомы Аквинского и обогащенная с тех пор частными коллекциями, конфискованными во время революции или принесенными в дар музею. Достаточно было бы для примера упомянуть коллекцию Пуяка, которая была получена в 1964 году и насчитывала больше 3000 единиц ренессансного оружия XVIII века, чтобы получить хоть некоторое представление о богатствах музейного фонда. В двух зданиях музея, носящих названия «Восток» и «Запад», размещены коллекция доисторического оружия, а также гигантские коллекции средневекового оружия и боевых доспехов, коллекции восточного оружия, оружия XVI—XVII веков, экспонаты, связанные с историей двух мировых войн XX века. Углубившись в какое-нибудь собрание шпаг, аркебуз или конных доспехов, в коллекции времен Генриха IV, в экспозицию ангулемского двора или двора Виктории, в коллекции зала охоты или военных обычаев китайского императорского двора, в галерею Реставрации, в коллекции зала Вобана или зала какого-нибудь из Людовиков (их было, как помните, восемнадцать) — мы рискуем не скоро выбраться на свет Божий, так что придется нам на нынешней прогулке ограничить себя лишь упоминанием о каких-нибудь особенно близких к нашим интересам экспонатах, скажем о тех, что связаны с Россией. А музей этот, надо сказать, тысячью нитей связан с историей России. Здесь несколько залов посвящены, например, русской кампании Наполеона, и экспонатов в них множество — начиная от картин и гуашей, представляющих эпизоды этой кампании, и кончая каким-нибудь русским пушечным ядром, подобранным на подступах к Парижу, в предместье Сен-Дени, 30 марта 1814 года. Впрочем, на том же втором этаже здания «Восток», где находятся эти экспонаты, можно увидеть и саблю Петра Первого, и каску елизаветинского гвардейца, а чуть дальше — полный набор униформы российской императорской армии. На третьем этаже здания «Восток», в зале Пелисье, — все, что касается Крымской войны 1854/56 года: от картин и вывезенных из Крыма деталей церковного интерьера или популярной во Франции детской игры «Малаховская башня» до модели орудия, подаренного Александром II Наполеону III при подписании мирного договора 1856 года. В зале Первой мировой войны — тоже военная форма различных соединений и родов войск российской армии, русские знамена и медали. Кстати, еще более трогательное воспоминание о Первой мировой войне (в исторической памяти французов запечатлевшейся ярче и мучительней, чем почти обошедшая Францию стороной Вторая) хранит обширная эспланада Инвалидов. Здесь утром 21 августа 1914 года собралось больше 9000 русских эмигрантов, как легко догадаться, по большей части политических эмигрантов, пасынков режима и правительства. Началась война, Россия была в опасности, и они (в отличие от Ленина) не желали ей ни поражения, ни краха. Они пришли, чтоб записаться добровольцами во французскую армию и помочь России выстоять. 4000 из них были признаны годными и приняты в армию. Среди них было немало социалистов, отбывших срок в русских тюрьмах. Они тоже вошли в эти «республиканские подразделения» французской армии и, хотя немало смущали боевых офицеров своими политическими взглядами, дрались отважно. Один из молодых социал-демократов, Зиновий Пешков (ставший позднее французским легионером, генералом и дипломатом), потерял руку под Аррасом. Другим повезло меньше: под Вокуа-на-Мезе (или Мозеле) погиб один из лидеров эсеровской партии Степан Леонтов. Близ Реймса, у Сент-Илер-ле-Гранда, путник, свернувший с дороги к военному кладбищу, может и ныне прочесть на памятнике русским воинам из 2-го спецполка: «Сыны Франции! Когда враг будет побежден и вы сможете спокойно рвать цветы на этом поле, вспомните о ВАШИХ РУССКИХ ДРУЗЬЯХ и принесите нам цветы». Надпись обращается к французам, оттого что трудно было в пору сооружения памятника представить себе, что русские машины помчатся когда-нибудь по этим дорогам, что сюда может занести и русского тоже. Как, впрочем, представить себе и то, что былой враг французов станет им союзником и другом. Я напоминаю об этих благодатных переменах, ибо испытываю необходимость хоть чем-нибудь утешить посетителя музея, где выставлено так много орудий смертоубийства.

Что касается Второй мировой войны, то ее символом для французов остается героический Сталинград. Материалы, посвященные Сталинграду, можно найти не только в Музее Армии, но и в Музее ордена Освобождения, где хранится ящик со сталинградской землею. История этого музея и самого этого ордена заслуживает упомина-

Близ купола Дома Инвалидов

ния. Призвав 18 июня 1940 года (по радио из Лондона) к сопротивлению свою страну, уже смирившуюся с нацистской оккупацией, генерал де Голль, взбунтовавшийся против своего покровителя, старого маршала Петена, героя Первой войны и коллаборациониста во Второй, спас честь Франции и обеспечил ей после войны место в лагере победителей. В Лондон к де Голлю потянулись добровольцы, и уже в первом десятке записавшихся можно найти русское имя — Николай Вырубов. Немолодой ныне, но все еще стройный и бодрый русский аристократ Николай Васильевич Вырубов и водил меня в первый раз по Музею ордена Освобождения. Дело в том, что генерал де Голль, не будучи президентом Франции, не имел права награждать своих героев орденом Почетного легиона (он сделал это позднее, став президентом). И вот он учредил как высшую французскую награду времен войны орден Освобождения. Список кавалеров этого ордена на мраморной доске открывает экспозицию музея Освобождения. Николай Васильевич Вырубов, один из немногих оставшихся на сегодня в живых кавалеров Ордена, решил составить русский список кавалеров. Это удивительный документ. Я назвал бы его скорее российским, а не русским списком, но, может, Николай Васильевич и прав — может, это и есть русский список. Дело в том, что из десятка русских кавалеров ордена не так уж много насчитаешь русских по крови. Список открывает легендарный герой князь Дмитрий Амилахвари. За Вырубовым следует по алфавиту знаменитый французский писатель Ромэн Гари, тот самый, что попросил над его гробом, в торжественно-героическом погребальном интерьере Дома Инвалидов спеть песенку Вертинского про лилового негра и притоны Сан-Франциско, ибо это была любимая песня его матушки, молоденькой московской актрисы Ниночки Борисовской-Овчинской, да и самого загадочного героя Романа Гари назвали при рождении в Москве Ромой Кацевым, а уж псевдонимы Гари («гори, гори, моя звезда»), а позднее вдобавок еще и Ажар («а жар в душе моей угас») — это уж он потом все придумал. Русские евреи вообще составляют чуть ли не треть героев в списке Вырубова, и уступают им по численности только русские армяне. Более того, братья Конюсы были и вообще чистые французы, но любили Россию, обожали все русское и женились только на русских. Вот князь Вырубов и счёл, что место этим героям в русском списке, и думаю, он был прав: что сводит в эмиграции за одним столом или в одном окопе русских земляков-эмигрантов? Не примеси ж крови, не форма черепа, а любовь к России, к её языку и культуре — куда деться от этой любви?

В Музее ордена Освобождения есть материалы, посвящённые героям французской эскадрильи Нормандия—Неман, сражавшейся бок о бок с русскими, о немецком концлагере Рава-Русская к северу от Львова, где погибло 20 000 французских военнопленных...

Из музейной тишины старинного Дома Инвалидов посетитель выходит на просторы распланированной в начале XVIII века Робером де Коттом эспланады Инвалидов. Здесь часто дуют ветры, здесь неуютно в холод, но легче дышится в жару, и оттого за прошедшие века на этой лужайке смешались следы многих парижан, совершавших тут прогулки. Иные из этих фланеров оставили нам воспоминания. Жан-Жак Руссо встречал здесь во время прогулок солдат-инвалидов из богадельни. Они подрабатывали перевозом через Сену и перевезли философа на правый берег. Революционер Виктор Серж гулял здесь в пору Первой мировой войны с героем войны и поэтом Николаем Гумилёвым. Они были идейные противники, но противники благородные, и Гумилёв говорил Сержу о своей преданности монархии и вражде к революции. Позднее, по словам Сержа, он тщетно пытался спасти Гумилёва от расстрельной пули ЧК. Да ведь и самого Сержа пришлось вскоре спасать от режима, который он накликал. Композитор Николай Набоков, кузен знаменитого писателя, да и сам неплохой писатель-мемуарист, гулял как-то по этой эспланаде с композитором Сергеем Прокофьевым. Когда они проходили мимо бесчисленных пушек, стволами которых ощерился Дом Инвалидов, Прокофьев, если верить Набокову, сказал: «Посмотри, какой у них злобный вид. Я чувствую себя тут точь-в-точь как на каком-нибудь парижском концерте. От всех этих графинь, и княгинь, и снобов в зале у меня глаза заливает кровью. Они себя ведут так, точно целый мир существует для их увеселения».

Как видите, ощеренные стволы старинных орудий приводили чувствительного композитора в дурное настроение. Что ж, он в этом чувстве не одинок.

САМАЯ ЗНАМЕНИТАЯ ПАРИЖАНКА

Не только многие иностранцы, но и многие французские провинциалы и даже столичные жители считают эту «железную даму» самой знаменитой парижанкой. Впрочем, сравнение ее с «железными дамами» современной политики или бизнеса не слишком поэтично. Вспомним лучше, что Аполлинер называл ее «пастушкой, пасущей облака». Речь, как вы поняли, идет об Эйфелевой башне, которая несколько лет назад была чуть ли не на втором месте по своей популярности среди наводняющих Париж туристов. На первое вышел тогда Центр Помпиду, но башня романтичнее: все-таки дама, все-таки парижанка, и притом, может быть, самая стройная среди всех этих весьма недурно сложенных парижанок (о лицах не говорим, «с лица не воду пить» — утешение, придуманное скорее для парижанок, чем для москвичек или киевлянок). Поразительно, что в старом добром Париже, где столько шедевров воистину старого искусства, главными приманками становятся с неизменностью сравнительно недавние творения рук человеческих — вроде того же Центра Помпиду, городка Ла-Вилетт, Парижского Диснейленда, вокзала д'Орсэ и, наконец, башни (подумаешь, 110 лет ей, что это для многовековой парижской архитектуры?). Впрочем, Эйфелева башня кажется ныне старой как мир, настолько она слилась уже с образом Парижа, вошла в его быт, литературу, фольклор и рекламный обиход. Даже трудно представить себе времена, когда она не торчала еще (если угодно, не «возносилась») посреди города или когда сооружение ее казалось людям со вкусом верхом безвкусицы, почти богохульством, во всяком случае, надругательством над красотою французской столицы.

Самая идея возведения чего-нибудь этакого индустриально-башнеподобно-сногсшибательного относится ко времени подготовки юбилейной Всемирной выставки, приуроченной к столетию французской революции (к 1889 году), так называемой Великой революции. Выставка эта, как торжественно объясняли тогда, «отмечая рождение современной Франции», была «должна явить собой апофеоз машин и металла, этих двух символов победы нашего разума над обскурантизмом». Как видите, вера в связь машин с разумом и победой над обскурантизмом уже тогда была безграничной (а может, демагогия беззастенчивой). При подготовке к сооружению этого «апофеоза машин и металла» были представлены самые разнообразные проекты, например, проект башни-гильотины, которая напомнила бы о главном техническом достижении Великой революции, или, скажем, проект башни-поливалки, которая в дни засухи орошала бы целый город. Победу на конкурсе одержал проект инженера Гюстава Боникаузена, который подписывался псевдонимом Эйфель. Этот уроженец Дижона уже 26 лет от роду прославился созданием замечательного моста в Бордо, позднее — созданием металлической конструкции для внутренностей знаменитой статуи Свободы Бартольди, потом сооружением мостов во Флораке и Капденаке и, наконец, сооружением виадука над пропастью в Гараби, после чего удостоился лестного титула «инженера вселенной». И все же, как ни велик был авторитет Эйфеля-Боникаузена, Выставочный комитет, ознакомившись с его идеей сооружения трехсотметровой башни из металлических конструкций в самом центре Парижа, объявил его сумасшедшим. Это было не так, ибо Эйфелю удалось соблазнить своей башней тогдашнего министра торговли, и проект его стал мало-помалу продвигаться в самых высоких сферах. Одновременно, впрочем, началась и широкая «антибашенная» кампания в прессе. Авторы сравнивали будущую башню то с гигантским канделябром, то с бутылочным штопором, то с чучелом, то с манекеном, то с огородным пугалом, а в более серьезных кругах уже имела хождение петиция, гласившая:

«Мы, нижеподписавшиеся, писатели, художники, скульпторы, страстные поклонники красоты еще сохранившегося Парижа протестуем от глубины души и со всем жаром возмущенного сердца, протестуем во имя тайны французского вкуса, во имя искусства Франции и ее истории, над которыми нависла угроза, — протестуем против сооружения в самом центре нашей столицы этой бесполезной и чудовищной башни.

Будет ли отныне город Париж ассоциироваться с барокко или с коммерческим воображением конструктора машин, имея единственную цель быть изуродованным и обесчещенным?»

Петиция эта была передана министру, и под ней стояли подписи Гуно, Мопассана, Леконта де Лилля, Сюлли-Прюдома... У министра хватило юмора заметить, передавая эту петицию организаторам выставки:

— Примите эту петицию протеста и, ради Бога, сохраните ее. Она должна демонстрироваться на стенде выставки. Столь изящная проза, украшенная этими известными во всем мире именами, не может не собрать перед стендом толпу и, вероятно, ее позабавит...

Впрочем, петицией битва против башни не завершилась. Церковные круги обратили внимание властей на то, что 300-метровая башня самым непристойным образом возвышается над 66-метровым собором Нотр-Дам. А некий оккультный журнал на полном серьезе доказывал, что башня может сглазить великий город...

Тем временем рабочие уже вырыли 17-метровой глубины яму под фундамент. Работы шли полным ходом. Из ателье привозили готовые детали и собирали на площадке. Первый этаж сооружения был готов в апреле 1888 года, и теперь у парижан вошло в привычку гулять по вечерам близ Марсова поля, чтобы поглядеть, «как там эта башня». Когда выставка открылась, башня стала главной ее героиней, и популярность ее отражает старинная книга отзывов, заполненная записями французов и иностранцев. Башня задела всех за живое. Одни посвящали ей нехитрые стишки:

«О башня, мне с твоей прекрасной вышины
Летящих ласточек все перышки видны...»

Другие философствовали:

«С такой высоты видна вся низость мира».

Третьи признавались ей в любви:

«Мне стан твой нравится, о башня,
Но сколь приятней стан моей Мими!»

Шутили, кто во что горазд: «Сроду я на такой высоте не сморкался».

Башня отвечала на любовь города разнообразными услугами. В сентябре 1914-го башня разместила службу радиоперехвата, которой удалось подслушать переговоры немецкого командования, свидетельствовавшие о том, что немцы обходят Париж с юго-востока. Генерал Жофр успел выйти навстречу врагу... В последнюю войну башня служила по очереди французской, немецкой и американской армии, а с 1946 года перешла в безраздельное пользование туристов, украсила эмблемы Парижа и сувениры. Хотя в последние год-два башня уступила место в первой пятерке другим достопримечательностям Парижа, министерство туризма по-прежнему сообщает астрономические цифры ее посещаемости. И похоже, у нее нет больше столь же страстных ненавистников, каким был Верлен, который, завидев башню издали, кричал шоферу:

— Кучер, поворачивай назад! О какое мерзкое, позорное, гнусное зрелище!

В литературных кабаре Монпарнаса в те дни немалый успех имели легкомысленные стишки наподобие четверостишия Шарля Мориса:

<blockquote>
О, эта башня — Тур Эйфель
Позволит всякому отсель
Столкнуть творца ее в кусты
С трехсотметровой высоты...
</blockquote>

А на балах и в простонародных кабаках Парижа до упаду отплясывали тогда «Эйфелеву польку». Слава «железной барышни» расходилась кругами по свету...

Когда моя дочка была школьницей, мне доводилось принимать в Париже ее московских гостей-сверстников. В первую очередь они хотели увидеть башню. Мы с ними занимали очередь в кассу, а потом я терпеливо ждал в садочке, пока они прокатятся на старомодном и дорогостоящем лифте туда-обратно... Башня являлась для них и символом и синонимом Парижа.

МУЗЕЙ ОРСЭ

В годы моих бесконечных странствий по России (в 50—80-е годы) мне не раз приходилось слышать надменную фразу экскурсоводов: «Конец XIX — начало XX века. Художественной ценности не представляет». В этой гениальной фразе было как бы даже некоторое смущение: «Простите! Разломать еще не успели — столько дел...» Но успели все же разломать много. В Париже, надо признать, тоже успели немало, но поменьше, чем в России, конечно. По-настоящему же спохватились о потерях совсем недавно. Теперь оберегают даже старинное депо похоронных экипажей (роскошное, между прочим, сооружение!). Кстати, замечено, что именно сооружения того времени пользуются особым успехом и у парижан и у приезжих. Скажем, Эйфелева башня, или павильоны старой бойни на Ла-Вилетт, или надземные козырьки метро, созданные Гимаром, или питьевые фонтанчики, принесенные в дар Парижу меценатом-англичанином Уолласом... Ну и конечно, Орсэ — здание старого вокзала Орсэ вместе с прилегающим к нему отелем, разместившее с 80-х годов один из самых прекрасных музеев Парижа.

Вокзал этот, построенный (как и отель) по проекту архитектора Виктора Лалу, открыт был в 1900 году к началу Всемирной выставки в Париже. Пользовалась им железнодорожная компания «Париж — Орлеан», впрочем, совсем недолго. С 1939-го вокзал использовали только для пригородного сообщения, а пустовавший отель был и вовсе закрыт. Потом вокзальный зал использовали для проведения аукционов, еще позднее он приютил труппу Мадлен Рено и Жана-Луи Барро (Театр «Орсэ-Рено-Барро»). Орсон Уэллс снимал в этом зале свой фильм «Процесс» по Кафке (помню, мы с друзьями в Москве восхищались этими «декорациями», а позднее, набредя в Марокко на старинный Магадор, я подумал, что он безошибочно «выбирал натуру», этот гениальный Уэллс). В 60-е годы разгорелась дискуссия во Франции по поводу павильона Бальтара в «чреве Парижа», и тогда было принято решение вокзал Орсэ занес-

Это в Лувре как на вокзале. А в бывшем вокзале Орсэ как в настоящем музее.

ти в список охраняемых исторических памятников. В 1977 году возникла идея разместить тут музей искусства второй половины XIX века. Проблема заключалась в том, что в огромном (тридцать метров в высоту и сто со-

рок в длину) зале, который хотелось во что бы то ни стало сберечь, требовалось отыскать множество стен и карнизов для полотен. Архитекторы укрепили зал продольной осью. Обустройство интерьера было поручено итальянцу Ауленти, и аскетическая строгость созданных им конструкций выгодно контрастировала с декоративной щедростью Виктора Лалу.

В 80-е вокзал стал прекрасным музеем, и в него начали поступать коллекции. В первую очередь из Лувра и его запасников, где картинам и скульптурам уже давно было тесно. Поступали такие шедевры, как «Олимпия» Эдуара Мане, «Руанский собор» Клода Моне, «Мельница» Ренуара, «Семья Беллелли» Эдгара Дега. Полностью перешли сюда коллекции музея «Зала для игры в мяч» в саду Тюильри, который пришлось закрыть из-за тесноты, поступило множество замечательных картин, которые долгое время приходилось держать в запасниках провинциальных музеев.

Так что в день открытия музея Орсэ публике предстали картины, которые никто не видел уже добрых полстолетия, а то и больше, вроде «Рождения Венеры» Кабанеля. Сюда поступили полотна из Нанта и Арраса, из парижского Дворца Токио (из числа картин, которые не были отобраны Центром Помпиду для Музея современного искусства). Потом последовали щедрые, бесценные вклады по завещаниям из частных коллекций собирателей живописи — вроде коллекции парижанина Альфреда Шошара: где ж найти лучшее место для картины, как не в этом сказочном музее? Из частных коллекций пришли картины Боннара, Редона, Сезанна, Ренуара, Гимара... Кое-каких иностранных мастеров, впрочем, пришлось покупать — Климта, Мюнха, Мондриана — равно как и кое-какие работы для отделов фотографии и архитектуры...

Понятно, что даже самая беглая экскурсия по такому музею займет немало времени. Много места займет и простое перечисление имен хотя бы основных из представленных художников и скульпторов 60-х или 70-х годов прошлого века, кстати, плохо знакомых широкой публике. Ну, скажем, многие ли помнят Жана-Батиста Карпо, чье имя так тесно связано с украшением театра Оперы и Лувра? Его нашумевший «Танец» так шокировал тогдашнюю публику, что его пришлось убрать из Оперы. Парижанам, впрочем, известны его «Четыре стороны света» на фонтане Обсерватории, а также навеянный Данте сюжет «Юголен», что был позднее развит Роденом. Скульптурами той эпохи заставлена чуть не вся центральная аллея первого этажа музея Орсэ. В залах, что слева от нее, карикатуры Домье, упомянутые уже коллекции Шошара, а в них есть все — от барбизонцев и Коро с их страстью к природе до Теодора Руссо. Чуть дальше, тоже слева — зал Курбе. А направо от центральной линии — Энгр, Делакруа, залы портретов, галерея декоративного искусства — от древних римлян до нынешних японцев. В следующем зале выставлено уникальное по богатству и полноте собрание одного из первых символистов — Пюви де Шаванна, затем идут залы Моро и Дега. Дальше Мане и первые импрессионисты — знаменитый «Завтрак на траве», наделавший столько шума в Салоне. Потом ранний Ренуар, ранний Клод Моне, Фантен-Латур, знаменитые частные собрания, вроде коллекции искусствоведа Моро-Нелатона. Дальше следуют залы, посвященные оформлению Дворца Гарнье (парижской Оперы), залы архитектуры и декоративного искусства конца века. Этажом выше можно увидеть снова Моне, Писсарро, Ренуара, Сислея, позднего Дега. В угловом зале — Жорж Сёра и неоимпрессионисты, дальше зал Одилона Редона, зал Тулуз-Лотрека. Ну, а в галерее, что выходит на улицу Бельшасс, — Анри Руссо, снова Гоген, много-много полотен Гогена. В бальном зале былого отеля — выставка скульптуры времен Третьей Республики, на террасе отеля — скульптуры натуральной школы и символистов, в том числе Паоло Трубецкого. Здесь есть картины Серова и мадам Львовой, ну а потом снова Пюви де Шаванн, снова эпоха «ар нуво» — модернисты, Эктор Гимар, новые залы модернизма, где представлены школы Вены, Глазго, Чикаго (Райт, конечно, здесь). На последней террасе — Климт, Мюнш...

Истинное пиршество для ненасытных глаз любителя живописи и скульптуры...

«МОЛОДОЙ ГУСАР, В АМАЛИЮ ВЛЮБЛЕННЫЙ...»

Не часто приходится мне проходить по этой парадной парижской улице былых дворцов и особняков, по-здешнему — «отель партикулье», где размещаются ныне посольства, издательства и канцелярии министерств, — по рю Гренель, а когда все же прохожу, то не задерживаюсь ни у дворца, где был салон мадам де Сталь и где жил Сен-Симон, ни у того, где чуть ли не всю жизнь прожил Альфред де Мюссе, откуда он отправился в Венецию с Жорж Санд и где висят нынче в новом музее Майоля картины моего московского друга Володи Янкилевского, ни у большого дворца Эстре, где столетие назад ночевали последний русский император с супругой, а потом располагалось русское посольство, а вот у небольшого дворца по соседству остановлюсь непременно хоть на минуту, и с неизбежностью зазвучит в ушах песня славного московского поэта:

 А молодой гусар, в Амалию влюбленный,
 Он все пред ней стоит коленопреклоненный...

Отчего-то помнится мне, что была там поначалу Наталия, в этой песне, но теперь на пластинке у меня точно — Амалия, а в последнее время стал замечать за собой, что губы мои невольно произносят Цецилию:

 А молодой гусар,
 В Цецилию влюбленный...

Старый дворец помнит, конечно, и юного русского подпоручика, и молоденькую вдову — графиню Цецилию Беранже, и тайную дверь, ведущую в сад, и малышку Габриэль... Только где они все нынче, через сто восемьдесят лет? А тогда, в 1814-м...

После двух тяжких лет войны, в прекрасный солнечный день апреля русская армия вошла тогда в Париж. Легко представить себе восторг победителей, оказавшихся наконец в долгожданном, столь прекрасном, не напрасно прославленном городе. Да что там город! И те, кто меч-

Близ купола Дома Инвалидов

Случай привел поручика во дворец...

тали скорей вернуться в родную деревушку, были без меры счастливы — уцелели... Да и те, кто смутно уже видел окружающее, тоже ликовали: винные погреба были распахнуты уже и при вступлении войск, еще на северной окраине столицы. И что может показаться странным — ликовали и побежденные парижане. Какое, к черту, завоевание мира — война окончена! Мальчишки толпой бегали за казаками, возглашая: «Рюс! Рюс!» «О, какое это было счастливое время! — восклицал чуть не полвека спустя в своих «Воспоминаниях русского офицера» один из тогдашних счастливых победителей. — Верно, никто из нас его не забудет!»

Офицера этого (всего-навсего подпоручика) звали Николай Лорер, и было ему в ту пору двадцать годков. Переночевав с друзьями вповалку в первом попавшемся доме после утомительного дня вступления в Париж, отправился он наутро в Вавилонские казармы, где стоял его полк, и увидел, что батальонный командир полковник С. ходит по двору, размахивая «билетом на постой». Там был и адрес: «Фобур Сен-Жермен, улица Гренель 81, Дворец графа Буажелен».

— Славная будет вам квартира, — позавидовал юный офицер, и тогда полковник протянул ему драгоценный «билет»:

— Возьми-ка ты этот билет и становись у графа, скажи, что ты мой адъютант... А так как предлагают взять на выбор квартирой или деньгами, лучше возьми деньгами. Я ведь по-французски-то, брат, не знаю, да и обедают там в 6 часов, да пойдут еще там разные церемонии да комплименты... А я в своем трактире буду отдыхать... будут у меня свои щи да каша, и буду сам себе господин...

Так попал юный подпоручик Николай Лорер на рю Гренель во дворец графа Буажелена на постой. С французским у него никаких проблем не было. Кроме французского, он знал английский, немецкий, итальянский, польский и, конечно, русский. И хотя на

...к ногам прекрасной вдовы-графини.

всех этих языках он говорил и писал с ошибками, живость его речи и занимательность рассказов высоко ценили его друзья, собутыльники и сослуживцы. Племянница его Александра Смирнова-Россет, столько комплиментов снискавшая у гениев русской литературы, была, видимо, похожа на дядю Колю. Современники писали, что «от Россетов она унаследовала французскую живость, восприимчивость ко всему и остроумие, от Лореров — изящные привычки, любовь к порядку и вкус к музыке, от грузинских своих предков — лень, пламенное воображение...». Все эти черты мог иметь в достатке и дядюшка ее, подпоручик Николай Иванович Лорер, ибо матушка его была грузинская княжна Цицианова, а Лореры были французы, переселившиеся в Германию, а потом в Россию, довольно, впрочем, небогатые...

Был Николай Лорер, по отзывам друзей, неисправимый оптимист, пламенный романтик и веселый страдалец, но пока до настоящих страданий дело не дошло, и бойко говорящий, обходительный и веселый «адъютант» неведомого полковника понравился графу. Граф выделил ему для постоя прекрасную комнату, с окнами и дверью в сад, но главное ожидало юного подпоручика в соседней комнате, на стене которой он увидел портрет прекрасной женщины. Она была так хороша, что храбрый офицер «не мог отвести глаз и стоял как прикованный». Граф объяснил, что это его дочь, графиня Беранже, что она овдовела на 22-м году жизни: ее муж, адъютант Наполеона, погиб в бою под Дрезденом. Бродя по дорожкам по-весеннему благоухающего графского сада, юный подпоручик думал о том, как странно переменилась боевая жизнь за каких-нибудь два дня, и, конечно, думал о божественной женщине, которая до него бродила по этим дорожкам... А потом он увидел и ее во плоти, молодую печальную графиню, на устах которой появлялась легкая улыбка, когда молодой подпоручик начинал говорить комплименты, мешая все языки... Он очаровал семейство, получил приглашение на обед, молодая графиня была с ним «любезна и ласкова и с любопытством наблюдала всякое движение» этого загадочного «сына севера».

«Мне было так хорошо тогда, — восклицал он в старости, — что прошло уже 44 года, а я еще живо припоминаю себе все впечатления юности, — и то далекое и невозвратное для меня счастливое время, и эту важную и блестящую эпоху для нашего любезного отечества».

И правда, прекрасные были весенние дни. Молодой подпоручик нес службу, ходил в караул, а в свободное время осматривал императорские дворцы — и Версаль, и Мальмезон, где любезно приняла русских офицеров императрица Жозефина (произошло это за три дня до ее внезапной кончины), и пригородный дворец Сен-Клу, где однажды русский капитан Генерального штаба, сидя на роскошном диване и полюбовавшись через окно панорамой Парижа, который оттуда, с холма, весь как на ладони, а потом, переведя взгляд на внутреннюю роскошь дворца, вдруг озадаченно спросил:

— Охота же ему было идти к нам в Оршу.

«Мы все засмеялись такой оригинальной выходке, — вспоминает Лорер. — Орша — самое бедное, грязное жидовское местечко в Белоруссии».

Еще и оттого смеялся молодой подпоручик над оригинальным этим суждением, что сам он почитал Наполеона (как, впрочем, и возлюбленный его император-победитель почитал) за великого человека, желавшего продвинуть мир к высшей цели бытия, но преступившего предел Божий и побежденного судьбой.

Парижские дни текли безмятежно. Милое дитя, дочь молодой графини сиротка Габриэль, не видя постояльца, спрашивала: «А где красивый казак?» Ну, а казак «привязался (как он пишет) всей душой к прекрасной графине Цецилии (так ее называли) и к старухе графине: они меня тоже полюбили: видя мою молодость и мое цветущее здоровье, они берегли меня, и я всякий раз должен был отдавать подробный отчет, где я был и отчего так поздно возвращался домой. Старуха строго требовала от меня отчета, а милая молодая графиня улыбалась, смотрела мне в глаза, как бы желая в них прочесть, говорю ли я правду?».

Лишним будет говорить (хотя старый мемуарист повторяет это на все лады), что к прекрасной графине он был неравнодушен, да и графиня — глядите, с какой деликатной осторожностью он сообщает об этом: «Она видела хорошо, что я не какой-нибудь варвар-вандал, и, узнав меня (так заносчиво мое самолюбие!), она, кажется, полюбила вообще русских... усмехаясь, она мне повторяла, что все мы русские — оригиналы, и что в откровенности нашего характера есть что-то рыцарское, и что мы умеем горячо любить, несмотря на то, что мы жители холодного севера».

А потом была Пасха, и юный подпоручик получил возможность похристосоваться с графиней по своему, православному обычаю. Может, заинтригованные этим обычаем, обе графини попросили подпоручика достать им билет на придворное богослужение в православной церкви, которая была оборудована во дворце Талейрана, где жил государь-император. И при выходе из церкви сам государь передал просфору прекрасной молодой графине, которой так шел траур. Дома подпоручик рассказал графине о значении «священного хлеба», а та была в восхищении от красоты и неземного благородства русского императора.

«— Удивляюсь, — сказала графиня, — как этот великодушный государь, такой европейский, благовоспитанный человек, с такими великими достоинствами, царствует и управляет вашими дикими народами, казаками, татарами, киргизами! Александру следовало бы царствовать над нами!»

Молодой подпоручик все реже уходил из дому, проводя вечера в обществе молодой графини Цецилии. «...слушать ее и говорить с ней было для меня высшим наслаждением», — вспоминает он.

Войти в графский сад можно было только через комнату постояльца. Но однажды молодая графиня проникла в сад через какой-то потайной ход, который отказалась раскрыть юному подпоручику. Она была грустна в тот день и рассказала, что поговаривают о том, что русская гвардия должна скоро покинуть Париж. Николай хотел поцеловать ей ручку, но она указала на мраморного купидона в глубине сада, который лукаво грозил им пальчиком. Не показала она поручику и тайного входа.

«— Нет, это невозможно, — сказала она, — а если у вас ко мне хоть сколько-нибудь уважения, не требуйте этого от меня.

Вечер молодые люди провели снова в упоительной и целомудренной беседе, а перед новой прогулкой в саду юный подпоручик обмотал соглядатаю-купидону лицо и пальчики черной тряпкой.

И снова они гуляли по саду, и юный Лорер, для которого это была едва ли не первая любовь, «чувствовал себя покорным ей и любви, как дитя». «Я заметил, — вспоминает он, — что и графиня не была совсем равнодушна ко мне, но чрезвычайно владела собой и держала меня в почтительном повиновении. Она... чувствовала, что рано или поздно сама может попасться в этой игре, и вот что ее страшило. Она любовалась моими густыми кудрями — тогда щеголи гвардейцы носили длинные волосы, — любовалась моим стройным станом, моим живым разговором и веселым, беспечным характером: она читала в моем сердце, что я ее люблю, и сознание этой сердечной любви заставляло ее строго удерживать себя и меня...»

Они с грустью говорили о предстоящей разлуке, но, когда юноша бросился целовать ее руку, графиня обернулась за поддержкой к грозящему купидону и увидела, что он весь черный, как арап, и больше не грозит никому пальцем.

«Мы хохотали, как дети, стоя перед черною статуей», — вспоминает Николай Лорер.

«— Теперь я его не боюсь, — сказал я милой Цецилии. — Он слеп и не видит нас.

— Тем не менее не расстраивайте спокойствия моего. Как странно русские объясняются в любви».

Всему хорошему бывает конец. «Три месяца простояла гвардия в Париже тихо и покойно. Париж, и в особенности парижанки были в восхищении от нас. Настало время и выступления нашего. Дали еще одну неделю приготовиться в поход. Куда? — в любезное отечество... Мы как бы отвыкли от него, нам казалось, что мы стали чужды ему, и не верилось, что возвращаемся в Россию».

Настали грустные минуты прощания. Подпоручик отказался от денег, которые по просьбе молодой графини пытался дать ему на дорогу граф. Старая графиня говорила о предстоящем свидании юного офицера с матушкой. Глаза ее пристально вглядывались во мрак. Может, ей была приоткрыта тайна будущего. Что ждало этих отважных, щедрых, беспечных молодых людей в их бескрайних далях?

Беспечному поручику не удалось увлечь молодую графиню в темный сад для последних объятий. А если и удалось, разве об этом расскажет настоящий рыцарь? В рыцарском его пересказе последние ее слова звучат так:

«— Сохраним лучше нашу взаимную дружбу до последней минуты, и вы останетесь благородным юношей, и я сохраню память о том, что русские умеют ценить и уважать добродетель женщины».

Графиня попросила молодого подпоручика перекрестить на прощание ее доченьку этим магическим православным крестом.

Вот и все...

> Молодой гусар,
> В Цецилию влюбленный.
> Он перед ней стоит
> Коленопреклоненный.

И вот уже стучат копыта по парижской мостовой. «Прощай, Париж! — восклицает юный подпоручик. — Прощай, добрый граф и его милое семейство. Прощай, милая незабвенная графиня, добродетельная женщина!»

Вот и все. Почти все. Дальше пошли беды. Николай Лорер служил на юге, в одном полку с Пестелем. Как и его друзья, он любил государя и ненавидел самодержавие. Он стал декабристом, членом Южного общества, предстал перед судом, был сослан в Сибирь на каторгу, был в Чи-

Близ купола Дома Инвалидов

тинском остроге на Петровском заводе, на поселении в Мертвом Култуке и в Кургане. Прошел все муки, не теряя мужества и веселого своего характера. Видел, как на глазах его умирали благородные его товарищи. Потом служил на Кавказе, воевал с горцами, которые, по его словам, ничего худого ему не сделали. Вышел наконец сорока шести лет от роду в отставку, женился, и брат, не вернувший ему его конфискованной доли скудного наследства, приютил его из милости с женой и малыми детьми. А потом скоропостижно скончалась молодая жена, и Лорер остался с тремя сиротками на руках. Судьба была к нему не слишком милосердна.

А через 43 с лишним года он записал свой устный рассказ княгине Черкасской о чарующих парижских днях, и воспоминания эти были напечатаны П. Бартеневым в «Русской беседе». Когда же Бартенев прислал старику за публикацию 25 рублей, неунывающий Лорер отозвался благодарственным письмом:

«Получил 25 р. и не понимаю за что. Неужели мой рассказ русского офицера... стоит 25 рублей? Дорого, щедро платите за подобные рассказы!»

Гонорары, гонорары... А жизни какая цена?

УЛИЦА ВАРЕНН

Честно говоря, это не самый мой любимый район Парижа, хотя не посетить его было бы жаль. Что до приезжих, до туристов, до экскурсантов, то они на Варенн и на ближайших улицах Гренель и Сен-Доминик бывают непременно. Это тихий квартал дворцов, построенных в XVIII веке знаменитыми архитекторами, и жили в этих дворцах самые знатные аристократы, близкие к королевской фамилии. Сейчас тут размещается новая знать, скромно объявляющая себя слугами народа, — дипломаты, министры, высокопоставленные чиновники. Во дворцах этих — посольства, министерства и прочие высокие учреждения, так что днем еще можно заглянуть во двор (мимо будки охранника), увидеть великолепный фасад позапрошлого века, колонный портик... Но к вечеру все ворота на запоре и ничего не видно, кроме высоких стен и ворот. А когда-то тут блистали огни... Жила тут актриса Мари Дорваль, и была она подругой Альфреда де Виньи. Рядом с ее особняком — два дома, которые заметны сразу, — их строили знаменитые архитекторы XVIII века Антуан и Карто. По имени знатных заказчиков и владельцев эти великолепные дворцы называли отель де Нарбон-Серан и отель де Буажелен или еще — отель де Ларошфуко-Додевиль. Еще более знаменит дворец, обозначенный ныне номером 50 по улице Варенн. Он был построен в конце XVIII века по проекту архитектора Леграна, и раз в год, в День культурного наследия, заветные двери дворцов отверзаются. Так что есть надежда увидеть все, если очень захочется...

Улица Варенн проложена была в самом начале XVII века по охотничьему заповеднику. Вернее, это была просто дорога, по сторонам которой стали возводить прекрасные здания. Со временем дорога эта и стала одной из самых престижных улиц столицы. Самые интересные дома на этой улице начинаются после № 38, хотя и до него дома роскошные и жили в них весьма заметные люди. А в 38-м, где жила Мари Дорваль, теперь размещаются службы культуры итальянского посольства, а во времена Директории здесь размещалось министерство иностранных дел, и Талейран принимал здесь Наполеона с Жозефиной, а также мадам де Сталь, которая здесь и увидела будущего императора впервые. В этом отеле Галифе знатоки особенно высоко ценят лучший в Париже гарнитур мебели времен Людовика XVI в салоне, а также колонны и статуи. Миновав несколько отелей (вы помните, что так называют здесь частные особняки и дворцы) XIX века и отель де Гуфье де Туа, мы выйдем к самому красивому и самому знаменитому дворцу этого бывшего предместья — к отелю Матиньон. Вы это название, конечно, слышали, оно не сходит со страниц прессы в качестве синонима кабинета премьер-министра, совета министров и вообще исполнительной власти (в противопоставление главе государства и президентской власти, которые связывают с Елисейским дворцом, резиденцией президента). В Матиньоне, как вы поняли, размещается премьер-министр Франции, так что на экскурсию в этот прекрасный дворец постороннюю публику пускают только раз в год. Но мы-то с вами не посторонние, так что мы отправимся туда нынче же. Строительство дворца начато было по проекту Жана Куртонна в 1721 году. Жак Гойон де Матиньон, граф Ториньи купил дворец у маршала Люксембургского недостроенным, а уж за достройкой и украшением дворца наблюдала старшая дочь принца Монако, ставшая графиней де Матиньон. После Революции дворец много раз переходил из рук в руки. Король Людовик XVIII выменял его на Елисейский дворец (не правда ли, весьма символичный обмен?). Потом дворец принадлежал сестре короля Луи-Филиппа, потом герцогу Монпансье, потом герцогу де Гальера, который предоставил его в распоряжение графа Парижского, устроившего в этих раззолоченных салонах грандиозное празднество по случаю бракосочетания своей дочери с наследником португальского престола. Позднее во дворце размещалось посольство Австро-Венгрии, и только с 1959 года отель Матиньон перешел к премьер-министру. Убранство его славится своим подлинником Фрагонара, резным деревом, придворцовым садом, воротами и, конечно, всяческой позолотой, которая как бы даже и не слишком к лицу народным избранникам и слугам народа, чего, кстати, не учел однажды, делая свое предвыборное заявление перед телекамерой, Эдуар Балладюр, что сразу отметили и телезрители, и журналисты.

На той же улице Варенн, кроме отеля Матиньон, следует непременно осмотреть отель де Пра, отель де Клермон и Гранд-Отель де Кастри, не говоря уже о великолепном отеле де Брольи, принадлежавшем одно время князьям Горчаковым, а в Первую мировую войну разместившем американский штаб.

А теперь отправимся к дому № 77, к великолепному отелю Бирон. Семейство Гонтор-Бирон владело этим дворцом после герцогини де Мэн. Летом 1782 года маршал Бирон угощал здесь ужином будущего императора Павла I с супругой (оба путешествовали по Франции под прозрачными псевдонимами графа и графини дю Hopд и поражали французов своей образованностью). Подруга графини дю Hopд баронесса Оберкирх так описывала впоследствии этот ужин: «Стол был накрыт в саду, одном из самых обширных в Париже, полном цветов и фруктов, наполнявших воздух благоуханием. Гвардейские музыканты, сокрытые за деревьями, исполняли фанфары, а также сладостные мелодии».

В 1810 и 1811 годах отель занимал российский посол князь Александр Куракин. Во время бала в австрийском посольстве вспыхнул пожар, и князь Куракин получил серьезные ожоги, вынудившие его отправиться для отдыха и исцеления в замок Клиши. Отъезд страдающего русского посла тогдашняя газетная хроника описывала так:

«Слуги и домочадцы шли парами, впереди меньшие по росту: самого его вынесли в золоченом кресле, укутанного в бархатный халат, в соломенной шляпе. За креслом шагали все члены посольства».

С двадцатых годов прошлого века дворцом владел монашеский женский орден Святого Сердца, а в 1906 году в дом этот въехал знаменитый скульптор Огюст Роден. Здесь находилась его мастерская, и здесь нынче расположен знакомый туристам всего мира музей. Даже с улицы видна через стеклянную стену знаменитая группа «Граждане Кале». Среди всех сокровищ музея обращу ваше внимание лишь на бронзовые бюсты двух русских женщин — госпожи Елисеевой и госпожи Голубевой, да на маленькую гипсовую статуэтку Нижинского. Роден был в восторге от «фавна» Нижинского, написал о нем хвалебную статью и начал работать над его статуей. Но, как рассказывает в своих воспоминаниях Лифарь, Дягилев взревновал к старцу Родену и помешал работе над новым шедевром... А жаль...

У нас в тринадцатом округе

ГОБЕЛЕНЫ И ГОБЛЕНЫ

Когда спускаешься от площади Италии по широкой нарядной авеню Гоблен (а мне часто доводится тут проходить по дороге в русскую библиотеку) и минуешь старинную мануфактуру гобеленов, давшую свое название (по-французски, скорее, все-таки Гоблен, Gobelin) и этой авеню, и бывшей улице Бьевр, и всему кварталу, трудно бывает представить себе, что в ту пору, когда красильщик тканей из Шампани Жан Гоблен открыл здесь свою красильню, между холмом Бют-о-Кай и горой Святой Женевьевы лежала зеленая, сочная долина, по которой петляла речка Бьевр, впадавшая в Сену. Впрочем, воды с тех пор утекло немало — как-никак прошло пять с половиной веков. Жан Гоблен устроил тут свою красильню в 1440 году, еще полтора столетия спустя король Генрих IV, радевший о развитии ковроткачества в столице, пригласил в эту мастерскую двух фламандских ковроделов — Марка де Комана и Франсуа де ла Планша. Позднее хлопотун Кольбер перевел сюда же самые разнообразные мастерские, в том числе ателье ювелиров и краснодеревцев, ну а в конце концов эдиктом 1667 года вся мануфактура была переименована в королевскую мастерскую «Мебель короны». Художественное руководство ею осуществляли в разное время такие знаменитые живописцы, как Ле Брен, Пьер Миньяр, Койпель, Буше. В сравнительно недавнее время на мастерскую работал Шагал. Что же до знаменитых здешних изделий-гобеленов, то они прославили имя красильщика из Шампани на весь мир.

Нынешнее здание мануфактуры недавнее, его построили в 1914-м. Фасад его, выходящий на авеню Гоблен, украшен барельефами Поля Ландовского и кариатидами знаменитого Энжальбера. В комплексе зданий сохранились, впрочем, и гораздо более старые, более аскетические постройки.

В часовне ныне развешаны старые гобелены и выставлены образцы златокузнечества, коллекции рисунков и эскизов, а в первом ателье стоят старинные вертикальные ткацкие станки — как прежде, ковроделы садятся за них лицом к свету, ставя рядом картон с эскизом гобелена, а готовую работу свою видя только с изнанки, однако ковродел изучает при этом каждый новый сантиметр изготовленного гобелена в специальных зеркалах, которые медными ручками приторочены к станку — старинная, кропотливая метода: за год работы ковродел может в среднем осилить один квадратный метр нового гобелена. Производят ныне здесь и реставрацию старых гобеленов.

Перед самой войной сюда же были переведены известные мастерские Бове, в которых принята иная, собственная техника изготовления гобеленов — на горизонтальных рейках, которыми ткач управляет при помощи педалей, имея картон с эскизом постоянно перед глазами.

Есть еще чисто французская техника «стежка Савонри», когда используются нарезанные ножницами полоски бархата.

Нетрудно догадаться, что в условиях индустриализации, свободного рынка, нынешних бюджетных трудностей, сокращения дотаций и экономии все эти малорентабельные предприятия (среди них и здешний Французский институт реставрации произведений искусства) испытывают финансовые трудности, но при поддержке защитников национального культурного наследия ведут борьбу за выживание. А ведь некогда они славились во всем мире, и мировые знаменитости мечтали взглянуть хоть одним глазком на прославленный труд здешних чародеев... Так, 12 мая 1717 года в семь часов утра (вряд ли многие парижане встают нынче так рано) в королевскую мануфактуру в сопровождении герцога д'Антэна пожаловал русский царь Петр Первый — обошел все мастерские, постоял, наблюдая за работой ковроделов, с пристрастием обо всем выспросил и ушел в полдень, однако прежде, чем покинуть Париж, приходил сюда снова (добросовестный был «слуга народа»), а три года спустя открыл у себя в Петербурге ковровую мануфактуру, руководство которой поручил ковроделу из здешней мастерской Жан-Батисту Бурдену.

Когда-то мануфактура, ее службы, жилые дома мастеров занимали весь квартал, распространяясь в глубину по берегам Бьевра. В новейшие времена на том месте, где мастера разводили некогда по берегам Бьевра огороды, в нижней части улицы Крульбарб разбит был спроектированный Жан-Шарлем Моро густой сад с площадками для игр, однако вокруг сада кое-что еще напоминает о старинных временах. На былой улице Бьевр попадаются потемневшие от времени дома, принадлежавшие семьям знаменитых красильщиков — Гобленам и Глюкам. Жан Глюк вывез из Голландии свой особый способ окраски тканей, а племянник его Жан де Жюльен был знаменитым коллекционером, тонким знатоком искусства, и в гостях у него часто бывал Антуан Ватто.

Поблизости можно увидеть странное здание с башенкой, которое называют тут Замком королевы Бланш. Оно было построено в 1520 году, и дом, стоявший здесь тогда, называли замком Бланш Провансальской, невестки короля Кастилии. Тот дом был разрушен в 1404-м, а потом восстановлен для семейства Гобленов.

В названии речки Бьевр слышен намек на водившихся тут во множестве бобров (на латыни «бебра»). Речка эта питала старинную мануфактуру, дальше протекала через предместье Сен-Марсель и впадала в Сену близ Аустерлицкого моста. Речку убрали в трубу в 1912-м, однако она запечатлелась в парижском рельефе впадинами долин между холмами Мезон-Бланш и Бют-о-Кай на ее правом берегу и возвышениями в парке Монсури и горой Сен-Женевьев — на левом.

Широкая, нарядная авеню Гоблен хранит воспоминания о временах куда более поздних. На фасаде нынешнего кинотеатра «Ла Фовьет», былого театра Гоблен, сохранились декоративные украшения, принадлежащие резцу молодого Родена, который был завсегдатаем этого квартала. А ежели свернуть с авеню на улицу Рекулет, попадешь в места, описанные Бальзаком в «Тридцатилетней женщине», Гюго в «Отверженных», Гюисмансом в «Ла Бьевре». Но легко догадаться, что после того, как речка ушла под землю и долина была осушена, квартал претерпел изрядные изменения. На месте монастыря кордильеров выросла клиника Брока, трудно стало отыскать иные из старинных зданий...

Если спуститься почти до конца авеню Гоблен, свернуть налево по улице Баланс и войти в подъезд дома № 11, то на светящейся кнопке домофона (по-здешнему «интерфона») можно прочесть знакомое имя — Тургенефф. Здесь теперь размещается русская Тургеневская библиотека Парижа, которая, как и 125 лет назад, пользуется неубывающим успехом у русских парижан и французских студентов. Библиотеку создали Герман Александрович Лопатин и Иван Сергеевич Тургенев, чтобы дать приют русским студентам, которых тогда много понаехало в Париж из России и Швейцарии (для сбора денег дали, как водится, благотворительный концерт. Полина Виардо пела, Тургенев читал, потом сняли квартиру, натопили печку, надарили книг...). Кто тут только не читал книг, в этой библиотеке, кто только в нее не дарил книг (Толстой, Достоевский, Бунин, Алданов, Куприн, Осоргин). В библиотеке было множество дареных книг с автографами и богатейшее собрание эмигрантских газет и журналов. В 1925 году русские изгнанники торжественно отметили первые полстолетия этого «самого почтенного учреждения русской эмиграции». А в 1940 году гитлеровцы (в ту пору еще союзники Сталина) погрузили все книги на грузовики и увезли в неизвестном направлении. А после войны вступила в права советская мистика. Был пущен слух, что библиотека сгорела (война все спишет), но книги со штампами «тургеневки» по временам вдруг всплывали на черном рынке Москвы или Питера, появлялись на полках у библиофилов. С распространением гласности все смелее стали говорить, что украденные книги не сгорели, но что они «трофей» и оттого их нельзя вернуть бедной эмиграции. Однажды молодой минчанин из «знающих» сказал мне, что видел книги «тургеневки» в подвале в Минске. Сведения эти, как я позднее обнаружил, уже дошли до Парижа, французское правительство включило собрание русской библиотеки в список ценностей, украденных нацистами и подлежащих возвращению. По правилам всех стран и народов краденое возвращают законным владельцам, а присвоение краденого преследуется законом. Как ни странно, в России, даже новой, царят другие правила («что с возу упало...», «не пойман не вор...»). На все требования о возвращении «трофеев» власти отвечают отказом, смешные (но всегда до крайности патриотичные) речи о праве на краденое произносят в самых высоких инстанциях, а книги, подаренные благородными соотечественниками (от Тургенева до Ходасевича, Цветаевой, Осоргина) бедолагам-изгнанникам, гниют в подвалах и, конечно, разворовываются...

Бескорыстные эмигранты уже собрали, впрочем, новую библиотеку (хотя и не такую богатую). Умирая на чужбине, они завещают книги родной «тургеневке». И обнищавшие научные работники из России, выбравшись в Париж, с неизменным постоянством нажимают в подъезде близ авеню Гоблен светящуюся кнопку с надписью «Тургенефф»...

ПРОГУЛКА ВОЗЛЕ ДОМА

Когда нет ни сил, ни времени двинуться в далекое странствие по Франции и по свету, я иду погулять по своему XIII округу Парижа, неподалеку от дома, и почти всегда набредаю на что-нибудь забавное, а порой — даже волнующее, хотя не стану хвастать: наш XIII далеко не самый живописный округ левобережного Парижа. И все же...

Вот совсем недавно, бредя на запад от площади Италии по бульвару Огюста Бланки, я свернул влево на улицу Барро, где, по моим сведениям, должен был находиться один причудливой архитектуры жилой дом, однако, не дохода улицы Давьель, заглянул в подъезд ничем не примечательного дома, куда мне посоветовал зайти какой-то благожелательный и разговорчивый бородатый француз. Честно говоря, следуя этому совету, я не ожидал увидеть в том подъезде, куда он помог мне войти, ничего особенно интересного, но, поднявшись на второй этаж, убедился, что бородатый француз был прав: место действительно необычное. На обширной террасе, повернутые окнами к красивой эспланаде, стояли два ряда крошечных лачуг, а за эспланадой открывался вид на старое русло реки Бьевр и целую вереницу прелестных домиков, стилизованных то ли под Эльзас, то ли под Германию. Другой мир, да и только, иной Париж!

Какая-то пожилая дама, по всей вероятности консьержка, остановилась, взглянула на меня вопросительно, и я спросил у нее, что это за лачуги. Ответ ее был для меня по меньшей мере неожиданным.

— Ах это, — сказала она, — это маленькая Россия.

— Так уж и Россия... — проговорил я оторопело. — А отчего Россия?

— Русских тут жило много, — объяснила она. — Шоферы такси. А ниже, под нами, тут находились их гаражи. Так что на террасе их транспортная фирма им жилье построила. Ничего, жить было можно... А там, внизу, перед нами — это Маленький Эльзас. Дешевое жилье...

Я стоял молча, обдумывая ее сообщение...

У нас в тринадцатом округе

Итак, я попал в былое гнездо русских таксистов. Самая русская профессия в Париже между войнами. И на кого ж было обучиться офицеру, не имевшему гражданской профессии, чтоб заработать кусок хлеба. На шофера, конечно, на таксиста... Сколько их было, русских таксистов в Париже? До войны тысячи три. После войны, к 1945-му, осталось не больше половины. Мне вспоминались лица одних, мемуары других, стихи и рассказы третьих.

Замечательный эмигрантский прозаик Гайто Газданов, соперник самого Набокова, чуть не четверть века крутил в Париже баранку — с 1928 аж до самого 1952-го. Его книга «Ночные дороги» — книга таксиста: в ней ночной город, горожане, сам автор, болеющий бедами человечества, ищущий выхода из тупика. Поиски осуществления идей человеческого братства, путей самосовершенствования привели Газданова по следам его друга Михаила Осоргина в братство «вольных каменщиков», к масонам...

Только после войны, когда стали чаще выходить и переводиться книги Газданова, когда его взяли работать на радио «Свобода», стареющий писатель смог оставить шоферскую работу...

Мне вспомнился также муж певицы Наташи Кедровой, инженер-химик и певец Малинин... На жизнь-то все равно приходилось зарабатывать за баранкой.

Вспомнилось, что у дочери протоиерея Сергия Булгакова, у подруги Марины Цветаевой Муны Булгаковой, муж тоже шоферил. Это он-то и вывез из Парижа Сергея Эфрона, который спасался бегством от французской полиции и по дороге на Гавр выпрыгнул из машины, чтобы запутать следы. Лучше бы не спасался — может, остался бы жив и не сгубил семью...

Был еще один совершенно фантастический таксист — князь Юрий Алексеевич Ширинский-Шихматов, монархист, бывший кавалергард, сын обер-прокурора Святейшего Синода. На стоянке по ночам он жадно читал, положив на баранку книгу, при свете ночного фонаря. Он искал путей для России, для эмиграции, искал их на крайнем правом фланге, иногда видел их в фашизме. Такой вот был кавалергард-таксист, растивший сына эсера Савинкова и издававший свой собственный журнал... В войну он заступился в немецком лагере за товарища и был насмерть забит эсэсовцами...

В романе Бориса Поплавского «Аполлон Безобразов» есть совершенно замечательный герой — русский таксист, или, как представляет его автор, «эмигрант, шофер, офицер, пролетарий». Вот его монолог:

«— Это вы смеетесь, но вот послушайте, я вам расскажу... Подходит ко мне жёном*. Садится в вуатюру**. О ла-ла! думаю. Ну везу, значит. Везу целый час. Ого-го, уже на счетчике 27 франков. Остановился, он ничего. Я, значит, его за манишку, плати, сукин сын. А он мне русским голосом отвечает: Я, братишечка, вовсе застрелиться хочу, да все духу не хватает, потому, мол, и счетчик такой. Плачет, и револьвер при нем. Ну, я, значит, револьвер арестовал, а его в бистро. Ну, значит, выпили, то, другое, о Бизерте поговорили. Он, оказывается, наш подводник с «Тюленя». То, другое... Опять за машину не заплатил.

...Ну хватит. Давайте лучше споем что-нибудь.

Он поет... Высоко выставив свою шоферскую грудь, широко расставив свои шоферские, кавалерийские ноженьки... Честно поет. Голосу у него, конечно, никакого, но громко зато поет, на самые верхи залезает. Честно поет, широко и антимузыкально, гражданственно и по-разбойничьему тоже.

Генерал И. Е. Ердели по вечерам командовал в Воинском Союзе, а днем крутил баранку такси.

Ты прошла, как сон,
Как гитары звон,
Ты прошла, моя
Ненаглядная.

— Пой, светик, не стыдись, бодрый эмигрантский шофер, офицер, пролетарий, христианин, мистик, большевик,

---

* Молодой человек (франц.).
** Автомобиль (франц.).

У нас в тринадцатом округе

и не впрямь ли мы восстали от глубокой печали, улыбнулись, очнулись, вернулись к добродушию... Наглая и добродушная, добрая и свирепая, лихая Россия, шоферская, зарубежная. Либерте, фратерните, карт д'идантите. Ситроеновская, непобедимая, пролетарско-офицерская, анархически-церковная. И похоронным пением звучит цыганочка, и яблочко катится в ней, и слышится свист бронепоезда.

И снова шумит граммофон, и, мягко шевеля ногами, народ Богоносец и рогоносец поднимается с диванов, а ты, железная шоферская лошадка, спокойно стой и не фыркай под дождем, ибо и до половины еще не дошло выпивалище, не доспело игрище, не дозудело блудилище, и не время еще зигзаги по улицам выписывать, развозя утомленных алкоголем, кубарем проноситься по перекресткам, провожаемой заливистыми свистками полиции».

Такие вот строки из романа Бориса Поплавского пришли мне на память на шоферской террасе «Маленькой России» близ моего дома в XIII округе Парижа...

И вдруг меня осенило: да оно ведь здесь и происходило, это «гульбище», в одной из здешних шоферских лачуг, как же я сразу не догадался! А потом пришла мрачная мысль, и как я ни отгонял ее, она получала все новые подтверждения в воспоминаниях обо всем читанном: здесь, похоже, и погиб молодой поэт Борис Поплавский — погиб от излишней дозы наркотика, от овердоза, погиб случайно или был уведен за собой безумием, решившим свести счеты с жизнью, но не решавшимся уйти в одиночку. Ну да, конечно же, здесь он и жил, злосчастный этот наркоман Сергей Юркун, монпарнасский знакомый, а может, и приятель Бориса Поплавского, самого знаменитого поэта из толпы «незамеченного поколения», человека стихийно талантливого, ищущего, беспокойного. Его стихи в эмиграции знали наизусть, их пели, переписывали в тетрадку. Его ревниво и упоенно цитировал язвительный Сирин-Набоков. Борис Поплавский терзался поисками Бога, он много читал и думал, он искал истину, этот молодой атлет в странном дорожном костюме и неизменных темных очках. Он был боксер, спортсмен, и вдруг — смерть в тридцать два года. Случайность, убийство, самоубийство? Юркун оставил письмо о том, что хотел ускорить свою смерть. Но Поплавский? Он часто писал о желании отвернуться к стене, уйти, уснуть навек.

> Я не в силах. Отхожу во сны.
> Оставляю этот мир жестоким,
> Ярким, жадным, грубым, остальным.

Он писал так, и все же от желания уйти, от разочарования, усталости и минут отчаяния до страшного акта самоубийства еще так далеко...

Помню, как в Москве я познакомился лет двадцать назад с пожилой, симпатичной дамой, жившей в одном из сретенских переулков. Я знал, что она когда-то жила в Париже, потом вернулась в Союз и, как многие «возвращенцы», много лет провела в сталинских лагерях. Позднее я узнал, что Наталья Ивановна была невестой Поплавского. Она выжила в лагерях, потом поселилась в Москве, близ моего прежнего дома, была веселой, бодрой, обаятельной, даже ездила во Францию в гости. А он погиб в мирном Париже, в двух шагах от моего нынешнего дома. Как разгадать замысел судьбы?

Русская эмигрантская колония была потрясена тогда этой смертью. Наперебой говорили и писали о нищете и непризнанности молодых литераторов, обвиняли друг друга в равнодушии... В этом дворе, в комнатке Юркуна перебывали в те осенние дни 1935 года многие... Искали разгадку неожиданной смерти. Но обшарпанная, ситроеновская «Маленькая Россия» молчала, храня страшную тайну. Что же мне пытать о ней сегодня, шестьдесят с лишним лет спустя?

Я спустился во двор, прошел мимо кокетливых бедняцких домиков «Маленького Эльзаса» и вышел на улицу Давьель. Здесь в доме № 6 размещалась между войнами ассоциация земств городов России, насчитывавшая больше ста членов. Председательствовал в ней знаменитый эсер, бывший председатель Крестьянского союза и бывший министр Временного правительства Николай Авксентьев. Комитет Земгора был создан в 1921 году для оказания помощи беженцам из России. Позднее он сосредоточил свои усилия на помощи русскому школьному образованию. В 1929/30 году он поддерживал материально 65 детских учебных и воспитательных заведений (школ, интернатов, сиротских домов, детских садов). На его попечении, целиком или частично, находились две с половиной тысячи детей, из которых 750 жили в интернатах. Русские организации

У нас в тринадцатом округе

Шоферская «Маленькая Россия» над бывшим ситроеновским гаражом.

и комитеты озабочены были не только тем, чтобы помочь детям получить пищу, кров и образование, но и тем, чтобы сохранить у них память о России. Как это ни печально, последующие волны русской эмиграции (и вторая, и третья) полностью освободили себя от общественной деятельности, от хлопот о воспитании подрастающего поколения, от сбережения родного языка и культуры, целиком переложив все эти хлопоты на чужого дядю. Прошло совсем немного времени, и в семьях новых эмигрантов появились дети, не знающие русского. Легко догадаться, что беспечные родители ничего от этого не выиграли. Наряду с падением культурного уровня среди молодежи это привело и к углублению разрыва между поколениями. Гуляя по улице Давьель, близ былого Земгора, я вспоминал свои английские, американские, французские встречи с былыми московскими друзьями. Дети никогда не принимали участия в наших празднично-грустных встречах. Им была неинтересна непонятная российская жизнь. Им был непонятен или почти непонятен язык, на котором мы говорили. А мы ведь были еще не старыми, мы вспоминали свою воистину фантастическую молодость, шутили, смеялись. Дети смотрели на нас презрительно, завистливо или враждебно. Но винить нам было некого. Первая эмиграция приложила огромные усилия к тому, чтобы дать детям русское образование, чтобы сберечь у них интерес к родине. Чтобы пойти на подобные жертвы и совершить такой подвиг, нужно было иметь убеждения, высокий уровень духовности, любовь к родной стране и сокровищам ее культуры... Мы много раз часами печально толковали обо всем этом с друзьями-эмигрантами под неистовый крик включенного их детками телевизора, на экране которого какие-то гнусные идиоты убивали каких-то других идиотов, не менее, впрочем, гнусных...

Опечаленный воспоминаниями, навеянными шоферской «Маленькой Россией» и улицей Давьель, я вернулся на угол улицы Барро, пересек ее и пошел к западу, вверх по улице Бют-о-Кай. Маршрут оказался удачным. В нашем шумном, безжалостно разломанном и перестроенном, многоэтажном, хрущобно-модерновом XIII округе улица эта, неторопливо карабкавшаяся на холм того же названия, являла собой островок старины и спокойствия. Название холма — Перепелиный холм, Бют-о-кай — позволяло предположить, что еще не слишком (в масштабах новой истории) давно водились тут перепела и в свободный денек парижане приходили сюда поохотиться, а потом любители тишины стали строить себе тут небольшие, почти дачные дома, которые в нашу бодрую эпоху непременно были бы снесены, если б граждане не спохватились наконец, увидев, что их XIII округ и так уже весь перепахан и залит бетоном в счастливые времена Помпиду. Граждане стали сопротивляться, и вот остались нам в утешение улица Бют-о-Кай, того же названия холм, улица Пяти Алмазов, площадь Поля Верлена да площадь аббата Жоржа Энока — все тихое, деревенское, точно пришло из другого века и тут, к счастью, задержалось, замешкалось...

Больших событий, вроде рубки голов при помощи гильотины, вроде революции или других социальных потрясений, эти места не припомнят и не могут поставить себе в актив, хотя, впрочем, гордится Перепелиный холм славным, предреволюционным днем 21 ноября 1783 года, когда, к изумлению и восторгу людей впечатлительных, вдруг поднялся в небо с вершины этого скромного холма лазурного цвета воздушный шар, украшенный золотыми королевскими лилиями и знаками Зодиака и имевший на борту, точнее говоря, в корзине, отважного маркиза д'Арланда и

У нас в тринадцатом округе

Розье де Пилатра. За невиданным этим зрелищем наблюдали в безопасном отдалении, из замка де Мюэтт, что на западной оконечности города, Его Величество наследник-дофин и сам славный ученый (и будущий американский президент) Бенджамин Франклин. Когда же бесстрашные воздухоплаватели вернулись на грешную землю, жители предместья Сен-Марсель, набросившись на них, так обнимали их и тискали их в приступе энтузиазма и патриотического восторга, что герои уже не чаяли вырваться живыми, однако все же уцелели, только сюртук доблестного Розье де Пилатра оказался безнадежно испорчен.

Улица, идущая к югу от площади Поля Верлена, называется улицей Луговой Мельницы. Она пересекается с улицей Мельнички, и обе они напоминают об идиллическом прошлом этой юго-восточной парижской окраины. О нем же напоминает и Цветущий Городок или Городок Цветов, что лежит близ площади Ренжис и улицы Бобийо. Здесь каждая улица носит названье цветка — улица Мимозы, улица Орхидей, улица Глициний, да и сами цветы тут еще уцелели. Вообще, как признают даже самые непримиримые французские патриоты, места эти — и уютные домики начала века, и садики — больше напоминают предместье английского городка, чем французский столичный квартал.

Впрочем, в Париже даже такой мирный дачный квартал не может обойтись без сооружения, занесенного в списки памятников старины, охраняемых законом. Правда, на сей раз это не храм и не дворец, а плавательный бассейн Бют-о-Кай, что расположен на тенистой площади Поля Верлена. История его не вполне типична для обычного спортивного или банного сооружения и связана с историей артезианского колодца, открытого в 1865 году физиком Франсуа Араго. Колодец появился для того, чтобы подпитывать реку Бьевр в засушливые годы. Тридцать лет спустя бурение продолжили, и бурильщики наткнулись на пласт воды, имевшей температуру 28 градусов по Цельсию. Поскольку вода эта идеально подходила для плавания, в 1924 году здесь и был построен плавательный бассейн.

Близ бульвара Араго, на уровне дома № 65, сохранился еще один зеленый оазис округи — Цветущий Городок, Сите Флери. Это городок художников, постройку которого на здешнем пустыре относят к 1878 году. Спасти его от спекулянтов, от мэрии и от новой жилищной мафии было нелегко, но обитатели его проявили стойкость и Городок отстояли. В былые времена здесь живали, или просто бывали, и Роден, и Бурдель, и Гоген, и Майоль, и Модильяни. Теперь в двадцати девяти здешних мастерских творят гении поскромнее, но место очаровательное: домики, крошечные садики, выйдешь вечером — под ногами свой лоскуток земли...

В общем, оказалось, что прогулка в этом чудом уцелевшем уголке нашего XIII округа способна успокоить самые издерганные нервы. Однако, чтобы вернуться домой на свою рю Насьональ, мне неизбежно приходится пересекать шумный ад площади Италии, бульвар и три авеню, утыканные башнями «хрущоб», в утешенье читая предвыборные плакаты мэрии, сообщающие, что за какой-нибудь десяток лет на площади в сто с лишним гектар здесь было построено 13 000 новых квартир, в которых нашли (иногда даже и не по блату) недорогое пристанище еще 45 000 тружеников и нетрудовых элементов. Ну и, конечно, построены были школы, культурный центр, ясли — все что положено...

Честно говоря, ничего интересного, оригинального или симпатичного на этих ста гектарах бетона мне лично за последние 15 лет найти не удалось. Будто и не Париж...

БИБЛИОТЕКА ФРАНСУА МИТТЕРАНА

Новое отделение Национальной библиотеки Франции расположено на бывшей Кэ-де-ла-Гар, Привокзальной набережной Сены, близ моста Толбиак. Ныне этот участок набережной носит имя писателя Франсуа Мориака. Сама библиотека тоже сменила много названий за долгие годы ее сооружения. Ее называли то Французской библиотекой, то Национальной библиотекой Франции, то Очень большой библиотекой — ТЖБ. Президент Франции Жак Ширак предложил дать ей имя своего предшественника на посту президента — Франсуа Миттерана. И это, вероятно, справедливо: стройка эта была любимым детищем президента-строителя, чьи сооружения вызывают немало споров у потомков. Новая библиотека на берегу Сены является, пожалуй, самым спорным из этих сооружений. Достоверная история ее строительства пока еще не написана, но кое-что просочилось и в осторожную французскую печать, к тому же, как любили некогда говорить русские ораторы, факт налицо. Четыре высокие стеклянные башни, имеющие каждая форму полураскрытой книги, уже несколько лет как обрамляют просторную, в семь с половиной гектаров эспланаду на пустыре над Сеной, и уже несколько лет туда водят любопытных экскурсантов.

Эспланада эта хорошо видна из моих окон на тринадцатом этаже парижской хрущобы в XIII округе, и я наблюдал, как шаг за шагом росли эти башни, «вдохновенное» творение архитектора Доминика Перо. Собственно, ничего оригинального в этих башнях нет. Такими стеклянными башнями встречает и провожает путника любой американский «даунтаун», а дома в форме полураскрытой книги русские конструктивисты строили на просторах Советского Союза — от Харькова до Душанбе — уже давно, еще до войны. Но, наблюдая из окна за эволюцией башен, я заметил однажды нечто новое: в один прекрасный день окна были изнутри заставлены чем-то вроде картонных коробок из супермаркета. Я решил, что это связано с прибытием книг в новое здание, и возрадовался. И не угадал.

Библиотека Франсуа Миттерана

Даже доски, закрывшие окна, обошлись втридорога... Но деньги-то не свои. Президент Миттеран строил себе памятники по всему городу.

Выяснилось, что окна были прикрыты щитами из ценных пород дерева, и хотя это изуродовало здание, сделать это было просто необходимо. Строителям объяснили, что нельзя подвергать книги воздействию солнечных лучей, и те согласились. Но тогда отчего же они воздвигли для хранения книг именно стеклянные башни? Выяснилось, что никто и не собирался устраивать тут книгохранилище. Согласно идее, выдвинутой весьма просвещенным, но непрактичным советником президента Жаком Аттали, новой библиотеке предстояло стать шедевром информатики, библиотекой без книг — с одними компьютерами. Проект был принят, без сомнения, тогдашним президентом, но только потом выяснилось, что процедура переведения всех книг на компьютеры пока неосуществима. Тогда решили набить башни книгами, а также занять под книгохранилища все гаражи. Ну а потом пришлось загораживать окна. То, что щиты из ценных пород дерева снаружи выглядят безобразно, тоже обнаружили потом. Как, впрочем, и многое другое. Например, что содержание одной этой библиотеки будет обходиться в 200 миллионов долларов в год — семь процентов всей суммы, выделяемой во Франции на культуру. Что всем желающим места в библиотеке все равно не хватит. Что библиотека будет платной, а стало быть, не столь уж демократичной. Но так или иначе, Париж получил за свои два миллиарда долларов библиотеку на память от президента. Все четырнадцать лет своего президентства Миттеран был тяжело болен, поэтому так и спешили устроить церемонию открытия библиотеки еще при его жизни. В результате библиотеку открывали трижды и открыли ее все равно полупустой — как бассейн в сумасшедшем доме, куда только еще обещали пустить воду, но прыгать уже начали.

Понятно, что после третьего открытия библиотеки я не выдержал и побежал туда с длинным списком книг, которые давно мечтал хоть полистать. Компьютеры пока работали с перебоями. Каталога не было. Ни одной из нужных мне книг я, конечно, не нашел. «Пока они на улице Ришелье, в старом здании», — говорили с горькой усмешкой сотрудники. «А что же здесь?» — удивился я. «Так, кое-что». «И когда же будут книги? Столько лет прошло...» «Еще столько же пройдет».

Газеты объявляли, что перевезено за все эти годы 180 000 книг, а будет их здесь 10 000 000. То есть перевезено только два процента — где ж тут найти что-нибудь? Я обратил внимание на читателей — по большей части школьники. Но для них удобнее было бы получить штук сорок хороших, современных библиотек ближе к дому — за те же деньги. А ведь парижские студенты стоят в очереди у входа в университетские библиотеки, как мы когда-то часами стояли у «ленинки». Правда, при столь утилитарном подходе не было бы «великой стройки социализма». Впрочем, это старый спор. Что лучше — пять сталинских небоскребов для богатых или пять новых микрорайонов для работяг... Два российских диктатора решали эту проблему по-разному — Хрущев и Сталин. Хрущев решил ее человечнее, зато все «великое» приписывают Сталину...

Не найдя книг, я спустился в вестибюль. Там группа пенсионеров почтительно осматривала стены и потолки. Слышался голос экскурсовода:

— Тут, внизу, будет когда-нибудь читальный зал для научных работников. Они будут сидеть лицом к саду. Для этого привезено сюда 250 деревьев двадцатиметровой высоты, вырытых вместе с корнями и землей, так что вес каждого при перевозке составлял 12—14 тонн...

— Да уж, обошлось в копеечку, — сказал кто-то восхищенно.

— А лицом к Сене они сидеть не хотели? — спросила симпатичная дама моих лет.

— Это бы их отвлекало от наук, — объяснил ей интеллигентный пенсионер.

Я вышел на улицу. Пока я боролся внутри с временным дефицитом печатной продукции, пошел дождь, и передвигаться по эспланаде стало невозможно. Дело в том, что строители покрыли всю эспланаду элегантным настилом из ценных сортов дерева, который под дождем становился очень скользким. Я поспешил на помощь двум сотрудницам библиотеки, уже лежавшим на спине и честившим кого-то нехорошими словами. Убедившись, что недобрым словом поминают не меня, я помог им встать на ноги.

— Добираемся в буфет, за два километра, — сказала одна из них виновато. — С опасностью вот... для жизни.

Вторая и в вертикальном положении продолжала свой диалог с незримым обидчиком. Я мысленно переводил ее реплики на русский и чувствовал, что перевод, как верно отмечал Мандельштам, сближает народы.

— Строители... — ворчала она. — Одним местом думали...

ГОРОД-КОСМОПОЛИТ

Иногда по воскресеньям, выбравшись из дома у себя в XIII округе, я дохожу минут за пять до авеню Иври или авеню Шуази и сворачиваю к югу, в сторону кольцевой дороги и одной из южных городских застав — Иври или Шуази. Путь мой лежит через китайский квартал, парижский «чайнатаун», который возник здесь сравнительно недавно, в начале 70-х годов (хотя китайские семьи приезжали в Париж и раньше). Именно в 70-е построили в этом квартале многоэтажные дома-башни, соединили их бетонными площадями и площадками, тоннелями, галереями, коридорами. Поначалу башни стояли пустыми, и в них стали селиться семьи из Лаоса, Камбоджи, Таиланда и Вьетнама, по большей части вьетнамцы и китайцы. Вскоре после этого Франция приняла партию беженцев из Вьетнама и Камбоджи, и новоприезжие стали селиться поближе к землякам и родственникам. Я долго не понимал этой механики возникновения экзотических колоний в Париже, пока меня не просветил старый друг-художник Лев Ларский. Он уехал из Москвы в Тель-Авив и в ожидании жилья внес деньги в жилищный кооператив, строивший дом на окраине города. Однажды к ним в издательство пришел какой-то новый эмигрант — то ли из Бухары, то ли из Ташкента, и мой приятель посоветовал ему срочно внести деньги в тот же кооператив, где только-только начинали строительство. А когда мой друг въехал через год в новый дом, он обнаружил, что он был там единственный русский в окружении множества бухарских евреев. Их привел поселившийся по его совету человек из Ташкента. Может, в подобной ситуации оказался какой-нибудь эльзасец или гасконец, въехавший в башню нового «чайнатауна». Наверняка ныне его детишки бойко объясняются на каком-нибудь из китайских языков и диалектов, ибо далеко не все обитатели «чайнатауна» освоили французский, в котором там зачастую и не бывает нужды. Так или иначе, квартал этот стал азиатским, и хотя с безликой бетонной архитектурой не только что китаец, но и папуас ничего не смог бы поделать, там все же появилась кое-какая восточная атмосфера: китайские надписи, китайские запахи, бесчисленные китайско-вьетнамско-таиландско-лаосские ресторанчики, кондитерские, булочные, лавочки, лавчонки, мастерские, турагентства, менялы... По воскресеньям, когда по строгим (и неудобным) французским правилам (их блюдут не священники, а профсоюзы) все закрыто, на авеню Иври открыты магазины, в том числе огромный супермаркет и магазин братьев Танг, где китайские семьи набивают провизией багажники своих машин — то ли для семьи на месяц, то ли для своих ресторанов на день-два. И, глядя на невиданные китайские овощи, приправы, чаи, макароны, понимаешь, как трудно было бы кормиться китайцам, если б не было таких магазинов. Кормиться самим и кормить парижан. Ибо китайские рестораны, которых в городе открылось превеликое множество, изменили кое в чем и гастрономические привычки прославленной родины европейской гастрономии. Китайско-вьетнамская кухня оказалась и вкусной и изысканно-сложной, а рестораны китайские — дешевле французских. И как ни трудно уцелеть ресторану в условиях здешней жестокой конкуренции и не знающих удержу налогов, китайские рестораны выходят победителями из борьбы. Может, и оттого, что китайцы умеют работать всей семьей не просто добросовестно, но даже, можно сказать, исступленно, не щадя ни времени, ни сил. Конечно, не всякому из них бывает легко по приезде начать собственное дело, и не всегда их «первоначальное накопление» укладывается в рамки закона: читатели газет знают, что в «чайнатауне» то и дело находят тайные мастерские, где новые иммигранты работают за бесценок, а хозяева не платят налогов, что случаются и хитроумные операции с перепродажей наркотиков, прибывающих в запаянных банках с экзотическими фруктами, но в целом десяток народов в «азиатских кварталах» уживаются мирно, работают много и внушают уважение окружающим. Но начинается жизнь в Париже нелегко. Для многих все начинается с нелегальной иммиграции. «Перевозчики» за тайную доставку в страну берут дорого. Потом приходится годами расплачиваться. Устроившись в Париже, глава семейства перетягивает к себе всю цепочку. Мало-помалу беспаспортные нелегалы все же получают право на жительство. В первую очередь —

семейные. И особенно те, у кого дети родились уже во Франции. Китайские нелегалы получают документы чаще, чем другие. Дальше остается работать, платить налоги, учить детей, интегрироваться, учить язык. Многочисленные иммигранты из приморской провинции Вен-цу приезжают не сильно грамотными и без знания языка...

У дочки моей в школе обязательно есть любимые китаянки-подружки, а на прогулке в нашем приграничном с «чайнатауном» парке Шуази я и сам нередко вступаю в беседу с выходцами из Вьетнама и Китая. Нам нетрудно понять друг друга, жизненный опыт у нас отчасти сходный, и я могу понять даже тех, что в отчаянье бросались в море, спасаясь от доброго дяди Хо Ши Мина или от очень красных кхмеров. Об этих приключениях, впрочем, могут порассказать и парижские таксисты, среди которых немало камбоджийцев.

Признаков близкого азиатского присутствия и на моей улице немало. В соседнем клубе преподают полдюжины видов азиатской борьбы, по соседству с клубом — дощечки врачей, предлагающих иглотерапию, напротив дома — сразу две китайских типографии и редакция китайского журнала, а также китайский кинотеатр...

Намного меньше — и у нас в округе, и в Париже вообще — японцев, хотя у французов интерес к японцам и японской культуре возник давно. На парижской левобережной рю Бабилон стоит настоящая японская пагода. Ее купил в конце прошлого века в Японии, привез в Париж и подарил своей супруге управляющий первым парижским универмагом «Бон марше». Жена его иногда устраивала в этой пагоде стильные приемы, ныне же здесь великолепный двухзальный кинотеатр. Однажды, лет десять тому назад, стоя в очереди за бельгийской визой, я признал в стоявшем передо мной человеке польского актера, снимавшегося в моем любимом фильме Кшиштофа Занусси. Мы разговорились. Актера звали Женя Перевезенцев, и он отлично говорил по-русски. Узнав, что я давно не могу найти работу, и догадавшись, что я поклонник кино, Женя сразу же, из консульства отвел меня в кинотеатр «Пагода», где билетершей была красивая полька Моника. Тут-то я и зачастил на бесплатные просмотры в этот кинотеатр, в котором свел попутно знакомство с изрядной частью польской эмигрантской колонии, или, как ее называют,

«Полонии», которая не вчера появилась в Париже: она начала по-настоящему складываться здесь после восстания 1831 года. В Париже существуют польские книжные магазины и польские рестораны, которых, однако, меньше, чем русских. Более того, многие поляки открывают русские рестораны, которые пользуются определенной репутацией, хотя они далеко не так многочисленны ныне, как в 20-е и 30-е годы. Много поляков приезжают в Париж на время, на заработки — они мастера на все руки.

Но, конечно, более многочисленны, чем эти упомянутые мной эмигрантские колонии, колония североафриканская, итальянская, греческая, португальская. Португальцы уже почти вытеснили старых французских консьержек, живших на первом этаже больших домов, — это нынче стала португальская профессия. Африканцев же становится в городе с каждым годом все больше, но их колонии обитают по большей части на правом берегу, и о них я еще расскажу...

Русских же в Париже совсем мало. И все же их помнят, потому что вряд ли была когда-нибудь в этом городе эмигрантская колония, которая ухитрилась бы за несколько лет в чужой стране создать свою собственную инфраструктуру и развернуть столь бурную культурную деятельность, как первая русская эмиграция между войнами...

ВОСКРЕСНЫЙ РЫНОК ЗА УГЛОМ

В первые годы моей парижской жизни посещение ближнего рынка по воскресеньям, даже в те дни, когда мне покупать было ничего не нужно, оставалось для меня одним из любимых развлечений. Теперь я попадаю на этот рынок реже, потому что большую часть месяца вообще провожу на ферме, в Шампани. Конечно, и там я иногда езжу с соседями на рынок ближнего городка, живописно раскидывающий по средам свои шатры и прилавки между старым рыночным павильоном в стиле Бальтара (того, что построил павильоны Чрева Парижа), церковью XVII века и живописной здешней мэрией, — на чудесный, сельский рынок городка, а может, и деревушки (всего-то две тысячи жителей) Экс-ан-От. Впрочем, и небольшой рынок близ нашей муниципальной квартиры в XIII округе Парижа, на левом берегу Сены, еще точнее, на площади Жанны д'Арк, тоже напоминает провинциальный или даже деревенский рынок. Начать с того, что он тоже раскидывает по воскресеньям свои шатры и сборные прилавки на церковной площади, вокруг провинциального вида церкви Нотр-Дам-де-Гар. К тому же и публика тут не самая шикарная, хотя это «собственно Париж». Да и ведет себя публика раскованно, по-воскресному. Видно, что для многих горожан такая вылазка — это почти поездка в деревню. К тому же в кои-то веки можно не спешить после позднего воскресного пробуждения, «грас матине». Можно потолкаться у прилавков, потыкать пальцем в овощи, попробовать кусочек того, ломтик этого, степенно постоять минут пять-десять в очереди. Не познавшие настоящих «хвостов» парижане в своих коротких, редких и не слишком обременительных очередях (что на рынке, что в булочной, что в мясной, что в кино — до окончания предыдущего сеанса) стоят вальяжно, с удовольствием или почти с удовольствием, стоят — отдыхают. Им непонятно, почему я начинаю сразу нервничать в очереди, почему меня так и подмывает влезть без очереди. А сам я, увидев человека, который влез без очереди, почти безошибочно окликаю его по-рус-

ски или по-польски. И он радостно откликается: «О, вы русский?» или — «Пан з Польскей?» Оно понятно. Для нас очередь не развлечение. Она нас раздражает. Уже в десятилетнем возрасте я стоял в ночной очереди за хлебом с трехзначным номером, намалеванным на руке химическим карандашом. А здесь стоят добродушно и спокойно. Еще две-три минуты, еще пять и — обслужат... А в очереди можно и поболтать. Обычно в Париже не разговаривают с незнакомыми, но на рынках, традиционно, особая атмосфера — тут разговаривают. Я лично расспрашиваю хозяек, что делать с пыреем или спаржей или, скажем, какой вкус у кровяной колбасы. Я заранее знаю, что вся эта еда не по мне, но любопытно, как мои собеседники оживляются при этих дискуссиях, сколько души вкладывают в свои объяснения и рекомендации. Может, и впрямь через желудок проходит путь не только к сердцу, но и к душе...

Рыночные прилавки здесь красивы, живописны. Может,

У нас в тринадцатом округе

на парижских рынках и нет таких торговцев-искусников, таких урожденных художников, как на фруктовых рынках марокканского Феса или Мекнеса, но и здесь все со вкусом разложено, сверкают свежие, натуральные краски натюрмортов, в которых натура отнюдь не мертвая, а словно бы живая (а рыба и птица и вовсе иногда шевелятся).

Рынок разжигает аппетит. Все кажется вкусным, съедобным, и приходится себя одергивать, напоминая себе, что глаза «жаднее» брюха. Постоянные посетители знают, что им покупать и у кого. Я-то раньше хватал там, где подешевле и где меньше очередь, как правило, у молодых магрибинцев — марокканцев или алжирцев. Потом мне объяснили, что у них товар случайный, а у нас на площади Жанны д'Арк есть настоящие фермеры, которые привозят свои продукты, свежие. Первым мне это объяснил симпатичный итальянец Паоло. Он живет прямо на рыночной площади, над базаром, всю неделю напролет он корпит у себя в банке, а в воскресенье жена выгоняет его подышать свежим воздухом и купить овощей. Увидев его, я хотел пустить его без очереди к своему симпатяге-марокканцу, но он покачал головой: нет, нет. Жена велела покупать только вон у того усатого, у месье Ги Шарваланжа. У него лучшая картошка, у него малина, каштаны, укроп, баклажаны, кабачки, шпинат, ревень, спаржа, артишоки, авокадо, он привозит настоящих кур с фермы, у него свое хозяйство в Монфор л'Амори. Я призадумался и с тех пор начал различать людей, стоящих за прилавком. Среди них оказалось еще несколько огородников, поплоше, чем месье Ги, но тоже продающих продукты с настоящего огорода, со своего огорода, иногда даже они собирают их в огороде утром, перед самым рынком, а не покупают на Бог знает каких складах и какой свежести. Из огородников у нас на площади Жанны д'Арк торгуют также супруги Донден, Мари-Жозе и Жан-Франсуа, и супруги Ришодо, Сильвиан и Бернар. У них подороже, чем в магазине, но они ведь огородники, а не перекупщики. Мало-помалу я стал и к товарам присматриваться внимательней, а в конце концов выяснил, что у нас на рынке Жанны д'Арк есть настоящие звезды рыночной торговли.

Например, супруги Бальмисс, Анни и Жан-Луи. Они, правда, сами ничего не производят, но продают овощи и фрукты только высокого качества. У них два прилавка, накрытых одинаковой скатертью, — по обе стороны церкви. В последнее время они покупают свой товар только у огородников «био». То есть их продукты выращены безо всякой вредной химии.

Есть у нас и другие звезды рыночной торговли. Например, молодой, элегантный сыровар и сыроторговец месье Филипп Раденак. Он большой знаток и сам большой мастер сыров. Недавно я прочел в одной кулинарной книге, что счастлив тот парижанин, который может себе позволить каждое воскресенье покупать сыры у Раденака. Так я узнал, что я счастлив. Мало-помалу я выяснил, что этот тонкий ценитель козьих сыров производит и продает 45 сортов. Не все, конечно, 45 он сам производит, некоторые ему поставляют монастырские сыроварни, но он большой знаток, и он абы что не купит. Однажды близ прилавка месье Филиппа я встретил соседа-троцкиста (ни коммунисты, ни троцкисты не упускают такого удачного повода, как воскресный рынок, чтоб не поработать на партию). Сосед был в веселом воскресном настроении и, желая порадовать приблудного русского, крикнул мне, что они скоро уже устроят во Франции социализм, настоящий, какой был в России, а может, даже устроят здесь коммунизм. Я сказал ему, что я им желаю успеха, но хочу предупредить по-дружески, что 45 сортов козьего сыра у них тогда не будет.

— А что будет? — спросил он несколько испуганно.

— Будут в лучшем случае два-три сорта, — сказал я вполне равнодушно. — Скорей всего, твердые сорта. И никак не козьи сыры. А еще вероятнее, останется вообще один сорт. Твердый. И будет называться он просто «сыр»... Ну пока, пошел, мне надо еще кое-что купить...

Я оставил его в полной печали, но что мне оставалось делать. Я еще действительно должен был закончить закупки по списку, составленному супругой. Кроме того, у меня были кое-какие воскресные идеи...

Сравнительно недавно я убедился, что, пройдя вдоль здешних кулинарных лотков, можно купить для домашнего стола что-нибудь такое, что избавит от необходимости готовить обед (по здешнему это, правда, еще не обед, а второй завтрак) и внесет разнообразие в семейное меню. Заглянув однажды в кулинарные книги, я вычитал там, что кулинары с нашего рынка Жанны д'Арк на хорошем счету в Париже, так что я вполне могу им довериться, даже тогда, когда не решусь довериться собственному вкусу. К тому же я не слишком люблю пробовать продукты на рынке, хотя здесь это принято — там сжевать кусочек колбасы, там попробовать паштет или ломтик сыру, там отщипнуть виноградину или черешню. Я, честно говоря, предпочитаю советоваться, беседовать с мастерами и экспертами. Вот, например, у лотка супругов Клодин и Жана Крие можно получить исчерпывающую консультацию обо всем жареном — у них жареные индейки, гуси, утки, цыплята и каплуны из Бреста, а в сезон охоты также фазаны и дикие утки. Еще у них какие-то знаменитые паштеты, жирная печень, жаренная в сале утятина.

Рядом с ними еще один эксперт — месье Жан-Люк Фельтен. Он продает изделия из свинины — большой специалист в этой области. Он знает места, где можно доставать товары самого высокого качества. Сам он отдает предпочтение ветчине из Чернолесья, что к югу от Луары, — ветчине из страны романтической писательницы Жорж Санд. Впрочем, кое-что он ввозит также из-за границы.

Иногда, между прочим, заграница сама прибывает на наш маленький и не слишком знаменитый рынок. Ну, скажем, на постоянном лотке супругов-португальцев Марии и Антонио Да Силва-Азеведо представлены в большом количестве португальские товары — острая колбаса шоризо, прессованный свиной паштет, треска, португальские сыры и овощи. У лотка идет бойкая беседа, но, увы, на португальском языке. До визита на рынок я даже не знал, что так много португальцев в нашем квартале. Во-первых, это консьержи и консьержки (теперь это традиционная португальская профессия), но есть португальцы-рабочие, есть торговцы. Кроме португальцев, у нас много арабов, есть итальянцы, есть «пье нуар», африканские евреи-сефарды, да и вообще, кого там только нет на нашем рынке. Вот русских почти нет. Приходят иногда отец с сыном, потомки первой эмиграции, оба художники, преподают иконопись в ателье мэрии, тут же на площади Жанны д'Арк. Раньше я еще встречал здесь бывшую москвичку Танечку Гладкову из русской Тургеневской библиотеки, но теперь они с мамой переехали на западный конец города. Зато часто встречаются мне всяческие знакомые родители всех цветов кожи. Родители дочкиных друзей по яслям, ее друзей по детсаду, ее подруг по начальной школе, подруг и друзей по коллежу. Все, как правило, молодые родители. Впрочем, они тоже не молодеют с годами. Обменявшись с ними парой ничего не значащих фраз («Сегодня солнечно». — «Да-да, и вчера весь день было солнце». — «Зато позавчера был дождь». — «Не говорите, так и лило»... Веселые люди французы!), я продолжаю обход рынка... Вот лоток Люсетт и Жана Алэн. Здесь можно всегда купить хорошее мясо. Они очень придирчиво выбирают товар у поставщиков. Специально завозят баранину из Пойяка и телятину из Лимузена. У них все только высшего сорта. Но намного дороже, чем в супермаркете.

На лотке «Три петуха» большой выбор битой птицы, всяких уток, цесарок, цыплят и даже голубей. На лотке месье Жана Визери — свежая рыба. На этикетках здесь даты улова, место лова, все без обмана указано — что завезли из Дьеппа, что из Бретани, что из Шотландии. Любая рыба безупречной свежести.

Кстати, на этих лотках я изучаю съедобную морскую фауну — всяческих улиток, креветок, лангустов, устриц, морских ежей, омаров, морских пауков, раков, каких-то неизвестных мне чудищ... Чего только не потребляет в пищу прожорливое, всеядное человечество!

Месье Жан-Мари Гранже торгует медом. У него свои пасеки в горах Ардеша и близ Парижа, в департаменте Сены-и-Марны. Каштановый мед и лавандовый мед. На лотке у него также медовые пряники, хлебцы, конфетки, свечи и всяческие прочие изделия из воска, в том числе восковые фигурки зверей для ублаготворения малых деток, которые долгих прогулок по рынку не выдерживают и начинают кричать как резаные.

Месье Дюбуа торгует фруктовыми тортами всех размеров. Очень красивыми, но, на мой взгляд, не слишком вкусными. То есть фрукты сверху неплохи, но корка снизу не слишком интересна. Я предпочитаю здешние эклеры, наполеоны-тысячелистники, пирожное «монашка».

По краям рынка торгуют, как везде, и всяким ширпотребом, а также дешевыми детективами. Причем их можно не только покупать, но и менять: сдал прочитанный, доплатил гривенник, возьми новый, такой же глупый, как старый, только еще не читанный, а может, уже и читанный, но забытый, разве все упомнишь.

Продается тут и всякая одежда, и посуда, и множество предметов непонятного назначения, которые, вероятно, могут сгодиться в качестве подарков.

На обратном пути, если идти мимо церкви, непременно попадется красноносый нищий. Но это еще полбеды. Чаще попадаются веселые молодые троцкисты и коммунисты. Они начинают всучивать вам свои газетки или, скажем, агитировать за перманентную революцию своего кумира Троцкого, о котором они знают еще меньше, чем я. Они веселые и симпатичные, но если пристают слишком настойчиво, я сообщаю им что-нибудь малоприятное. Например, что Троцкий, а не Гитлер изобрел первый концлагерь и был отцом ГУЛАГа. Они огорчаются, но не надолго, как, впрочем, и никогда не унывающие коммунисты. Их дело правое, они теперь уже в правительстве, и жизнь прекрасна. Особенно в воскресный день да в своей компании. Особенно на рынке. Пошуметь, покричать, выпить кружку пива, нагулять аппетит...

Окажетесь в воскресенье (да и в любой другой день) в Париже, непременно загляните на ближний рынок в квартале...

Вверх по Сене по левому берегу

ПО БЕРЕГУ СЕНЫ, НАД ТИХОЙ ВОДОЙ

Если верить одной из весьма влиятельных школ «исторической географии» (есть такая крайне увлекательная наука), то чуть ли не большинство крупнейших городов мира и центров мировой цивилизации возникло по берегам рек. И неудивительно, что реки эти воспеты и прославлены в литературе и фольклоре соответствующих стран. Однако вряд ли многим из рек выпало на долю столько славословий и песнопений, сколько их выпало на долю весьма короткого, в сущности, участка реки Сены в пределах невеликого по размеру города Парижа. Как выразились кинорежиссер Ивенс и поэт Превер, «Сена впадает в Париж» (именно так они назвали свой фильм о Сене). Может, это «сенопочитание» объяснялось просто тем, что французские авторы обитали по большей части в Париже. А может, все же и тем, что Сена в пределах Парижа так чудно изукрашена каменными дворцами, стоящими вдоль «одетых камнем» набережных, а также перекинутыми через реку старинными мостами. Десятки сравнений придумали французские авторы для этого отрезка Сены, и да будет позволено бывшему москвичу прибавить к ним еще одно (не поручусь, что этот перл никто до меня не придумывал): Сена похожа здесь на руку прекрасной женщины, многократно украшенную чудесными браслетами. Такой представляется мне Сена, если глядеть на нее сверху — с колокольни, с башни, с небоскреба, с холма или даже с моста...

Возвращаясь от изящной словесности к сугубой географии, напомню, что «Сена впадает в Париж» уже вполне зрелой, пройдя до Парижа полтысячи километров по Франции — от холмов бургундского Золотого Берега (а может, и Золотого Виноградника), где она берет начало на

Вверх по Сене по левому берегу

Течет река...

высоте 470 метров (это не слишком высоко, а все же в полтора раза выше Валдайских гор, где рождается спокойная Волга-матушка). Парижский отрезок Сены (считая сверху, от моста Насьональ) имеет протяженность в 13 километров — о них у нас и пойдет речь, в их пределах и будет протекать наша левобережная прогулка.

Матушка Сена еще со времен римской Лютеции поила и кормила горожан, однако проявить к ней маломальское внимание и сыновнюю заботу первым удосужился некий беарнец, ставший весьма незаурядным французским королем-урбанистом: Генрих IV. Оберегая реку от нечистот и мусора, он запретил строить дома на Новом мосту, на старинном Понт-Неф. Что же до мостов, то они стали появляться в Париже главным образом около XVI века. Сперва был построен не дошедший до нас Большой мост и дошедший, но не раз перестроенный (в последний раз в 1852 году) Малый мост (**Le Petit-Pont**). В конце Средних веков были построены: к югу от Малого моста — мост Нотр-Дам, а к северу от него — мост Менял и мост Сен-Мишель. Мосты были деревянные, страдали и от частых наводнений, и от редких ледоходов. На мостах, как водилось, строили дома, лавки, балаганы, мосты были излюбленным местом торговли, прогулок, празднеств. Ну, а уж с XVII века по мостам только ходили и ездили. От XVI—XVII веков до нас дошли также Новый мост (начал строиться в 1578 году, связал Лувр с аббатством Сен-Жермен), мост Марии (1614—1630) и Королевский мост (1685—1689). В XVIII веке Кольбер создает особое ведомство мостов и дорог. Потом новая техника населяет Париж металлическими мостами, а XX век приносит мост Бир-Акем и мост Карусели.

Конечно, быстрее всего можно оглядеть и берега Сены и мосты, отправившись на вечернюю прогулку по воде на пароходике-«мухе», среди огней и всплесков ночной реки, под объяснение гида — вполне экзотическая прогулка. Я же предлагаю вам менее шикарную, но зато бесплатную и вполне неторопливую прогулку по левому берегу, да еще вверх по течению.

Все тот же Бартольди и та же статуя Свободы — только размером поскромней.

Начать можно от моста Гарильяно — моста вполне современного (даже битва, по имени которой был наименован мост в год постройки, в 1966, имела место близ Монте-Кассино в 1944-м). Раньше тут находился двухэтажный виадук Отей, который называли также виадук Начала Дня, ибо здесь в рассветный час происходили обычно дуэли. И набережная левого берега до самого моста Гренель, и здешний очень интересный парк носят имя знаменитого французского автостроителя Андре Ситроена. На заводах Ситроена стояло между войнами за станком немало русских эмигрантов, еще больше их сидело за рулем ситроеновских автомобилей-такси (недаром Борис Поплавский назвал русскую пролетарскую эмиграцию «ситро-

Вверх по Сене, по левому берегу

еновской»). Однако на пути к мосту Гренель нам попадется еще один, конца прошлого века металлический мост Мирабо, спроектированный Резалем, тем же архитектором, что строил мост Александра III, и украшенный бронзовыми статуями знаменитого Энжальбера. Но больше всего этот мост знаменит тем, что ему посвятил стихи Гийом Аполлинер.

> Сена течет под мостом Мирабо мимоходом
> Наша любовь течет
> Надо ль мириться с печальным исходом
> Помнить что радость приходит на смену невзгодам.

Мост Гренель был построен в пору создания здесь речного порта, в 1827 году. Тогда здесь еще был не Париж, а ближний пригород, деревня Гренель. Западным своим концом мост опирается в Лебединую аллею Лебединого острова, где установлена девятиметровая бронзовая модель той самой статуи Свободы (скульптор — эльзасец Бартольди), что стоит у входа в нью-йоркскую гавань. Модель была подарена американской колонией городу Парижу и установлена к открытию Всемирной выставки 1889 года — лицом к востоку, дабы она не была повернута задом ко дворцу французского президента. Впрочем, во время подготовки Лебединого острова ко Всемирной выставке 1937 года статую, отбросив дипломатическую щепетильность, повернули лицом к Америке.

За мостом Гренель вдоль берега высится новый район небоскребов — Бо-Гренель. Архитекторы очень старались, чтобы небоскребы получились разными и оригинальными. Но небоскребы (хотя бы и всего стометровые и 33-этажные) есть небоскребы, что с них взять? Зато вот у края этих

Набережную Бо-Гренель очень старались сделать красивой. А только какая же красота в небоскребах?

скребущих небо (и душу) башен берега Сены соединяет мост Бир-Акем. Когда-то здесь находился лишь виадук, соединявший популярный среди русских эмигрантов Парижа левобережный XV округ с не менее популярным среди русской эмиграции правобережным XVI. К Всемирной выставке 1878 года к виадуку добавили пешеходную дорожку, а в 1949 году построили новый мост, названный по имени местечка в ливийской пустыне, близ которого в мае 1942 года войска Свободной Франции оказали героическое сопротивление танкам генерала Роммеля. Именно в этом бою отличился храбростью и был вскоре награжден орденом,

а еще через несколько дней пал смертью храбрых легендарный русский эмигрант князь Дмитрий Амилахвари. Считаю уместным напомнить его имя, тем более что мы покидаем границу некогда русско-пролетарского, обширного и окраинного XV округа и входим на территорию прославленного туристами и историками, более шикарного VII. Справа от нас, совсем рядом (так что видны медлительные лифты и очередь туристов-японцев) прославленная «железная дама», королева французской символики и туристской рекламы (а в сфере реальной «посещаемости» она уступила уже первые места и Диснейленду, и Центру Помпиду, и собору Нотр-Дам, и Версалю — в общем, сохранила лишь седьмое место, и вполне справедливо!) — Тур Эфель (**Tour Eiffel**), Эйфелева башня.

А впереди — еще один мост, не очень старый (1809—

1813), названный в честь победы французов над пруссаками под Иеной (обратите внимание, как много славных побед и как мало выигранных войн и кампаний!). В завершение очередной проигранной Наполеоном войны, вступив вместе с русскими победителем в Париж, славный прусский маршал Блюхер (ах, как славно подошел бы на его роль покойный Серго Закариадзе, у которого на фильме «Ватерлоо» я был переводчиком!) потребовал этот гнусный мост немедленно разрушить, но в дело вмешался новый король — Бурбон, возвращению которого на трон в свою очередь как мог противился наш победоносный красавец Александр. Людовик XVIII согласился лишь на временное (а все равно позорное) переименование моста: до 1830 года он назывался мостом Военной школы (**Ecole militaire**, она здесь рядом), да наполеоновских орлов на пилонах моста заменили буквой «L», однако уже в 1852-м вместо инициала Людовика на пилонах стали снова красоваться наполеоновские орлы. Разве не удивительно, что не только маленькие народы, но и большие, и высокопросвещенные (давшие миру и святых, и подвижников-ученых, и писателей) так остро нуждаются в этом непрестанном подтверждении своего (реального или мифического, и лучше всего — военного и спортивного) превосходства над другими народами. История наименования парижских мостов

Каменный зуав — главный синоптик Парижа.

за последние два века служит этому грустным подтверждением. Взять хотя бы и название следующего моста — Альма. Боюсь, что не только москвичи, но и крымчане не сразу вспомнят, откуда это название. Честно сказать, и я сам, не доведись мне жить у братьев Чеботаревых между Севастополем и Евпаторией (в Береговом, Почтовом и Вилине), не знал бы, что Альма — это та самая крымская речушка с татарским названием, близ которой англичане и французы (наконец-то не враги, а союзники) нанесли в 1854 году поражение русским войскам. Уже через год после этой славной победы в Париже был построен каменный мост, у основания которого стояли символические скульптуры солдат четырех родов войск, участвовавших в сражении, — гренадер, зуав, горный стрелок и артиллерист. После перестройки моста в 1974 году из четырех солдат остался только один — зуав, и уцелел он вовсе не по причине своих давно забытых родиной военных заслуг. Дело было в том, что к моменту перестройки моста зуав этот пользовался у парижан не меньшей популярностью, чем в нашу эпоху вертлявый теледиктор средних лет с волосами хвостиком — популярностью в сфере метеорологии. Еще во времена знаменитого паводка 1910 года парижане с тревогой сообщали друг другу, что зуаву, мол, уже воды по горло, вместо того, чтобы с научной скрупулезностью сообщать, что вода, мол, достигла отметки «8 метров 62 сантиметра». А совсем недавно, когда наводнения заливали соседние Бельгию, Голландию и собственный французский Камарг, парижане были больше всего обеспокоены тем, что «нашему зуаву уже выше колена». Ибо только во времена наводнений парижане вспоминают, что Сена не только относится к числу городских магистралей и главных украшений великого города, но является до сих пор элементом природы, и сколько ни загрязняй реку отходами производства и быта, она может вдруг явить грозное явление природы, а то и природную катастрофу, так что за ней, за рекой, нужен глаз да глаз. Вообще-то кое-какие соображения на этот счет приходили парижанам и раньше, скажем, после наводнения 1585 года или после наводнения 1658 года. Так или иначе, уже при короле Филиппе Красивом, в 1313 году была построена первая в Париже каменная набережная — набережная Августинцев. XIV век оказался вообще веком строительства набережных, однако пришлось ждать XIX века, точнее, 1846 года, чтобы город получил защиту от неистовства Сены. В 50—60-е годы прошлого века на Сене и ее притоках были построены заграждения, позволявшие регулировать уровень реки во время паводка. Ныне существует уже широкая сеть оповещения, наблюдения за рекой, действуют 80 измерительных пунктов, целая сеть теленаблюдения, особые компьютерные устройства. Однако, как вы заметили, коленки зуава на мосту Альма и нынче верный сигнал тревоги для парижан.

В тоннеле у моста Альма, как всему миру известно, Великобритания потеряла недавно в автомобильной катастрофе свою легендарную принцессу, разведенную жену принца-наследника. Бедняжка Диана погибла (скорей всего, в результате неосторожности шофера) в обществе очередного претендента на ее свободную руку и мятущееся сердце — богатого молодого египтянина, чей отец владеет самым крупным в Лондоне универмагом...

Над входом в тоннель маячит в последние годы невразумительная копия пламени с факела все той же ньюйоркской статуи Свободы Бартольди.

Еще не доходя до моста Иена начинаются по левому берегу Сены причалы Парижского автономного порта. Это государственная организация, созданная в 1790 году, а по размерам это первый речной порт Франции и второй речной порт Европы. Он осуществляет до 15% внутригородских перевозок и помогает предприятиям находить рациональное решение проблем транспортировки. Скажем, совсем недавно Парижский порт заключил контракт с Московским портом на перевозки грузов в Москву из Парижа. Конечно, баржа будет ползти через реки и моря, потом от Петербурга до Москвы две недели, там, где мощные грузовики с прицепами дошли бы за четыре дня, но на сухопутных путях Восточной Европы нынче, как в Средние века, орудуют шайки «пиратов» и доставка грузов стала ненадежной, а возрождение морского пиратства пока запаздывает...

Вдобавок к транспортным проблемам автономный парижский порт решает проблемы швартовки и стоянок самых разнообразных судов, в том числе прогулочных корабликов, яхт и жилых барж. Обратите внимание, как много парижан безбедно живут на собственных баржах, пришвартованных к старинным набережным города или

Под пламенем от все той же статуи Свободы находится тоннель, где погибла принцесса Диана.

где-нибудь под бережком, под деревьями, в пригороде: неплохое жилье, со всеми удобствами... А вообще-то, в распоряжении здешнего автономного порта 300 портовых сооружений и полтысячи километров водных путей. Но, конечно, нет уже того, что было, — нет, скажем, больше «мастеров моста». Ведь вплоть до середины прошлого века перевозки по Сене играли столь важную роль, что существовала (начиная с XIV века) профессия «мастеров моста», а потом и «начальников моста», особых лоцманов, проводивших суда под мостами. Существовали также особые корпорации, обеспечивавшие перевозки зерна или дров, ведавшие стоянками, швартовкой, городской переправой. Без «мастеров моста» нельзя было пришвартоваться в городе, произвести разгрузку или сойти на берег. Специалисты контролировали соблюдение правил, а представители старинного союза (Ганзы) взимали плату. Существовала строжайшая регламентация речного плавания и погрузки, существовало множество речных и портовых профессий. Все это в прошлом...

От моста Альма, мимо моста Инвалидов, до самого моста Конкорд тянется длинная набережная, которая носит имя производителя прибрежных работ, купеческого старшины Шарля Буше д'Орсэ — **Quai d'Orsay**. На эту знаменитую набережную выходит Бурбонский дворец, в котором заседает Народное Собрание, оно же Национальная Ассамблея Франции — одна из двух палат французского парламента. Внушительный двенадцатиколонный портик дворца, обращенный к Сене, сооружен архитектором Пуайе в начале XIX века. В расписанной Эженом Делакруа библиотеке дворца наряду с большим книжным собранием (350 000 томов) хранятся рукописи Руссо и протоколы процесса Жанны д'Арк. По соседству с Бурбонским дворцом расположено построенное при Второй империи готического стиля здание Министерства иностранных дел. Во французской печати очень часто как эвфемизм для этого министерства употребляют просто название набережной: Кэ д'Орсэ (так же, как вместо Народного Собрания, пишут «Бурбонский дворец», вместо правительства — «Матиньон», вместо канцелярии президента — «Елисейский дворец» и т. д.). Перед министерством установлен бронзовый памятник Аристиду Бриану работы Поля Ландовского.

Не доходя до эспланады Инвалидов на набережной Кэ д'Орсэ разместились жилой комплекс, построенный в 30-е годы нашего века на месте парка аттракционов «Мэджик Сити», новое здание южноафриканского посольства и построенная между войнами в неоготическом стиле американская церковь, где, как и в прочих парижских церквах (а может, даже и чаще, чем в прочих), по субботам и воскресеньям можно услышать замечательные и совершенно бесплатные концерты.

Сооруженная еще в начале XVIII века по проекту Робера де Котта (а восстановленная в 70-е годы нашего века), эспланада Инвалидов выходит на набережную чуть дальше. С эспланады открывается замечательная перспектива здешних набережных, моста Александра III, авеню Черчилля, Большого и Малого дворцов (былых павильонов Всемирной выставки 1900 года).

К Сене обращен и весь великолепный XVII века ансамбль зданий Дома Инвалидов. Построенный в 1828 году и с тех пор дважды перестроенный подвесной мост Инвалидов прославляет своим пышным архитектурным убранством сухопутные и морские победы французского оружия.

Что до моста Александра III, то это сооружение пышных времен Третьей республики очень знаменито во всем мире и часто украшает обложки путеводителей по Парижу. Первый камень в основание моста заложил русский император Николай II, прибывший на церемонию закладки вместе с государыней в обществе президента Фора. Это произошло в 1898 году, в самый разгар возрожденной франко-русской дружбы, франко-русского альянса. А мост построили к открытию Всемирной выставки 1900 года, то есть за каких-нибудь два года, причем перед его строителями стояли трудные эстетические и гидротехнические требования: нельзя было закрывать вид с эспланады на Елисейские поля и следовало избегать излишних арок, так как судоходство на этом участке Сены представляет особые трудности. С обеими задачами строители моста справились и оставили потомкам одно из великолепнейших сооружений Парижа. Не в упрек местным властям напомним, что последний участок авеню Черчилля назывался некогда площадью Николая II.

Следующий мост — мост Конкорд (мост Согласия) расположен напротив Бурбонского дворца. Он был построен в первые годы Революции, и на его постройку пошли также и камни от разрушенной Бастилии. Рожденный в вихре тогдашних событий, мост постоянно менял названия: он был и мостом Людовика XVI, и мостом Революции, и мостом Согласия, потом снова мостом Людовика XVI и снова мостом Согласия. Менялось на мосту и то, что некогда называли в России «монументальной пропагандой». Наполеон велел установить на мосту статуи восьми генералов, павших на поле брани; во времена Реставрации генералов заменили двенадцатью тяжеловесными беломраморными статуями великих людей Франции, чьи имена примелькались всякому прохожему в названии улиц французских городов, — Ришелье, Суфрена, Кольбера, Конде, Турвиля... Со временем обнаружилось, что мост страдает под бременем этой мраморной тяжести, и статуи перенесли в Версаль. В 1931 году мост был расширен, но с потоком транспорта справляется с трудом. Если автомобильные вонь и шум вас не смущают, стоит постоять на мосту, ибо с него открывается прекрасный вид на знаменитую площадь Согласия, ту самую красавицу Плас де ла Конкорд, на которой готов был жениться Маяковский, родись он могучим как Вандомская колонна...

От моста Конкорд до моста Руайяль идет по лево-

Вверх по Сене по левому берегу

му берегу набережная Анатоля Франса (некогда это был восточный конец набережной д'Орсэ, и только в 1947 году он получил имя знаменитого писателя, жившего тут неподалеку, в доме № 15). Среди наиболее интересных зданий на набережной — старый железнодорожный вокзал д'Орсэ, построенный ко Всемирной выставке в 1897 году Компанией железных дорог. Вокзал существовал недолго, позднее заброшенное здание использовали то для театральных постановок, то для киносъемок, а в сравнительно недавнее время это здание, с его переплетением железных конструкций было переоборудовано под музей скульптуры и живописи конца XIX — начала XX века, ставший одним из популярнейших парижских музеев. На той же набережной можно увидеть великолепный отель Богарнэ XVIII века с садом (там нынче разместилось германское посольство), отель Сальм-Кирбур конца XVIII века (1782—1790), где ныне размещаются Канцелярия и музей Почетного легиона, отель «Сеньеле» XVIII века и старинный плавательный бассейн Делиньи, созданный в 1785 и закрытый лишь недавно, в 1993 году. Напротив Дворца Почетного Легиона через Сену перекинут пешеходный мост Сольферино, название которого призвано донести до потомков отзвуки победы Наполеона над австрийцами в пору Итальянской кампании. Этот мост, построенный в 1859 году (и перестроенный в 1960 году) обеспечивал жителям предместья Сен-Жермен кратчайший доступ в парк Тюильри. Еще большую роль в освоении Сен-Жерменского предместья сыграл, конечно, следующий, Королевский мост (**Pont Royal**). Он недаром носит королевское название: постройка его была финансирована самим Людовиком XIV, а строил его в 1689 году знаменитый Ардуэн-Мансар. Мост сохранился почти неизменным с той далекой поры. Он позволил свободнее перемещаться в Сен-Жерменское предместье, и аристократия стала там охотно селиться. В революционную пору (с 1792 по 1804 год) мост назывался Национальным. Это на нем Наполеон установил пушки для защиты дворца Тюильри, где заседали Конвент и Комитет общественного спасения. На последней опоре моста у каждого берега видны отметки уровня самых знаменитых паводков.

От Королевского моста до моста Карусели (**Pont du Carrousel**) идет по левому берегу набережная, носящая имя Вольтера (**Quai Voltaire**). На ней, между улицей Святых

Отцов (**rue des Saints-Pères**) и улицей Бак (**rue du Bac**) поныне размещаются магазины крупных антикваров (их в квартале Сен-Жермен вообще множество). Мы попадаем здесь в мир коллекционеров, собирателей и знатоков искусства, а также самих выдающихся творцов, разместившихся вдобавок в старинных, прекрасных домах над Сеной... В доме № 9 на набережной Вольтера жил некогда шведский меценат и коллекционер граф Шарль-Гюстав Тессен, который являлся посланником Швеции в Париже и при этом немало способствовал пополнению Национального музея в Стокгольме полотнами французских живописцев. По соседству с Тессеном (в соседнем доме) жил директор Лувра, дальше художник Эжен Делакруа (а позднее Коро), в доме № 17, у входа в старинный монастырь, некогда располагалась мастерская Энгра, а в гостинице, которая размещалась в доме № 19, два года прожил Бодлер, а Вагнер сочинил здесь одно из своих знаменитых произведений. В той же гостинице живали Ян Сибелиус и Оскар Уайлд. Французские писатели также не обошли вниманием эти места: в доме № 25 жил и умер Монтерлан, в монастырском доме — Альфред де Мюссе, в доме № 27 (это XVII века отель де Вилетт) завершил свой бурный век Вольтер. Он поселился у маркиза де Вилетт с племянницей, его здесь посещали Кондорсе, Демулен, Франклин, а когда пришел смертный час, мудрец, несмотря на протесты доктора и маркиза, забился в прачечную...

Мост, что лежит между набережной Вольтера и набережной Малакэ, назывался сперва Луврским мостом, потом мостом Святых Отцов, а после праздника, устроенного Людовиком XIV на пустыре напротив Лувра (там поставили замечательные конные карусели), стал называться мостом Карусели. Мост этот был перестроен королем Луи-Филиппом и поражал тогда современников всякими техническими усовершенствованиями. Четыре символические фигуры, стоявшие еще до перестройки моста, установлены ныне у концов моста — Сена, Париж, Промышленность, Изобилие. Там же, у концов моста, по обе его стороны установлены телескопические монументальные канделябры из металла. По ночам они удлиняются, что позволяет лучше освещать пролет моста (днем высота их 12 метров, а ночью — 22).

У начала набережной Конти напротив пешеходного

моста Искусств высится здание Института Франции (в парижском обиходе — просто Купол). В этом прославленном здании, построенном Ле Во для Коллежа Четырех Наций, который замыслил Мазарини, ныне размещаются Библиотека Мазарини и пять академий, из которых наибольшей известностью пользуется Французская Академия. И Мазарини, и Купол, и академики заслуживают особой беседы.

Кроме обширного Монетного Двора времен Людовика XIV, на набережную выходит скромный особняк отель Генего, построенный Ф. Мансаром в 1659 году. В 1792 году здесь обитал Наполеон Бонапарт, которого приютили земляки-корсиканцы.

Восточнее набережной Конти и моста Искусств перекинут через Сену и через остров Сите — до самого правого берега — знаменитейший парижский мост (воспетый поэтами и художниками — и Гюго, и Калло, и Писсарро) — Новый мост (**Pont Neuf**). О «новизне» его можете судить по дате: сам король Генрих III заложил первый камень в основание этого моста 31 мая 1578 года (цель была все та же — облегчить Его Величеству общение с аббатством Сен-Жермен). Открыл мост в 1607 году король Генрих IV, он и дал ему нынешнее название. Для своего времени мост имел внушительные размеры: 287 метров в длину и 28 в ширину. У парижан он пользовался большой популярностью. У одной из опор моста высилась в ту пору знаменитая городская водокачка Самаритен, увенчанная башней с курантами и астрономическими часами. На фасаде башни сиял золоченый бронзовый барельеф, представлявший встречу Христа с доброй самаритянкой у колодца Иакова. По доброй городской традиции прекрасная водокачка была в 1813 году разрушена, но на любимом парижанами мосту еще долго шумели ярмарки. Здесь торговали книгами и чем придется, а в балагане Табарена разыгрывали веселые спектакли, да и вообще, название этого моста вошло в историю театра: популярные мелодии, звучавшие на мосту, позднее так и называли в комической опере — «пон неф» (стало быть, Новый мост). Память о веселом прошлом этого моста хранят до наших дней. Помню, еще и в год моего приезда в Париж в связи с рождением красавицы доченьки (1982) на мосту разыгрывали спектакли, зажигали фейерверки, пили, гуляли и по мере возможности старались воспроизвести атмосферу славного XVII века. А осенью 1985 года тогдашний министр культуры (большой модник) предоставил старинный мост в распоряжение художника Кристо, который его окутал какой-то (если не заблуждаюсь) золотистой фольгой, создав по сходной цене такое вот недолговременное произведение авангардного искусства. На счастье, от моста не убыло, да он и вообще от самого XVII века не претерпел почти никаких изменений. Правда, гротескные маски, украшавшие карнизы арок, хранятся теперь в музеях Клюни и Карнавале. Но вы их там увидите — оба музея вообще достойны посещения.

В том месте, где мост выходит на остров Cité, стоит знаменитая конная статуя «доброго короля Генриха IV», о злоключениях которого нам еще доведется говорить особо. А пока мы двинемся по старейшей набережной города — набережной Больших Августинцев — в сторону моста Сен-Мишель. Набережная была построена еще в 1313 году при Филиппе Красивом, здесь шумел когда-то Дольный рынок — продавали птицу, молоко, яйца, масло. Нынче (если денег у вас достаточно) вам покупать ничего не нужно. Нужно только войти в подъезд старинного (XVIII века) дома № 51 и сесть за столик знаменитого ресторана «Лаперуз» — вам все принесут на тарелочке.

Мост Сен-Мишель носит то же имя, что и дворцовая часовня Святого Михаила-Архангела (**Saint-Michel**), в которой в 1165 году крестили короля Филиппа-Августа. Часовни больше нет, а мост — вот он, стоит. На мосту жили некогда красильщики, ковроделы, книготорговцы, и дома их были снесены лишь в конце XVIII — начале XIX века.

Набережная Сен-Мишель идет вдоль Латинского квартала, на нее выходит и самая его узкая улочка.

Сорокаметровой длины Малый мост носит свое гордое название уже чуть не две тысячи лет, и поговаривают, что давка и пробки на нем наблюдались всегда. И то сказать, он являлся единственным мостом, соединяющим остров Cité с нынешним Латинским кварталом. Сперва он был деревянным, а в 1186 году парижский епископ Морис де Сюлли велел построить каменный мост. Переход тут был платный, и от платы освобождались только уличные артисты (акробаты): даже в древности люди понимали, что искусство нуждается в дотациях, а его деятели — в бесплатных услугах.

Следующий мост — **Pont au Double** — Мост Двойной

или Двоекратной Платы — строила для своих нужд старинная больница Отель-Дьё, это она и назначила плату за вход и за выход. Иным за выход платить не приходилось, они тут и помирали на мосту, где стояли больничные палаты, разобранные только в 1835 году.

Набережная Монтебелло, что тянется по левому берегу напротив собора Нотр-Дам, названа в честь маршала Ланна, герцога Монтебелло, убитого во время войны в Австрии в 1809 году. Здесь, на пятачке, где в старину вечно толпились студенты, ныне их тоже бывает немало, ибо тут расположена одна из самых любопытных книжных лавок Парижа — лавка старого Джорджа Уитмена «Шекспир и Компания». Там много американских книг, но есть и случайные русские (мои в том числе). Джордж поит здесь чаем раз в неделю, а ночевать в лавке пускает приблудных путников чуть ли не каждую ночь.

Последний из мостов, соединяющих левый берег с островом Сите, называется Архиепископским, ибо близ него стояло здание Архиепископата, разрушенное во время уличных беспорядков 1831 года.

От Архиепископского моста до моста Турнель (**Pont de Tournelle**) идет по левому берегу набережная Турнель. Набережная была построена в XVI веке, но название это получила в XVIII веке, когда квадратную башню-турель средневековых укреплений Филиппа-Августа соединили с башней Лорио на острове Сен-Луи, чтобы в случае нужды перекрывать движение по Сене. Размещавшийся тут речной порт Турнель торговал с XVI века сеном, а позднее — дровами и углем.

В доме № 15 до сих пор можно пообедать в ресторане «Серебряная башня», который располагался близ Серебряной башни старой укрепленной стены еще и во времена Генриха II, в 1582 году. На набережной этой немало старинных домов XVII и XVIII веков, сохранилось и здание старинного монастыря. Из находившихся здесь менее важных, но тоже вполне почтенного возраста учреждений, оживлявших набережную у моста Турнель, можно назвать первую публичную баню с горячей водой, которую некий месье Пуатевен открыл в 1761 году. Конечно, бани строили здесь, по берегу Сены, и раньше, еще с 1688 года, но вода в них была лишь холодная, а тут впервые появилась горячая, и множество предпринимателей вслед за Пуатевеном стали открывать у мостов и набережных плавучие бани с горячей водой. Названия им давали по ближним мостам и набережным — бани Генриха IV, Королевские, бани Флер — ну а все их называли вдобавок «бэньякасу» (baigne à quatre sous), бани за четыре су, трехкопеечные баньки — именно столько в них и брали за вход. Добавив два-три су, можно было тут же получить бульон, сосиску, булочку, стакан вина (так и приходит на память баня моего довоенного детства в Банном переулке близ Трифоновской — с ее пивом и закусью для папеньки и конфеткой для меня). Бассейнов в ту пору в Париже не было, но плавали многие — в Сене вокруг бань (теперь вряд ли кто не побрезгует).

От конца набережной Турнель идет к правому берегу через хвостик острова Сен-Луи мост Сюлли. По существу, это два самостоятельных металлических моста, возникших на месте двух пешеходных. Разделяет их французского стиля скверик на острове, и с него открывается прекрасный вид на реку, на мосты, на собор Нотр-Дам. Имя свое мост получил в память о Максимильене де Бетюн, герцоге де Сюлли, который был министром у Генриха IV.

От моста Сюлли до Аустерлицкого моста идет по левому берегу довольно длинная набережная Сен-Бернар. Былые ворота Святого Бернара (они были вроде уцелевших на севере Парижа ворот Сен-Дени и Сен-Мартен) в укрепленной стене времен Филиппа-Августа оставили набережной свое название. В былые времена у этого берега прохлаждалось много купальщиков. Здесь же приставали для контроля баржи с вином и имелось множество замечательных винных подвалов. Все это поломали в «ревущие годы» Помпиду (в 60-е), а взамен настроили довольно убогие университетские здания. На углу после долгих прений воздвигли Институт арабского мира в мусульманском стиле и со стеклянным фасадом. В стеклах этого фасада какие-то фотоэлектрические элементы, которые якобы должны менять цвет стекол. Поскольку движение тут большое, я лично этих дорогостоящих чудес никогда не видел.

На месте былого порта, между Сеной и набережной ныне разбит сад Тино Росси, в котором размещен Музей скульптуры на открытом воздухе по образцу токийского музея Хакене. Кроме Осипа Цадкина, там представлены Сезар, Ружмон, Стали, Ипостеги и прочие мастера авангарда.

Вверх по Сене, по левому берегу

Аустерлицкий мост, открытый при Наполеоне I, был призван увековечить знаменитое сражение 1805 года, в котором наполеоновские войска нанесли поражение русским и австрийцам. (На самом-то деле увековечил «небо над Аустерлицем» Толстой, и от его бессмертного памятника французскому императору не поздоровилось.) Когда русские войска и их союзники вошли в Париж, горячие головы предложили нечестивый мост разломать, но благородный царь-победитель предложил ограничиться дощечкой с надписью: «Победоносная русская армия прошла по этому мосту». В приливе подхалимского энтузиазма отцы города по своей инициативе добавили: «и под командованием императора Александра».

Но в 1815 году (после «ста дней» и новых шалостей Бонапарта) префект Сены распорядился переименовать Аустерлицкий мост в Мост Королевского сада (то есть вновь переименованного Сада растений, вдоль решетки которого и тянется набережная Сен-Бернар). Аустерлицкая набережная была тогда переименована в Больничную. В начале тридцатых годов прошлого века в связи с новым пересмотром истории и новым патриотическим подъемом названия вновь изменились.

За Аустерлицким мостом вдоль левого берега, до самого моста Берси, на набережной пока что нет ничего интересного — склады, стройки, полоса отчуждения. От моста Берси тянется по правому берегу гигантское (может, даже самое большое в мире — во Франции ведь вообще больше чиновников, чем в любой из стран Европы) здание Министерства финансов. Дальше, на набережной Рапе, интересного мало. В XVIII веке здесь стоял загородный дворец военного комиссара короля Людовика V месье де ла Рапе. Дворца больше нет, но зато в построенном в 1914 году здании водворился еще через десяток лет институт судебной медицины, в просторечье — Морг. Это симпатичное французское (а за ним и симпатичное русское) слово произошло от французского глагола «морге» (*morguer*) — смотреть, наблюдать, обозревать. Слово не новое, чуть не из XVII века. Уже в тюрьме Большого Шатле у стражи был обычай смотреть в глазок на своих подопечных, сидящих в камере: чтоб чего не учудили или чтоб лучше запомнить их приятные лица на всякий случай. Позднее мертвецкие Института судебной медицины по воскресеньям открывали двери для широкой публики. Люди приходили, в одиночку и семьями, смотрели на трупы, искали родных и знакомых, хорошо проводили время...

В этой части набережной Рапе находится много складов. Иные из них существовали уже и в XVI веке. О благоустройстве этих мест много спорят. Пока что приходят к общему выводу, что строительство обойдется в копеечку.

На Вокзальной набережной уже воздвигли Большую библиотеку имени Миттерана, а не застроенным пока улицам вокруг нее дали высококультурные названия. Недавно к ней провели (пока ниоткуда) супермодерную линию метро (такую же суперразорительную и сунернепрактичную, как сама библиотека).

Название моста Толбиак увековечивает победу короля Хлодвига над аламанами в 496 году. А мост Насьональ — восточные ворота, под которыми Сена входит в Париж, в историю и в поэзию, в поэзию не только французскую, но и в русскую тоже. В зрелые годы русский поэт Максимилиан Волошин вдруг почувствовал, что «никогда сквозь жизни перемены такой пронзенной не любил тоской» он

> каждый камень вещей мостовой
> И каждый дом на набережных Сены.

Так что неблизкое путешествие наше, может, было не напрасным.

Сотни строк написали и французские поэты об этих тринадцати километрах берега, об этом уголке земли,

> Где воздух сиреней
> И где бледно-рыжи
> Мосты Парижа
> Под небом Парижа.
> *(Р. Кено)*

Содержание

5	Приглашение на прогулку

Вот мы и в Париже... С чего начнем?

7	Еще два слова в похвалу пешему хождению

Острова на матушке-Сене

12	Остров Cité
23	От дворцового бульвара до кормы корабля-острова (Cité-2)
33	Собор Парижской Богоматери
42	На тихом острове Сен-Луи

Левый берег

52	По следам римских легионеров
57	Вечерняя прогулка по длинной-длинной улице

Латинский квартал

64	В Латинском квартале
77	Гора Святой Женевьевы
85	Сен-Жюльен-ле-Повр
93	Улочка Кота-рыболова
98	Париж д'Артаньяна
108	Люксембургский сад
115	Романтический отель на старинной улочке

В квартале Сен-Жермен

118	Квартал Сен-Жермен
126	Улица Дофины
130	Левый берег Бальзака
134	Улица Принца Конде
139	По парижским следам Миттерана
144	Старинная улица «Ищи Полдень»
151	Самый знаменитый купол
158	«Большие кафе» левого берега
164	Чайку попить, побеседовать...

Вокруг Монпарнаса

167	Перекресток Вавен
179	Гэте-Монпарнас
182	Пассаж Марии Васильевой

188	Улица Кампань-Премьер
194	В тихой гавани Монпарнаса
200	Катакомбы
204	От площади Данфер-Рошро

К югу от Монпарнаса

211	Париж Жоржа Брассанса
220	Парк Монсури
224	Две улицы XV округа
230	На метро — в порядке исключения
233	«Улей»

По склону горы Св. Женевьевы

239	На веселой улице Муфтар
244	По Парижу с Хемингуэем
249	Сад растений
253	Квартал Сен-Марсель и больница Сальпетриер
257	Париж мансард и комнатушек
260	Париж, верящий слезам

Близ купола Дома Инвалидов

263	Дом Инвалидов
274	Самая знаменитая парижанка
278	Музей Орсэ
283	«Молодой гусар, в Амалию влюбленный...»
291	Улица Варенн

У нас в тринадцатом округе

294	Гобелены и Гоблены
299	Прогулка возле дома
308	Библиотека Франсуа Миттерана
312	Город-космополит
316	Воскресный рынок за углом

Вверх по Сене, по левому берегу

323	По берегу Сены, над тихой водой

Б. Носик

ПРОГУЛКИ ПО ПАРИЖУ

Левый берег и острова

Редактор *В. Румянцев*
Внешнее оформление *А. Никулина*
Макет *Р. Сайфулина*
Художественные редакторы *Т. Иващенко, К. Баласанова*
Технический редактор *Е. Мишина*
Корректоры *С. Войнова, В. Пестова*

Подписано в печать 05.04.2001.
Формат 60×100/16. Бумага офсетная. Гарнитура Korinna.
Печать офсетная. Условн. печ. л. 23,87. Уч.-изд. л. 18,26.
Тираж 10000 экз. Заказ № 3408. Изд. № 8718.

Налоговая льгота — общероссийский классификатор
продукции ОК-005-93, том 2;
953000 – книги, брошюры

Лицензия ЛР № 020846 от 23 декабря 1998 г.

ОАО Издательство «Радуга»
121839, Москва, пер. Сивцев Вражек, 43.

Отпечатано
в ОАО «Можайский полиграфический комбинат»
143200, Можайск, ул. Мира, 93.

Map of central Paris showing landmarks including St-Eustache, Forum des Halles, Novotel, Centre G. Pompidou, St-Leu-St-Gilles, Archives Nationales, N.D. Blancs Manteaux, St-Merri, Th. Essaion, Temple des Billettes, T.M.P. Châtelet, Tour St-Jacques, Conciergerie, Hôtel de Ville, Mairie du 4e, Hôp. Hôtel-Dieu, St-Gervais, Hôtel d'Aumont, Mémorial du Martyr Juif Inconnu, Cité des Arts, Notre-Dame, St-Michel, St-Séverin, Musée de Cluny, St-Julien le Pauvre, St-Louis en l'Île, Musée de l'Assistance Publique, Collège de France, Lycée L. Le Grand, Institut du Monde Arabe, Univ. Paris VI-VII P. et M. Curie, St-Étienne du Mont, Palais de la Mutualité, Paradis Latin, Min. de la Recherche, Jardin de Navarre et de Boncourt, St-Nicolas, Panthéon, Lycée Henri IV, Arènes de Lutèce, Jardin des [Plantes].

Streets labeled: Rue Étienne Marcel, Rue de Turbigo, Rue Beaubourg, Rue des Gravilliers, Rue Chapon, Rue Grenier St-Lazare, Rue Michel Le Comte, Rue St-Martin, Rue St-Denis, Rue Rambuteau, Rue Pierre Lescot, Rue Berger, Rue Pierre au Lard, Rue Aubry le Boucher, Rue des Lombards, Rue de la Verrerie, Rue de la Croix de la Bretonnerie, Rue Vieille du Temple, Rue du Roi de Sicile, Rue de Rivoli, Bd Sébastopol, Quai de Gesvres, Quai de l'Hôtel de Ville, Pt. au Change, Pt. N.D., Pt. d'Arcole, Pt. Louis Philippe, Pt. Marie, Quai d'Anjou, Quai de Bourbon, Rue St-Louis en l'Île, Pt. St-Louis, Petit Pont, Pt. au Double, Pt. de l'Archevêché, Pt. de la Tournelle, Pt. de Sully, Rue Lagrange, Rue Dante, Rue St-Jacques, Bd St-Germain, Rue Monge, Rue des Écoles, Rue St-Bernard, Rue des Fossés St-Bernard, Rue Cuvier, Rue Linné, Rue de Jussieu, Rue Clovis, Rue des Arènes, Rue de l'Estrapade, Rue Ulm, Rue Cardinal Lemoine, Quai de Montebello, Quai St-Michel, Quai de la Tournelle.